그리스도를 사랑해야 하는 이유

그리스도께서 오실 때에 저주를 피해야 할 필요성

토마스 두리틀 지음 | 남정우 옮김

기독교문사

그리스도를 사랑해야 하는 이유

1판 1쇄 인쇄 2003년 7월 25일
1판 1쇄 발행 2003년 7월 30일
지은이 토마스 두리틀
옮긴이 남정우
발행인 한동인
펴낸곳 (주)기독교문사
등 록 제1- c0062호
주 소 서울 종로구 충신동 5-13
출판부 T. 741-5184~5 F. 762-2234
특판부 T. 744-1633~4 F. 744-1635
도매부 T. 741-5181~3 F. 762-2234
직영서점 기독교문사
서울 종로구 종로5가 412-2
T. 2266-2117~9 F. 2266-6397

책값은 뒤표지에 있습니다.
ISBN 89-466-2093-5

Web www.kclp.co.kr
e-mail kclp@kclp.co.kr

기독교문사는 독자와 함께 기독교 출판문화를 이끌어가겠습니다.
공급처 기독교문사 도매부 T. 741-5181~3 F. 762-2234

LOVE TO CHRIST,

NECESSARY TO ESCAPE THE CURSE AT HIS COMING.

REV. THOMAS DOOLITTLE

아비나 어미를 나보다 더 사랑하는 자는 내게 합당치 아니하고
아들이나 딸을 나보다 더 사랑하는 자도 내게 합당치 아니하고
마 10:37

또 왼편에 있는 자들에게 이르시되 저주를 받은 자들아 나를 떠나
마귀와 그 사자들을 위하여 예비된 영원한 불에 들어가라
마 25:41

만일 누구든지 주를 사랑하지 아니하거든 저주를 받을지어다
주께서 임하시느니라
고전 16:22

CONTENTS

발간 서문 | 9
그리스도를 사랑하지 않는 사람들에게 보내는 편지 | 11

제1장 ● 25
그리스도에 대한 사랑, 그리고 저주

제2장 ● 41
그리스도에 대한 사랑의 조건

제3장 ● 75
저주를 피하기 위해 그리스도에 대한 사랑의 필요성을 입증하는 10가지 주장

제4장 ● 89
그리스도를 사랑하지 않는 사람들에게 임할 저주의 10가지 특성

제5장 ● 105
그리스도께서 사랑을 받아야 하고, 죄인이 저주를 받아야 하는 8가지 이유

제6장 ● 113
교리의 적용

제7장 ● 117
축복과 저주의 교훈을 통한 10가지 결론

제8장 ● 139
그리스도에 대한 사랑의 결핍에서 오는 20가지 심각성

제9장 ● 173
많은 사람들이 그리스도에 대한 진지한 사랑을 가지고 있지 않다는 확신에서 제기하는 10가지 질문

제10장 ● 197
죄인들의 동의를 얻어내어 그리스도를 사랑하게 하려는 시도—선한 성공을 위한 진지한 소원

제11장 ● 207
그리스도께서 당신 마음의 사랑을 받으셔야 하는 20가지 동기, 또는 간구

제12장 ● 241
그리스도에 대한 사랑의 길을 보여주며, 그리스도에 대한 진지한 사랑을 얻을 수 있는 10가지 방향

제13장 ● 267
그리스도를 사랑하는 사람들의 마음속으로 흘러 들어가는 10가지 영적 위로의 원천

제14장 ● 285
결론

그리스도를 사랑하는 사람들에게 주어지는 축복 | 291
역자 후기 | 293

발간 서문

오늘날 기독교는 지난 교회 역사의 그 어떤 시대보다도 외형적으로 풍성하고 다양하며 규모도 크고 대중적 성향을 강하게 가지고 있다. 그러나 이 시대가 가진 부인할 수 없는 특징은 가벼움, 즉흥성, 그리고 자극적인 것을 좋아한다는 것이다. 그런 특징은 우리의 본성을 말하는 것이 아니고 오늘날 소위 예수 믿는 사람들의 신앙의 성향이 그렇다는 것이다.

금세기의 영향력 있는 신학자 중 한 사람인 제임스 패커(James I. Packer) 박사는 이 시대 그리스도인들의 특성을 다음과 같은 말들로 열거하고 있다. '우연적이고', '성급함으로 이루어져 있으며', '겸손한 자기 반성과 단련된 묵상'을 잃어 버렸고, '우리 자신이 마치 우주의 중심이나 되는 것처럼 우리 자신의 주위를 맴돌고 있다', 또 '율법이 없는 복음과 회개가 없는 신앙을 전하고', '구원의 은사는 강조하지만 제자로서 치루어야 할 대가는 소홀히 하고', '개종하겠다고 고백했던—많은 사람들이 다시 타락해 버린다', '신령한 불만이나—믿음의 싸움 혹은 하나님께서 그의 자녀에게 지워주신 책임의 짐과 섭리에 의한 징벌과 같은 것에 대해서는 아무런 주의도 기울이지 않고, 늘 기쁨과 화평, 행복, 만족, 그리고 영혼의 안식과 같은 것에만 거하려 한다'고 했다(에드

워드 힌슨, 청교도 신학 기독교문서선교회 pp.12-13).

　결국 무엇을 말하는가? 한 마디로 말해서 오늘날 그리스도인들의 신앙과 삶의 특성은 가볍고 얇다는 것이다. 우리는 어느새 그런 현대적인 추세에 길들여져 있다. 그래서 그런 감(感)을 주지 않는 내용과 표현들에 대해서는 거부감을 나타낸다. 그러나 그것이 가져다 주는 결과는 이 세상의 유혹에 쉽게 요동한다는 것이다. 따라서 우리는 비록 현대적인 단순함과 감미로운 자극은 없다고 할지라도 진리에 대한 깊은 이해와 거룩한 삶으로 이끄는 청교도들의 균형잡힌 신앙과 삶의 흔적을 통해서 균형을 잡는 것이 시대적으로 절실하다고 본다.

　바로 그런 취지에서 기독교문사가 뜻을 세우고 묻혀 있는 영적 보고들을 계속 번역 출간하려고 한다. 이것은 분명 한국 교회에 커다란 기여를 하는 것이라고 믿는다. 사역자들은 물론이고 "여호와의 말씀을 구하려고 달려 왕래"하는(암 8:12) 오늘날의 수많은 그리스도인들에게도 크게 만족할 만한 영혼의 양서들이 될 것이다.

　현대적인 글에 익숙한 독자들에게는 이들의 책을 읽는 데 있어서 인내를 요할 수도 있다. 그러나 그 인내에 대한 보상은 결코 적지 않을 것이다.

　마지막으로 우리는 이 같은 양서들을 읽을 수 있도록 고독하게 번역하는 역자들과 출판사에 감사하는 마음을 항상 잃지 말아야 할 것이다. 지난 역사 속에 감추어 있었던 영적 보고들을 기꺼이 번역 출판할 뜻을 두신 한동인 장로님에게 개인적으로 감사한 마음을 갖게 된다. 하나님께서 그 뜻에 큰 복을 주시기를 구하는 바이다.

박순용 목사

그리스도를 사랑하지 않는 사람들에게 보내는 편지

그들의 죄와 불행을 탄식함

주님이시자, 예수이시며, 그리스도이신 영광스러운 그분은 죄인들에게서 사랑을 얻기 위해 고난을 받으셨다. 그리고 예수 그리스도에게 애정을 쏟으라고 간청하셨다. 세상과 죄는 인간의 사랑을 차지하려고 그리스도에 적대하며 그리스도와 경쟁하고 있다. 그리스도는 "죄인아, 나를 사랑하라."라고 하신다.

그러나 죄악의 세상은 "너의 사랑을 나에게 두라."라고 큰 소리로 외친다. 또한 악마와 육체는 죄와 세상을 향한 인간의 마음을 간청하고 있다. 인간은 사랑을 가지고 있지만, 인간은 이 가운데 어느 한쪽만을 선택하여 사랑해야 한다. 인간은 압도적인 사랑으로 그 둘을 사랑할 수 없기에 한쪽은 미워하고, 다른 쪽은 사랑해야 한다. 또는 한쪽을 고수하고, 다른 쪽을 경멸해야 한다.

"한 사람이 두 주인을 섬기지 못할 것이니 혹 이를 미워하며 저를 사랑하거나 혹 이를 중히 여기며 저를 경히 여김이라 너희가 하나님과 재물을 겸하여 섬기지 못하느니라"(마 6:24). 한쪽에 대한 압도적인 사랑과 다른 쪽에 대한 사랑이 조화를 이룰 수는 없다. "이 세상이

나 세상에 있는 것들을 사랑치 말라 누구든지 세상을 사랑하면 아버지의 사랑이 그 속에 있지 아니하니"(요일 2:15).

이것을 생각해 보라.

그 자체로서 고상한 감정인 인간의 사랑이, 그 자체로서 너무나 악한 죄를 향해, 죄를 사랑하는 자들을 향해, 그리고 세상을 향해, 그렇게 많이 쏟려 있는 것을 볼 때, 생각할 줄 아는 사람이라면 어떻게 그 슬픔을 참을 수 있으며, 눈물의 홍수와 혹독한 탄식을 어떻게 절제할 수 있는가? 세상은 그렇게도 세상을 좋아하는 사람들에게, 세상을 사랑하고 괴로워하는 사람들에게, 세상으로 괴로워하는 사람들에게, 괴로움으로 판명되었지만, 세상에 대한 그들의 사랑은 여전히 계속되고 증가된다. 또한 세상에서 겪는 그들의 괴로움도 세상에 대한 그들의 과도한 애정을 감소시키지 못한다.

반면에, 일차적이고 으뜸이 되며 가장 즐거운 사랑의 대상이신 그리스도가 왜 그렇게 많은 사람들에게, 심지어는 거의 모든 사람들에게 경시되는가? 맹목적인 죄인들이여! 당신은 사랑스럽고 바람직한 그리스도를 사랑하는 것이 아니라, 그렇게 비열한 죄와 그렇게 수치스러운 세상을 이같이 사랑하는가? 그 자체로서 최선이며, 그들에게 최선인 그리스도가 거부되어야 하고, 그 자체로서 최악이며, 그들에게 최악인 죄가 포용되고 있다는 것은 얼마나 큰 도착(倒錯)인가?

그리스도는 문밖에 서 계시는데 못 들어오게 하고, 죄와 세상은 문안으로 들어와 머물게 할 뿐만 아니라 심지어 당신의 제일 좋은 방으로 친절하게 영접한다는 것은 얼마나 큰 어리석음이며 미친 짓인가! 저주받을 행동들이다! 죄가 아무런 사랑도 받지 말아야 할 때, 죄가 모든 것을 가져야 하는가? 그리스도가 모든 사랑을 받아야 할 때, 그가 아무 것도 소유하지 못해야 하는가?

온 세상의 부분인 지구와 같이, 당신의 발판처럼 여겨야 할 때, 세상이나 세상에 있는 그 어떤 것이 당신의 마음속에서 왕좌(王座)처럼 여길 수 있는가? 그것은 추함 속에서 아름다움, 아름다움 자체에서 추함을 본다고 생각하는 것처럼 큰 실수를 저지르는 것이 아닌가?

왜 당신의 눈에는 증오해야 할 죄가 그렇게 사랑스럽고, 고귀하신 그리스도는 그렇게 사랑스럽지 못한가? 당신은 죄가 무엇인지 그리스도가 어떤 분인지 생각해 보았는가? 당신은 하나님의 아들보다 악마의 일에 더 큰사랑을 기울이는가? 죄가 그렇게 악하고 비열한 것일 때, 위장하지 않고서는, 선(善)의 겉모양을 차려 입지 않고서는, 가장 악한 사람들에 의해서도 사랑을 받을 수 없다.

그리스도는 선하신 분이므로, 그는 그리스도로서 모든 것 중에서 가장 많은 사랑을 받으셔야 하지 않는가? 당신에게 이 사랑스러운 예수를 사랑하라는 하나님의 부르심, 하나님의 초대, 하나님의 명령을 보여 주면서, 당신이 하나님의 이름으로 그리스도의 목사들에 의해서 부르심을 받고 초대를 받고 책망을 받을 때, 왜 당신은 이렇게 항변하면서 말하는가?

"오, 그리스도를 가르치는 선생들이여, 다른 사람이 사랑하는 것보다 위에 있는 것, 당신들이 사랑하는 것은 무엇인가? 다른 사람이 사랑하는 것보다 당신들이 더 사랑하는 것이 무엇이기에, 당신들은 우리를 그렇게 책망하는가?"

또한 당신은 얼마나 오랫동안 "그에게는 고운 모양도 없고 예쁜 것도 없다. 그에게서는 우리가 흠모할 만한 아름다움을 찾아볼 수 없다."라고 말할 것인가?

그리스도는 그 자신과 그의 아버지를 미워하는 당신을 얼마나 오랫동안 탄식하실 것인가? 당신이 사랑해야 하는 그렇게 많은 까닭과 이유가 있는데도 그를 사랑하지 않고 까닭 없이 그리스도를 미워할 때, 이 탄식(歎息)은 더욱 슬픈 것이 되지 않겠는가?

죄와 세상이 당신을 위해서 해 준 것이 무엇이며, 그리스도가 당신의 뜻을 거역해서 행한 것이 무엇인가? 당신은, 당신을 해치는 가장 나쁜 원수들을 사랑하고, 당신의 가장 확실한 친구가 되실 그분을 미워하지 않았는가? 죄가 당신에게 쾌락을 가져다 주었는가? 그렇다면 그 쾌락이 얼마나 오랫동안 지속될 것인가? 결국 죄의 쾌락이 사라지고 오히려 죄로 인한 고통과 형벌이 다가와, 결코 사라지지 않게 될 때, 당신은 어떻게 할 것인가? 세상이 당신에게 이익을 가져다 주었는가? 그렇다 하더라도 당신이 죽어 흙으로 돌아갈 때, 이것들은 누구의 것이 될 것인가? 당신이 이익을 얻고 당신의 영혼을 잃는다면, 당신이 아무리 많은 이익을 챙기더라도 무슨 소용이 있겠는가? 당신의 소득이 당신의 영원한 상실이 되지 않겠는가?

그리스도는 천사들의 찬양의 대상인데, 그가 당신의 웃음거리인가? 천사들은 그리스도를 경배하는데, 당신은 그분을 멸시하는가? 저 위에 있는 구원받은 거룩한 영혼들이 그리스도에 대한 사랑 안에서, 그들에 대한 그리스도의 사랑 안에서 즐거워하며 기뻐하는데, 당신은 당신의 사랑을 외면하고, 당신의 마음을 그리스도로부터 멀리하고, 죄를 사랑하며, 당신의 사랑 안에서 즐거워하지 않는가?

구원받은 거룩한 영혼들은 이러한 불완전한 상태에서 이렇게 외치고 있지 않은가? "하늘에 있는 우리에게는 그리스도 이외에는 아무도 없다. 그렇지 않다면, 지상에서 그분과 비교하여 우리가 갈망하고, 좋아하며, 사랑해야 할 대상이 어떤 것이 있는가?" 당신은 그리스도보다 당신의 욕망, 육체적인 쾌락, 세속적 이익을 더 좋아하지 않는가? 당신은 그렇게 살아 왔는데, 앞으로도 여전히 그렇게 하려는가? 당신은 그렇게 결심하는가? 당신의 마음이 그렇게 굳었는가? 당신의 생각이 너무 맹목적이어서, 그렇게 죄와 사탄에게 사로잡히는가? 아아, 당신을 위해서 그렇게 하는가!

당신은 그리스도에 대한 사랑 없이 태어났는가? 그에 대한 사랑 없이 그렇게 오랫동안 살아 왔는가? 당신은 그에 대한 사랑 없이 마침내 죽을 것인가? 흐르는 눈물로 당신의 죄와 불행을 애통해 하며 통곡하는 사람들이 어디에 있는가? 왜, 당신은 죄를 짓는가? 당신이 그리스도를 사랑하지 않기 때문이다. 왜, 당신에게 불행이 닥쳐오는가? 당신은 주님이 오실 때(마라나타)에 저주를 받게(아나테마) 되기 때문이다.

아아, 당신을 위해서 말한다. 누가 그리스도를 모르는 사람인가? 당신이 알지 못하는 그를 사랑할 수 있는가? 당신의 마음은 헛되며 현혹시키는 세상에 대한 사랑으로 가득 차 있고, 그리스도에 대한 진지한 사랑이 없는 것이 아닌가? 당신은 틀림없이 주님이 오실 때(마라나타)에 저주를 받게(아나테마) 될 것이다.

천사들로 하여금 얼굴을 붉히게 하고 하늘로 하여금 부끄러워하게 하라. 선한 사람들로 하여금 울게 하고 땅으로 하여금 통곡하게 하라. 하나님의 모든 피조물로 하여금 탄식하고 흐느껴 울고 신음하게 하라. 하나님의 아들이 그렇게 많은 사람의 아들들에 의해서 사랑을 받지 못하다니! 오, 내 영혼아! 너를 구원해 주시는 주님에 대한 사랑이 없는 이 영혼들에 대한 너의 사랑이 어디에 있느냐? 저들의 사랑의 결핍 때문에 생긴 너의 슬픔이 어디에 있느냐? 그리스도에 대한 사랑을 가지려고 하지 않는, 그들 자신을 불쌍히 여기는 너의 동정심이 어디에 있느냐?

너는 주님이 오실 때(마라나타)를 알지 못하느냐? 너는 그때에 그들이, 혹독하고 영원한 저주 아래서 저주를 받게(아나테마) 된다는 것을 확신하지 못하느냐? 너는 악마가 사람들의 마음을 그들의 창조자이신 주님으로부터 어떻게 돌려놓는지, 어떻게 그들의 사랑을 그들의 구원자이신 주님으로부터 멀리하는지를 보느냐? 그로 인해 악마는 저들을 모욕하는데도, 너는 저들을 위해 슬퍼하지 않겠는가?

찬양을 받으실 예수님!

세상 사람들이 당신을 사랑하지 않았기 때문에, 나는 그들을 책망하려고 합니다. 또한 당신에 대한 사랑의 결핍 때문에, 내 안에 슬픔의 결핍 때문에 나 자신을 책망합니다. 예수 그리스도를 사랑하지 않는 자녀들로 인하여 경건한 부모들이 통곡하며, 이렇게 말한다고 여긴다. 무엇이라고요? 자녀들이 주님을 사랑하지 않고, 부모를 사랑한다! 자녀들이 그리스도에 대해서는 아무런 기쁨도 가지지 못한다면, 부모는 부모를 향한 자녀들의 사랑에서 어떤 기쁨을 취할 수 있는 것인가? 그리스도에 대한 사랑이 없는 자녀들은 그들이 그리스도에 대해서 가진 것보다 더 큰사랑으로 그들의 부모에 의해서 사랑을 받기 위해서 울고, 혹독하게 탄식해야 한다고 여긴다.

그리스도를 사랑하는 아내는, 유일하신 구세주를 사랑하는 것에서는 그렇게 멀리 떨어져 있는 남편으로 인해 슬픔이 가득할 것이다. 아아! 주님이 오실 때(마라나타) 그때에 내 아이, 아버지, 어머니, 남편이 저주를 받게(아나테마) 될 것이다. 그때에 그리스도를 사랑하지 않는, 당신의 친척, 친구, 친지, 이웃들 가운데서, 혹은 당신의 집에 있는 어느 누군가를 위해서 울고 또 울고 많이 울라.

오, 당신의 머리는 바다가 되고, 당신의 눈은 눈물의 샘이 되어, 주 예수를 사랑하지 않는 자들을 위해 밤낮으로 울라. 당신이 그리스도를 사랑하지 않는 사람들을 볼 때, 장차 주님이 오실 때(마라나타), 그들이 저주를 받게(아나테마) 됨을 생각한다면, 당신은 두 뺨에 흐르는 눈물 없이 어떻게 메마른 눈으로 그들에게 갈 수 있는가?

오! 당신은 어떤 광야에서 여행자들의 숙소, 혹은 당신 집의 외딴 구석방에 들어가 보라. 그리하면 잠깐 동안이지만 분주한 업무에서 떠날 수 있을 것이다. 그리고 당신의 얼굴에서 눈물을 닦고, 그들에게로 가라. 당신의 사랑하는 친척들이 당신의 주님을 사랑하지 않는다. 당신의 주님은 그들이나 이 세상의 그 어떤 것보다 당신에게 더 소중한 분이시다. 당신이 가장 사랑하는 주님이 그들에게 얼마나 과소평가되고 있는지를 생각하고, 그들의 고귀한 영혼들이 그리스도를 사랑하지 않음으로써 위기에 처하게 된다는 것을 생각하면서 가장 혹독하게 대하라. 왜냐하면 주님이 오실 때(마라나타), 그들이 저주를 받기(아나테마) 때문이다. 아아, 사랑이 없는 가련한 영혼들아! 주님은 오실 것이며, 확실히 오실 것이며, 속히 오실 것이다. 그리고 그때에 그들은 비참하게 될 것이다. 확실히 그때에는 그들이 실로 비참한 영혼들이 될 것이다.

그러나 오, 그리스도를 사랑하지 않는 사람들이여, 당신에게는 이것이 족한 것이다. 다른 사람들은 당신의 그 저주스러운 상황을 탄식하는데도, 당신은 스스로 죄스러운 사랑과 육체적인 쾌락과 감각적인 기쁨으로 당신의 시간을 보내며 세월을 낭비하고 있지 않는가? 당신은 현재의 죄를 깨닫고 당신의 미래에 닥쳐올 불행을 보는가? 당신은 통곡하고 슬피 울며 이를 가는 자리가 보이는 접경(接境)에서 그렇게 환희(歡喜)로 가득 차 있을 수 있는가?

바닥이 보이지 않는 지옥에 그렇게 가까이 있으면서도 웃고 노래할 수 있는가? 거기에서 당신의 웃음이 통곡으로 바뀌고 당신의 환희는 영원한 슬픔으로 변할 것이 아닌가? 눈이 열려 있는 당신은 당신에게 재빠르게 다가오는 저주, 영원한 저주를 감지하고 우려하면서, 당신의 현재의 위기를 애통해 하지 않을 것인가?

아아, 내가 그분을 향한 사랑을 가지고 있지 않을 때, 병이 닥쳐올 때, 죽음이 엄습해 올 때, 주님 자신이 오실 때, 나는 어떻게 할 것인가? 슬프다! 나는 어떻게 죽어야 하며, 죽음 이후에 내가 어떻게 그의 심판대에, 전혀 사랑한 적이 없는 그분 앞에 서야 할 것인가? 오, 세상을 떠나는 나의 가련한 영혼아! 이제, 그리스도에 대한 사랑이 비어 있는 것만큼 공포로 가득 차 있다.

당신이 유한한 시간에서 벗어나 영원한 세계로 들어갈 때, 당신은 어떻게 될 것인가! 오, 두렵고도 두렵다. 내가 사랑한 모든 것을 떠나야 하고, 내가 사랑한 적이 없는 그분에게 심판을 받으러 가야 하는 이 두려움은 엄청난 두려움이다(그렇게 행한 나에게 저주를!). 나는 내 아내와 자녀를 사랑했으나, 그리스도를 사랑하지 않았다. 이제 나는 그렇게 많이 사랑했던 그들을 떠나야 하고, 내가 그렇게 많이 미워했던 그분으로부터 내 운명을 판정 받아야 한다.

나는 나의 쾌락, 나의 감각적인 즐거움을 사랑했다. 이제 그들의 종말이 왔다. 이제 나는 결코 종말이 없는, 불행과 저주와 고통을 향해 가야 한다. 슬프다. 이제 나는 죽음을 향해 치닫고 있는 사람이다.

곧 죽을 것이다. 아아, 하루나 이틀, 혹은 한두 시간을 더 살 것이다. 그러다 곧 죽을 것이다. 그리스도에 대한 사랑의 결핍 때문에 나는 저주받는 인간이 되어야 한다.

내가 행복하게 지내면서 그리스도를 사랑하지 않았을 때(행복했는데, 그리스도를 사랑하지 않았다!), 내가 그리스도에 대한 사랑 없이도 행복하다고 생각했을 때, 나는 쾌락이 달콤하고, 부(富)가 곧 나의 행복이며, 사랑하는 친척이 곧 나의 기쁨이라고 생각했다. 나는 그들에게 쏟은 나의 사랑이 올바른 것이라고 생각했다.

그러나 이제 죽어가는 이 침대 위에서, 내가 이제 흘러간 시간을 되돌아보고, 결코 사라지지 않는 영원을 향해 바라볼 때, 나는 그들에 대한 기억이 세상을 떠나가는 나의 영혼을 괴롭힌다는 것을 알게 되었다. 그들은 담즙(膽汁)보다 더 쓰다. 지금까지 내가 그들을 많이 사랑했던 것만큼, 그들이 지금 나에게 더 많은 고통을 주고 있다.

이제! 슬프다! 그들이 영원히 머물게 될 것이다. 오, 마땅히 그리스도에게 바쳐야 할 사랑을 저들에게 쏟은 나는 무엇을 하려 했던가! 내가 저들을 사랑했던 것만큼 그리스도를 사랑했더라면 그리스도에 대한 나의 사랑이 나에게 큰 위로가 되었을 텐데! 죽어가는 이 침상에서 저들에 대한 사랑이 컸던 만큼 이제, 나에게는 이렇게 큰 공포가 되는구나.

그러나 나는 그리스도를 사랑하지 않았다. 오, 저주받은 비겁한 자여, 나는 그리스도를 사랑하지 않았다! 그리고 이제 죽음으로 주님이 나에게 오신다. 죽음 이후에 나는 그에게 심판을 받으러 그에게로 가야 한다. 나에 대한 유죄 판결에서 나는 저주(아나테마)의 말씀을 듣게 될 것이다. "저주받은 자들아, 내게서 떠나서, 악마와 그 부하들을 가두려고 준비한 영원한 불 속으로 들어가거라." 내가 결코 그리스도를 사랑한 적이 없다는 점에서, 나는 악마와 같이 죄를 졌다. 판결을 받을 때, 나는 그 죄 때문에 유죄 판결을 받고, 악마와 함께, 지옥에서 고난을 받아야 한다.

그러나 정녕 이 모든 것을 막을 수는 없는가. 아직은 막을 수 있지 않은가? 그리고 당신은 그렇게 하려고 노력할 것이 아닌가? 어떻게? 다른 것들에 대한 당신의 사랑을 취소하고, 주 예수에게 압도적으로 당신의 사랑을 둠으로써 가능하다. 그리스도를 믿고, 그를 사랑함으로써, 그가 오실 때에 저주를 모면하고, 축복을 받을 수 있다.

당신은 그리스도를 사랑하기보다는 차라리 저주를 받겠는가? 그리스도에 대한 적의(敵意)가 그렇게도 많은가? 당신의 애정을 그에게 두기보다는 차라리 영원히 불행하게 되는 것을 택하겠는가? 당신은 기꺼이 당신의 옛 사랑을 버리고, 그리스도에 대한 새로운 사랑을 얻고자 노력하지 않겠는가? 당신은 영원토록 극단적으로 비참하게 되고, 고난을 겪으며, 고통을 기꺼이 받을 수 있는가? 나는 당신이 그렇게 할 수 없다는 것을 안다.

그러나 나는, 당신이 그리스도에 대한 사랑 없이, 비참하게 되는 것을 기꺼이 원하는지, 원하지 않는지도 알고 있다. 오, 당신은 주 예수의 초월적인 탁월성(卓越性), 붙임성 있는 아름다움, 값으로 따질 수 없는 고귀한 가치를 분명하게 보고 굳게 믿으며 분명하게 이해했는가? 그리하여 황금이나 진주나 값비싼 보석들보다 그를 더 높이 평가하고 모든 것보다 그를 더 사랑하는가?

당신이 그리스도를 가장 사랑하는 사람들에 대해서 들을 때 어떠했는가? 당신은 그리스도에 대한 그들의 사랑의 빈약함을 그렇게 많이 비난하지 않았는가? 당신은 당신 자신에 대해서는 반성하지 않고서 이렇게 말한다. "그리스도를 전혀 사랑하지 않고, 그리스도를 사랑하지 않기 때문에 고민하지도 않는 우리가 무슨 죄인이란 말인가?" 내 편에서 보면, 나는 찬양을 받으실 이 예수를 힘을 다하여 사랑할 수 없는 것을 탄식한다. 그리고 나는 열심히 갈망하며, 내가 그리스도를 더 이상 사랑할 수 없기 때문에 몹시 슬퍼하려고 노력한다. 그리고 나는, 내가 마땅히 그리스도께 바쳐야 할 사랑이 너무나도 부족하기 때문에 더욱 더 탄식한다.

오, 다른 사람들로 하여금 내가 부족한 것을 벌충하게 하여, 그 사랑이 확대되고 풍요롭게 되게 하라. 나는 그 점에서 궁핍하고 모자랐다. 지상에서 다른 사람들이 도달할 수 있는 높은 수준의 사랑을 나는 가르칠 수 없다. 나는 나 자신의 사랑의 빈약함을 탄식하는 동안에, 사랑스러운 이 예수에 대한 다른 사람들의 사랑의 위대함을 보고 즐거워해야 할 것이다.

하지만 이 모든 것이 가치가 있는 것보다 못한 것이 될 때, 어떤 기쁨이 나의 슬픈 영혼으로 들어오게 하라. 저 위에 있는 구원받은 영혼들과 영광 중에 있는 천사들이 완전하고 영원한 사랑으로 그리스도를 사랑한다. 나는 그들이 사랑하는 것처럼 그리스도를 사랑할 수 없지만, 나는 지상에서 즐거워할 수 있다. 하늘에는 수백만, 수십만의 즐거움이 있다. 그들 안에는 그리스도에 대한 사랑의 충만함 속에서의 즐거움이 있다. 반면에 지상에 있는 수많은 사람이, 지옥에서의 수백만의 사람이, 가장 사랑스러운 이 예수 그리스도를 결코 사랑할 수 없다.

그러나 나는 여전히 슬퍼하고 신음해야 한다. 나의 주님이 나에게 질문하신다. "네가 이 사람들보다 나를 더 사랑하느냐?" 때로는 나는 의심하면서, 감히 이렇게 말하지 못한다. "주님. 주님은 모든 것을 아십니다. 내가 주님을 사랑하는 줄을 주께서 아십니다." 그러나 나의 마음과 나의 영혼은, 그리스도에 대한 나의 사랑이 불타오르고 그 행동이 더욱 활발하게 되고 그 일이 더욱 감수성 있게 되어서 즐거운 아픔, 감미로운 사랑의 고통으로 내게 들어오기를 갈망한다.

"주님! 나는 당신을 향한 사랑으로 병들 때까지는 행복하다고 생각하지 않겠습니다. 내가 나의 영혼 속에서 느끼고 발견하는 것으로부터, 나는 허무한 것을 사랑하는 사람들에게 가장 감미로운 기쁨, 합리적인 즐거움, 그리고 영적인 위로를 권하겠습니다. 그리스도에 대한 저들의 사랑을 이끌어내기 위해, 나는 강력하게 그리스도를 사랑하는 사람들의 가슴을 채우고 있는, 말로 다 표현할 수 없는 기쁨에 관해서 더 말하겠습니다. 그리고 그들에게 강력하게 전파될 때까지 더욱 감상적으로 설득하고, 더욱 효과적으로 간청하겠습니다. 그리하여 그들의 (지금은 낭비되고 있는) 사랑의 물줄기를 올바른 통로로 돌려서, 성도들과 천사들이 그리스도에게로 흘러들어 간, 그 사랑의 바다로 흘러들어 가도록 하겠습니다."

나는 이 작은 설교 논집에서 그리스도에 대한 진지한 사랑의 필요성을 입증하려는 작은 시도를 했다. 하나님이 나를 통해 어떤 사람의 마음을 움직여서, 그들의 사랑을 그리스도께 고정시키도록 할 것이다. 나는 그리스도에 대해 방자하게 위트로 장난치는 그런 말씨와 어법을 연구하지 않았다. 나는 평이하게 설교하는 것을 좋아하고 쉽게 이해될 수 있는 것을 좋아하는 사람들에게, 가능한 한 평이하게, 그리고 복음의 단순성으로 설교할 것이다. 그것을 싫어하는 사람이 있다면, 그들이 이 책을 손에 들고 들여다볼 때, 쉽게 내려놓을 것이며 그들이 좋아하는 대로 이 책을 멸시할 것이다.

나는 이 책에서 나 자신을 추구한 것이 아니라, 그리스도를 향한 사람들의 사랑을 추구했다. 나는 그리스도를 위해 기꺼이 어리석은 자로 간주될 것이다. 그러나 나는, 내가 죽어가는 사람들의 쓸데없는 갈채를 받는 것을 목표로 하지 않고, 과거에 이 설교를 들은 청중들, 그리고 이제는 이 설교를 읽는 독자들 가운데서 마음을 얻고, 그들의 진심 어린 사랑을 얻는 것이 목표였다는 것을 생각할 때, 죽어가는 침상에서 더 많은 위로를 받게 되리라는 것을 의심하지 않는다.

하나님이 저들이 설교를 들을 때처럼, 책을 읽을 때에도 저들을 얻기를 기뻐하신다면, 내가 아니라 하나님의 은혜로 말미암아 그들의 마음에 많은 감화를 주실 것이다. 그들은 그들에게(이후에 어떤 시기에) 두 번째로 설교해 주기를 갈망하기도 했다. 나는 그렇게 했고, 처음보다 더 큰 성공을 거두었다. 그것은 내가 한 것이 아니었다. 하나님이 모든 것을 행하셨고, 처음이자 마지막으로 모든 것을 행하셨다.

많은 사람들, 아주 많은 사람들이, 그리스도를 향한 이 사랑을 하나님이 부어주실 것을 교회에서 진지하게 기도하기를 갈망하기 전에는, 그리스도를 사랑하지 않았고, 세상과 허무한 것, 그리고 죄를 사랑했다고 고백한다. 나는 그들이 그리스도에 대한 사랑을 갖게 되기를, 교회에서 그런 사람들이 많이 늘어나고 그들이 성장하기를 희망한다. 그리고 내 목소리가 도달할 수 없고, 내가 갈 수 없는 곳에 사는 어떤 가난하고 평범한 시골에 사는 사람들에게도 하나님이 축복을 주시기를 희망한다. (거기에서도) 열렬한 기도가 드려져서 미천한 자의 기도가 하늘에 상달되기를 희망한다. 그리스도를 진정으로 사랑하는 모든 사람들의 기도가 응답을 받고, 그곳에서 그런 사람들의 수가 많아지기를 바란다. 아멘.

토마스 두리틀

제1장

그리스도에 대한 사랑, 그리고 저주

1. 서 론

주님을 사랑하지 않다니, 어떻게 그럴 수 있는가! 그것은 몹시 흉악한 죄다. 예수님을 사랑하지 않다니, 어떻게 그럴 수가 있나! 그것은 엄청난 사악함이다. 주님이시며 예수이시며 그리스도이신 그분을 사랑하지 않다니! 우리는 그리스도를 사랑하지 않는 사람을 어떻게 불러야 하는가? 그 사람은 인간인가, 아니면 짐승인가? 그 사람은 인간인가, 아니면 악마인가? 혹은 단순히 예수 그리스도를 사랑하지 않는 사람인가?

당신은 그분이 주님이시고 예수이시며 그리스도이시라는 것을 고백하면서도, 여전히 죄를 사랑하고 그분을 사랑하지 않는가? 세상을 사랑하고, 그분을 사랑하지 않는다? 친척을 사랑하고, 그리스도를 사랑하지 않는다? 이것은 아마도 하늘이 놀랄 일이고, 땅이 놀랄 일이며, 천사들이 기이하게 여길 일이고, 악마들이 즐거워할 일이며, 하나님의 피조물이 부담스러워하는 일일 것이다.

땅도 그들을 지탱하느라고 신음하고 있다. 태양도 그들에게 빛을 주면서 슬퍼하고 있다. 대기(大氣)도, 그리스도에 대한 사랑이 없기 때문에 불결해진 영혼들이 들어 있는 불결해진 육신들을 호흡하느라고 그 부패물(腐敗物) 때문에 탄식하고 있다.

그렇다. 예수 그리스도에 대한 진지한 사랑을 가지고 있지 않는 인간의 무리 때문에, 이 세상 모든 것은 천국이라기보다는 오히려 지옥처럼 보인다. 오늘, 감각적인 짐승이나 몸을 입은 악마가 아니고, 이해력과 인간의 심정을 가진 사람들 가운데서, 악마들은 주 예수 그리스도를 사랑하려고 하지 않지만, 사람이 그의 사랑을 거부한다는 사실을 생각해 보라.

인자하신 주님! 이것이 무슨 일입니까! 이것이 무슨 저주받은 사악함이란 말인가! 당신은 이와 같은 광경을 보면서 얼마나 놀라워하는가? 하나님의 아들에 대한 사랑이 없는 사람이, 계속 사람이 되기 위해서 애를 쓴다. 그렇지 않으면, 그는 병자, 가난한 사람, 지상에서 고통 받으며 아파하는 사람, 또는 지옥에서 저주를 받은 사람이 되지 않을 것인가!

그러나 당신이 그런 사람을 대한다면, 그가 아무리 부자이고 번영을 누리는 사람이라고 하더라도, 그는 비참하고 불쌍한 사람이 아닌가? 오, 그가 받게 될 징벌은 어떤가! 악마들은 그의 죽음을 희망하는가? 악마들은 그를, 그리스도를 사랑하는 사람이 한 사람도 없는 곳으로, 저 흉악한 무리들에게 이끌어 내리려고 하지 않는가? 그리스도를 사랑하지 않는 그는 어떻게 될 것인가? 어떻게 되는가? 주님이 오실 때(마라나타) 저주를 받는다(아나테마). 그것은 무엇인가? 이제 당신에게 설명하겠다.

2. 아나테마와 마라나타에 대한 설명

1) 아나테마(Anathema)는 성경에서 보자면 흔히 '저주를 받는다.' (accursed)고 번역되었다. "대제사장들과 장로들에게 가서 말하되 우리가 바울을 죽이기 전에는 아무것도 먹지 않기로 (저주하면서) 굳게 맹세하였으니"(행 23:14). 그것은 우리가 저주해 왔던 그 저주다. 즉 가혹하게 저주하는 것, 죽이기 전에는 먹지도 마시지도 않겠다는 저주(21절)다.

이와 같은 말이 다음과 같이 사용되었다. "그러나 우리나 혹 하늘로부터 온 천사라도 우리가 너희에게 전한 복음 외에 다른 복음을 전하면 저주를 받을지어다"(갈 1:8). 저주라는 말이 9절에서도 반복해서 나온다. "베드로가 저주하며 맹세하되 나는 너희의 말하는 이 사람을 알지 못하노라 하니"(막 14:71). "나의 형제 곧 골육의 친척을 위하여 내 자신이 저주를 받아 그리스도에게서 끊어질지라도 원하는 바로라"(롬 9:3).

"그러므로 내가 너희에게 알게 하노니 하나님의 영으로 말하는 자는 누구든지 예수를 저주할 자라 하지 않고 또 성령으로 아니하고는 누구든지 예수를 주시라 할 수 없느니라"(고전 12:3). 예수를 사랑하지 않는 것은 마치 그가 저주(아나테마)를 받은 것처럼 그를 대하는 것이다.

그리스도가 모든 것 위에 으뜸이 되시는 하나님으로서 영원히 축복을 받게 되는 것처럼, 그분을 사랑하지 않는 사람은 누구든지 영원히 저주를 받게 될 것이다. 아나테마라는 헬라어는 히브리어에서 '케렘'(Cherem)으로 사용된다. 그것을 번역하면 '진멸하는 것'(utterly to destroy)이다. 즉 "사울과 백성이 아각과 그 양과 소의 가장 좋은 것 또는 기름진 것과 어린 양과 모든 좋은 것을 남기고 진멸키를 즐겨 아니하고 가치 없고 낮은 것은 진멸하니라"(삼상 15:9).

아나테마라는 헬라어 동사는 어떤 사람이 죽기로 맹세, 서약, 소망하거나, 악마에게 내어줄 때 저주하는 것을 의미한다. 이에 해당하는 히브리어는 '완전히 진멸하는 것', '진멸을 위해 진력하는 것' 을 의미한다. 이것은 만일 어떤 사람이 주 예수 그리스도를 사랑하지 않는다면, 그는 완전히 파멸에 이르게 되고, 악마가 그를 취하게 된다는 것을 의미한다. 그러므로 그는 하나님의 명령과 계명에 따라 행할 것이다.

"또 왼편에 있는 자들에게 이르시되 저주를 받은 자들아 나를 떠나 마귀와 그 사자들을 위하여 예비된 영영한 불에 들어가라"(마 25:41). "하나님은 이르시되 어리석은 자여 오늘 밤에 네 영혼을 도로 찾으리니 그러면 네 예비한 것이 뉘 것이 되겠느냐 하셨으니"(눅 12:20). 헬라어에서, "그들은 네 영혼을 요구하고 구하며 도로 찾아갈 것이다." 그들은 누구인가? 그리스도를 사랑하지 않는 영혼들을 사로잡은 악마들인데, 그들은 언제라도 죽게 될 것이다.

2) 마라나타(Maran-atha)는 두 개의 시리아어로 구성된 말인데 '온다'(to come)는 것을 의미한다. 주 예수 그리스도를 사랑하지 않는 사람은 모든 나라에서, 모든 언어에서, 모든 민족에 의해서 저주를 받

게 될 것이다. 온 세상이, 그러한 사람이 저주받아야 할 사람이라고 생각할 것이다.

아나테마, 마라나타에 대해 어떤 사람들은 이것을, 주님이 오실 때, 또는 주님이 오실 때까지, 예수 그리스도를 사랑하지 않는 자들을 저주하라고 해석하고, 또는 주님이 오실 때에 주님으로부터 합당한 형벌을 받게 된다고 해석한다. 이와 같이 어떤 사람들은, 주님이 오실 때까지 그들을 저주하고, 그들이 죽을 때까지, 심지어는 영원히 저주하라고 해석한다.

유다서 14-15절에 기록된 에녹의 예언을 참고해서 생각해 보자. "아담의 칠 세 손 에녹이 사람들에게 대하여도 예언하여 이르되 보라 주께서 그 수만의 거룩한 자와 함께 임하셨나니 이는 뭇 사람을 심판하사 모든 경건치 않은 자의 경건치 않게 행한 모든 경건치 않은 일과 또 경건치 않은 죄인의 주께 거스려 한 모든 강퍅한 말을 인하여 저희를 정죄하려 하심이라 하였느니라"(유 14-15). 그리고 이 예언은 그리스도에 대한 사랑이 결핍되어 있는 모든 사람에게 해당되는 것이다.

학식이 많은 사람들은 유대인의 파문(破門) 방식에 대한 암시가 여기에 들어 있다고 결론을 내린다. 유대교에는 세 가지 정도의 파문 형태가 있었는데, 약한 정도의 파문, 중간 정도의 파문, 가장 심한 정도의 파문이 그것이다.

약한 정도의 파문은 "니두이"(Niddui)라고 일컫는데 '내쫓는 것'(put out)이다. 신약성서에서 이 파문은 회당으로부터 나가라는 명령을 뜻한다고 하며 유대인들은 가인이 이러한 방식으로 파문되었다고 주장한다.

중간 정도의 파문은 "케렘"(Cherem), 또는 "아나테마"(Anathema)라고 일컫는다. 모세의 율법에서 저주하는 수치스러운 죄인은 전체 교회의 대중이 보는 가운데서 무기한 그 교제로부터 배척을 당했는데, 이것이 사탄에게 넘겨지는 것과 같다고 생각했다. 근친상간(近親相姦)의 경우에 이러한 파문의 형태로 견책을 받았다. "주 예수의 이름으로 너희가 내 영과 함께 모여서 우리 주 예수의 능력으로 이런 자를 사단에게 내어 주었으니 이는 육신은 멸하고 영은 주 예수의 날에 구원 얻게 하려 함이라"(고전 5:4-5).

파문 중에서 가장 심한 것을 "사마타"(Samatha)라고 부른다. 셈(Sem)은 그들이 여호와를 위해서 사용한 이름이다. 아타(Atha)는 '온다'(comes)는 것을 의미한다. 그리하여 다른 사람들은 "사마타"란 말이 '저기에서'(there)를 뜻하는 '샴'(Sham)과 '죽음'(death)을 뜻하는 '미타'(Mitha)에서 유래된 것으로 본다. 그것은 마치 '저기에서 그때 그리스도를 사랑하지 않는 사람들에게 죽음이 오게 될 것이다'고 말하려는 것처럼 보인다. 시리아 사람들은 그것을 '마라나타'(Maran-atha)라고 부른다.

앞의 두 가지 파문 방식이 첨가된 이 파문 방식에 의해서, 파문을 당하여 자포자기하고 버림받은 사람은 용서나 회복에 대한 희망도 전혀 없이 주님의 손에 맡겨지고, 주님이 오실 때에 비극적인 운명을 맞게 될 것이다. 이스라엘 사람들은, 마지막에 하나님의 아들이 오실 때에 무서운 심판대 앞으로 파문을 당한 사람들을 소환한다는 것을 의미한다고 보았다. 이스라엘 사람들은, 하나님의 백성이 아말렉 족속에 대해서 사용한 파문의 형태가 바로 이러한 형태의 파문이라고 말한다.

그리고 이러한 가장 심한 파문의 정도로, 그리스도를 사랑하지 않는 모든 사람들은 주님이 오실 때에 영광스러운 하나님 앞에서, 은혜로우신 유일한 구세주이신 그리스도 앞에서, 모든 거룩한 천사들 앞에서, 축복 받은 성도의 모임 앞에서, 저 위에 있는 성소(聖所)에서, 그로부터 오는 모든 기쁨과 행복에서 배제되고 파문을 당할 것이다.

유대 사람들이 사마리아 사람들을 파문한 방식은 매우 장엄하고 두려운 것이었다. 그들은 제사장 3백 명과 나팔 3백 개와, 율법 책 3백 권과 소년 3백 명을 불러 모았다. 그리고 나팔을 불었다. 레위 사람들은 노래를 부르며, 여호와의 이름으로, 그리고 고등 법정과 하위 법정 모두에서 나오는 저주로 사마리아 사람들을 저주했다. 그리고 그들은 이렇게 말했다. "사마리아 사람들의 떡을 먹는 자에게 저주가 있으라"(그때부터 "사마리아 사람의 떡을 먹는 자는 마치 돼지고기를 먹는 사람과도 같다."는 말이 생겼다.) "사마리아 사람으로 하여금 이스라엘로 전향하는 사람이 없게 하라. 그들은 의로운 자들의 부활에 참여할 수도 없다." 그들은 이러한 저주들을 서판(書板)에 기록하고 봉인(封印)한 다음에 이스라엘 각지로 보냈다. 이스라엘 각지는 이 아나테마, 또는 저주들을 기록한 서판을 배가시켜서 배포했다.

그러나 그리스도를 사랑하지 않는 사람들에 대한 파문은 상상할 수 없을 정도로 더욱 끔찍한 것이 될 것이다. 주님이 수백만의 그의 천사들과 함께, 그리고 수만, 또는 수많은 그의 성도들과 함께, 오실 때에 나팔 소리가 울리고, 성도들이 찬송하며 하늘 곡조가 울려 퍼지는데 그때에 그리스도와 모두가 이렇게 말할 것이다. "주 예수를 사랑하지 않은 모든 사람은 이제부터 영원히 저주를 받을 것이다." 그들로 하여금 하늘나라에 들어오지 못하게 하고, 또한 하나님이 사랑한 자들을 위해서 예비하신 행복에 참여하지 못하게 하라. 그리고 모든 성도들과 천사들이 아멘, 아멘 하고 말하게 될 것이다.

그리스도를 사랑하는 사람들의 상반된 행복한 상황을 제시하는 다른 성경 본문이 있다. "예수 그리스도를 변함 없이 사랑하는 모든 자에게 은혜가 있을지어다"(엡 6:24). 바울은 한편에서는 에발 산에 서서 주 예수를 사랑하지 않는 사람들에 대한 저주를 선언하고, 다른 한편에서는 그리심 산에 서서 주 예수를 사랑하는 사람들에 대한 축복을 선언한다. 그때에 모세가 명령했다.

"모세가 당일에 백성에게 명하여 가로되 너희가 요단을 건넌 후에 시므온과 레위와 유다와 잇사갈과 요셉과 베냐민은 백성을 축복하기 위하여 그리심 산에 서고 르우벤과 갓과 아셀과 스불론과 단과 납달리는 저주하기 위하여 에발 산에 서고 레위 사람은 큰 소리로 이스라엘 모든 사람에게 말하여 이르기를 장색의 손으로 조각하였거나 부어 만든 우상은 여호와께 가증하니 그것을 만들어 은밀히 세우는 자는 저주를 받을 것이라 할 것이요 모든 백성은 응답하여 아멘 할지니라 그 부모를 경홀히 여기는 자는 저주를 받을 것이라 할 것이요 모든 백성은 아멘 할지니라 그 이웃의 지계표를 옮기는 자는 저주를 받을 것이라 할 것이요 모든 백성은 아멘 할지니라 소경으로 길을 잃게 하는 자는 저주를 받을 것이라 할 것이요 모든 백성은 아멘 할지니라 객이나 고아나 과부의 송사를 억울케 하는 자는 저주를 받을 것이라 할 것이요 모든 백성은 아멘 할지니라"(신 27:11-19).

여섯 지파는 그리심 산에 섰고, 여섯 지파는 에발 산에 섰다. 이 두 산 사이에 있는 한 작은 계곡에 제사장들이 서서 한쪽에는 율법을 준수한 사람들에 대한 축복을 선언한다. 그때에 그리심 산에 서 있는 지파들이 아멘으로 화답한다. 다른 한쪽에는 율법을 어긴 사람들에 대한 저주를 선언한다. 그때에 에발 산에 서 있는 지파들이 아멘으로 화답한다.

그러나 이제 당신이 사람들에게 불의를 행하지 않았고 술주정꾼도 아니며 욕쟁이도 아니지만 그리스도를 사랑하지 않는 사람이라면, 당신에게 저주가 임할 것이다. 그리고 주께서 오실 때에 당신에게 그리스도에 대한 사랑이 없다면 당신의 기도와 들음과 영접과 도덕적인 확신으로 애원하는 것이 쓸모없게 될 것이다. 왜냐하면 그리스도가 당신에게 저주를 선포하게 될 것이며, 그분이 오실 때에 그를 모시는 모두가 '아멘' 이라고 말할 것이기 때문이다.

3. 본문의 구분과 부연 설명

전체의 본문은 다음과 같이 일곱 부분으로 구성되어 있다.
1. 받게 되는 은혜, 실행해야 하는 의무 또는 준수해야 하는 행동, 즉 사랑-달콤한 사랑, 즐거운 사랑, 기쁜 사랑.
2. 이 행동의 대상, 또는 사랑을 받아야 할 사람-그분은 주와 예수와 그리스도라고 일컫는다.
3. 이 행동의 주체, 또는 이 의무를 실행해야 하는 사람은 인간이다. -짐승은 실행할 수 없고, 악마는 실행하려고 하지도 않는데, 인간은 마땅히 실행해야 한다.
4. '만일 인간이 사랑하지 않는다면' 이라는 가정(假定)-실제로 많은 사람들이 사랑하지 않을 것이라고 추정된다.
5. 무거운 저주, 또는 징벌에 대한 장엄한 선언, 아나테마-그가 그

리스도를 사랑하지 않는 사람이라면, 그에게 저주가 있으라.

6. 늦어도 저주가 시행될 시간, 아주 늦더라도 그에게 저주가 임하게 될 시간의 결정-그가 일시적으로 번영하겠지만, 결국 주께서 오실 때(마라나타), 그때에는 저주를 받는다(아나테마).

7. 이 저주의 범위-"만일 어떤 사람이" 그가 학자, 설교자, 교수, 황제라고 하더라도, 그리스도를 사랑하는 사람이 아니라면 그리스도가 오실 때에 하나님의 재앙이 그에게 임하게 될 것이다. 이 "어떤 사람"이 그렇게 많지 않더라도, 그들 모두에게 저주와 형벌이 엄습할 것이다.

본문의 말씀에 앞서 각 용어에 대한 상세한 고찰이 필요하다.

1. '만일' (If).

그리스도를 사랑하지 않는 것과 결합된 이 '만일'(if)이라는 말은 당신이 상상할 수 있는 슬픈 '만일들'(ifs) 가운데 하나다. 만일 당신이 가난하게 되어야 한다면, 만일 당신이 감옥에 수감되어야 한다면, 만일 당신이 추방되어야 한다면, 만일 당신이 자유와 생명을 잃게 된다면, 그것은 당신이 주 예수 그리스도를 사랑하지 않는 것보다 더 슬픈 것은 아니다. 왜냐하면 당신이 지옥에 던져지거나, 당신이 영원히 저주를 받게 된다면, 그런 일은 당신이 그리스도를 사랑하지 않을 때 일어나는 일이기 때문이다.

당신이 그리스도를 사랑하지 않는데도 구원을 받았다면, 하나님은 참이 아니며, 그리스도도 참이 아니며, 하나님의 말씀도 참된 것이 아닙니다. 당신이 무릎 살갗이 다 닳을 때까지 기도한다고 하더라도, 혀가

메마를 때까지 자비를 외쳐 구한다고 할지라도, 당신이 죄를 고백하며 무턱대고 운다고 하더라도, 과거에 그럴 듯하게 둘러대던 위선자가 그러했던 것처럼 하늘 높이 올라간다고 하더라도, 오랫동안 내내 그리스도에 대한 진지한 사랑이 없었다면, 당신은 결코 지옥의 저주를 면할 수 없을 것이다.

당신은 내가 거짓을 설교하고 말로 당신을 속이는 거짓말쟁이라고 말할지는 모르겠지만, 당신은 그렇게 저주를 받게 될 것이다. "무엇이라고! 우리를 절망으로 몰아넣으려고 하는 것인가?" "그렇다." 당신에게 진심을 다하여 그리스도에 대한 진지하고도 진실한 사랑이 없다면, 과거에 하늘에 도달하려고 한 그와 같은 절망에 빠지게 될 것이다. 하나님이 그의 말씀으로 미리 정해 놓으신 것과는 다른 방식으로 행복과 영원한 영광을 구한다면, 당신은 반드시 절망할 것이다. 그리고 그리스도에 대한 사랑은 인간이 구원을 받을 수 있는 한 가지 자격인 것이다.

그리고 그리스도를 사랑하지 않는 것과 관련된 이 '만일' 이외에, 당신이 천국에 들어가지 못하는 것과 관련된 다른 '만일'이 있다. "내가 노하여 맹세한 바와 같이 저희가 내 안식에 들어오지 못하리라"(히 4:3-5). 그리고 이 자리에서 반복한다. "저희가 내 안식에 들어오지 못하리라." 여기에서 하나님은 맹세를 사용하시지만, 저주를 비밀로 하신다. 주께서 그의 맹세를 부정적으로 선언하실 때에는 이 말씀이 마치 긍정적인 것처럼 이해될 수 있다. "만군의 여호와께서 맹세하여 가라사대 나의 생각한 것이 반드시 되며 나의 경영한 것이 반드시 이루리라"(사 14:24).

그러나 맹세를 긍정적으로 말씀하실 때에는 이 말씀이, 부정적인 것으로 이해될 수 있다. "그러므로 내가 노하여 맹세하기를 저희는 내 안식에 들어오지 못하리라(if they shall enter into my rest) 하였도다"(시 95:11). 즉 그들은 나의 안식에 결코 들어오지 못할 것이다 (they shall never enter into my rest). 이와 같이 하나님이 스스로 맹세하실 때, 그는 저주에 대해서 언급하시지 않는다. 왜냐하면 어떤 비난이나 저주가 하나님이 반드시, 무한하게, 영원히 축복하신 자에게 임하지 않기 때문이다. 그러므로 표현되어야 할 필요가 없었다. 그 저주가 그에게 오지 않기 때문이다.

그러나 그러한 표현 방식을 어떤 이들이 속되게 사용하듯이, "나로 하여금 하나님이 되게 하지 말라." 등과 같은 말로 사용해서도 안 된다. 하나님이, 그들이 계속해서 그리스도에 대한 사랑과 신앙 없이 죽게 된다면, 그들은 결코 그의 안식에 들어가지 못한다고 맹세하신것을, 죄인들에게 경고하는 것으로 충분하다.

2. '한 사람' (A man)이 그리스도를 사랑하지 않는다.

1) 그리스도의 탁월성, 그리스도의 필요성, 그리스도 없는 존재의 위험성, 그리스도에 의해서 받게 될 영원한 선(善)과 은혜를 아는 이해력을 가진 사람.

2) 그러한 이해력에 의해서 인도함을 받고자 하는 의지, 선을 택하고 악을 거부하려는 의지를 가진 사람.

3) 사랑, 갈망, 기쁨의 감정을 가지고 있지만, 그러한 감정들을 합당하고, 우선적이며, 주요한 대상에게 두지 않는 사람.

4) 양심에 따라 걷고 행하지만, 그의 감정들이 바르게 고정되어 있지 않을 때 그를 비난하고 저주하는 어떤 사람. 그러나 그들이 그들의

합당한 대상에 따라 움직이고 거기에 안식할 때, 그를 위로하고 그에 대해서 증언하는 사람.

5) 가장 선한 것을 알고 사랑하며 즐거워할 줄 아는 사람.

6) 그리스도에 대해서 듣고, 그리스도를 고백하는 사람, 그리고 그리스도에게 자신의 사랑을 자주 진지하게 탄원해 왔던 사람.

7) 죄가 많은 사람, 잃어버린 사람, 병에 걸린 타락한 사람이지만, 죄를 씻고 청결하게 되어야 하고, 치유하는 은총을 받아야 할 필요가 있는 사람. 그리스도를 필요로 하지 않는 사람을 데려 오라. 그리고 그에게 그리스도의 사랑을 거부하게 하라.

8) 죽어가는 사람, 이 세상을 떠나는 사람, 시간에서 벗어나서 영원으로 들어가는 사람인 어떤 사람, 즉 수년, 수개월, 수주, 수일, 수시 이내에 곧 저주받은 사람이 되거나 구원받은 사람, 또는 영원히 행복한 사람이 되거나 영원히 비참한 사람이 될 사람.

3. "어떤 사람"(Any man), 특히 복음이 전파되고 즐거운 소리가 들리는 곳에서, 그들에게 구세주와 영원한 생명에 관한 소식이 전해진다. 이방 사람은 그리스도를 사랑할 수 없다. 그들이 그리스도를 알지 못하기 때문이다. 그들이 그리스도에 대해서 듣지 못하기 때문이다. 그러나 은총 아래에서 사는 어떤 사람, 어떤 평범한 사람, 어떤 고귀한 사람, 어떤 무식한 사람, 어떤 학식이 많은 사람, 어떤 세대, 어떤 종류, 어떤 소명, 어떤 장소, 어떤 민족에 속해 있으면서 그렇게 자주, 그렇게 오랫동안 그리스도에 대해서 들어 왔던 사람, 찬양을 받으실 그의 이름이 그들의 속되고 오염된 입에서 너무 통속적인 것이 되었다. 그러한 어떤 사람이 있다고 하더라도, 그는 그리스도를 사랑하지

않는다.

4. 그는 그리스도에 대해서 자주 말하고, 그가 그리스도의 이름을 언급하면서 하나님께 기도하지만, 그리스도를 사랑하지 않는다(Love not). 그는 그리스도를 고백하고 날마다 그에 대해서 들으며, 그를 위해 고난을 받거나 죽기도 하지만 주님이신 그리스도를 사랑하지는 않는다.

5. 주님(The Lord), 만군의 주, 유일한 주권자.
주님은 살릴 능력과 죽일 능력이 있으며, 천국으로 들어올릴 능력과 지옥으로 던질 능력도 있다. 또한 그리스도에게는 사람들과 악마들을 다스릴 권세가 있다. 주님은 예수이신 그에게 모든 권세를 맡겨 주셨다.

6. 예수(Jesus), 유일하고, 전능하시며, 자족(自足)하신 구세주.
그분은 땅에서 하늘로 올라가는 통로를 만들기 위해 하늘에서 땅으로 내려오신 분이다. 그분은 죄인들을 죄에서, 지옥에서, 영원한 불길에서 구원하시기 위해 고난을 당하시고, 피를 흘리시고, 죽으셨다. 하늘 아래에서 예수 이외에 죄인들이 구원을 받을 수 있는 이름은 없다.

7. 그리스도(Christ), 그리스도는 아버지께로부터 기름부음을 받고, 영원 전부터 계획하신 것에 따라, 때가 차서 인간을 구원하는 활동을 착수하고 성취하도록 보내심을 받았다. 그리스도는 영혼들을 영원한 영광에로 인도하기 위해서 필요한 온갖 자격을 갖춘 분이었다. 그러

나 그리스도로부터 이름을 받은 사람들, 즉 그리스도로부터 그리스도인들(Christians)이라고 일컫게 되었지만, 그를 사랑하지 않는 사람들은 저주를 받게 될 것이다.

8. 아나테마(Anathema), 곧 저주를 받은 악인들, 비참하고 비겁한 사람들은 주님이 오실 때에 저주를 받고, 하나님께로부터 분리되며, 악마에게 던져진다.

9. 마라나타(Mara-atha), 주님이 오신다.
주님이 오실 때(마라나타) 저주를 받는다(아나테마). 실제로 저주를 받고 영원히 저주를 받는다. 그때에 저주를 받은 사람들이 영원토록 저주를 받은 악마와 함께 지내게 될 것이다.

제 2 장

그리스도에 대한 사랑의 조건

1. 교리와 방법

이와 같이 설명된 이 본문에서, 이 교리는 참으로 분명한 결과를 가져온다. "주 예수 그리스도에 대한 진지한 사랑을 가지고 있지 않은 사람은 누구든지 비참한 상황에 처하게 되며, 주님이 오실 때에 저주를 받게 될 것이다." 그의 죄가 크기 때문에, 그의 마음이 맹목(盲目)이기 때문에, 그의 의지가 잘못되었기 때문에, 그의 마음이 격렬하고 육감적이기 때문에, 그의 감정들이 부패하고 천하기 때문에, 그의 영혼과 육신은 어둠의 암흑으로, 극단의 곤경으로, 영원한 불행으로, 고통과 징벌로 떨어지게 되어 있다. 그가 받게 될 저주가 얼마나 크고, 얼마나 끔찍하며, 얼마나 참을 수 없는 것인지, 어떤 말로도 다 표현하지 못하며, 어떤 심정으로도 이해하지 못하며, 어떤 펜으로도 쓸 수 없다.

이 주제를 다루는 방법은 다음과 같은 다섯 가지 일반적인 제목으로 나뉜다.

I. 그리스도에 대한 이러한 사랑의 본질은 무엇인가? 그것은 어떤 형태, 어떤 방식의 사랑인가? 그 사랑이 없는 사람이 발견된다면, 그는 저주를 받는다(아나테마). 그는 주님이 오실 때에 이러한 엄청난 저주로 재앙을 받게 될 것인가?

II. 그리스도에 대한 이러한 사랑이 없는 사람은 누구든지 그러한 비참한 상황에 처하게 된다. 그러한 사랑이 없이 죽는다면, 그리스도가 오실 때에 저주를 받게 될 것이라는 것이 증명될 수 있다.

III. 그렇게 슬프며 참을 수 없는 것으로 만드는 이러한 저주의 특성은 무엇인가?

IV. 그러한 사랑에 왜 이렇게 많은 강조점을 두는가? 왜 주님은 그의 아들에 대한 인간의 사랑을 그렇게 많이 요구하셔서, 그것을 결여하고 있는 사람은 누구든지 이렇게 저주를 받게 하시는가?

V. 실천적인 적용에 의한 이 교리의 개선(改善)

그리스도에 대한 이러한 사랑의 본질을 설명할 때, 나는 그 형식적인 이유를 언급할 뿐만 아니라, 인간의 마음속에 그 사랑을 일으키거나 만들어 내는 데 전제되는 것과 반드시 갖추어야 할 조건도 언급하고자 한다. 나는 그것에 관한 나의 이해를 다음과 같은 12가지 특수한 것들로 설명하고자 한다. 그것들을 살펴보면 이러한 사랑에 대한 묘사를 담고 있을 것이다.

1. 이 사랑은 대상(對象)의 선함을 전제로 한다.
2. 그것은 그리스도 안에 있는 무엇과도 비교할 수 없는 선하심을

보고 분간할 수 있는 이해의 조명(照明)을 포함하거나 함축한다.

3. 그것은 모든 점에서 영혼에 대한 그리스도의 적합성(適合性)의 발견을 포함한다.

4. 그것은 그렇게 적합한 것으로 식별되는 선(善)의 소통(疏通) 가능성에 대한 통찰도 포함한다.

5. 그리스도에 대한 가장 높은 가치 평가(評價), 그에 대한 가장 큰 평가, 그것은 감사하는 사랑이라고 일컫는다.

6. 그것은 의지의 지속적인 결단(決斷), 주 예수 그리스도를 향하여 확고하게 마음을 기울이는 것을 내포한다.

7. 그 밖의 어떤 것에 대한 것보다 그리스도에게 바치는 우리의 압도적이며 우세한 사랑의 정도(程度)를 포함한다.

8. 이 사랑 속에는 의지의 선택(選擇)이 들어 있다. 그 자신을 위해, 그 자신의 인격의 우수성 때문에 그리스도를 택하는 것이다. 물론 그로부터 우리가 받은 은혜를 배제하는 것은 아니다.

9. 구세주이시자 주님이신 그리스도가 이 사랑의 대상이다. 교사, 통치자, 은혜를 베푸시는 분으로서의 모든 직분(職分)을 가진 그리스도가 사랑을 받는다. 그런 점에서 모든 위선자와 육감적인 교수들이 넘어지며 어긋나게 된다.

10. 이 사랑은 심령에 대한 하나님의 성령의 강력한 특수 활동에 의해서 만들어진다.

11. 그때부터 자기 자신이나 그가 가지고 있는 어떤 것에 대한 유보(留保) 없이, 그리스도에 대한 인간 자아의 자발적인 포기가 생긴다.

12. 이 모든 것이 이루어질 때, 영혼은 현재라면 그리스도 안에서 즐거워하게 된다. 그리스도가 없다면, 그를 갈망하게 된다. 또는 그리

스도를 찾지 못한다면, 그를 위해 슬퍼하게 된다. 사랑은 이러한 세 가지 방식 가운데 하나로 활동하게 될 것이다. 그리고 이러한 활동에 의해서 그리스도가 발견된다.

2. 그리스도에 대한 사랑의 본질, 필수 조건, 해설

이 사랑은 모든 사랑이 그러하듯이 대상의 선함을 전제로 한다. 실제로 선한 것, 또는 최소한 사랑하는 자에게 그렇게 선하게 보이는 것을 제외하고서는, 그 어떤 것도 사랑을 받을 수 없다. 그러므로 가장 잘 선택되고, 가장 으뜸이 되는 이 사랑은 그리스도가 가장 잘 선택되고 가장 으뜸이 되는 선(善)이라는 것을 전제로 하고 있다. 즉 그리스도가 선한 구세주, 선한 구원자, 선한 주님이자 주인이라는 것이다. 그리스도는 모든 열등한 선을 능가하며, 이 세상의 선을 초월하는 선이다. 그리스도는 선(善)이다!

그리스도는 선일 뿐만 아니라, 최선(最善)이다. 그리스도는 "그 자체로서 최선이며, 우리에게도 최선이다." 그리고 그리스도가 마땅히 그러한 사랑으로 사랑을 받아야 하기 때문에, 그를 위해서 다른 모든 선과 헤어지라는 그의 요청에 기꺼이 따라야 한다. 그러므로 그리스도는 보편적인 선으로 존경을 받고 사랑을 받는다. 부(富), 명예, 친구 등 이 세상에 속한 모든 것들이 특별한 선이지만, 그 어느 것도 모든 것을 위한 선일 수는 없다. 마치 고기와 음료는 당신의 배고픔과 목마름을 채워주기에 좋은 것이지만, 당신을 따뜻하게 옷 입혀 줄 수는 없다. 옷은 당신을 가려주기에 좋은 것이지만, 당신에게 음식이 될 수는 없는 것과 같다.

그러나 자신의 사랑이 그리스도에게 고정된 영혼은 이렇게 말한다. "내가 가난할 때 그리스도는 나의 부(富)이며, 수치를 당할 때 그리스도는 나의 명예이며, 구속되고 감옥에 갇혔을 때 그리스도는 나의 해방이며, 고통을 당할 때 그리스도는 나의 안정이며, 죽음에서 그리스도는 나의 생명이며, 모든 것을 잃을 때 그리스도는 이 모든 것들을 향유하는 것보다 내게 더 좋은 것이 되신다." 그리스도를 무엇과도 비교할 수 없는 대상으로 존경하지 않는 사람은 그를 제대로 사랑하지 못한다.

"하늘에서는 주 외에 누가 내게 있으리요 땅에서는 주밖에 나의 사모할 자 없나이다"(시 73:25). "이는 지혜를 얻는 것이 은을 얻는 것보다 낫고 그 이익이 정금보다 나음이니라 지혜는 진주보다 귀하니 너의 사모하는 모든 것으로 이에 비교할 수 없도다"(잠 3:14-15). 배우자는 그러한 선함을 그리스도 안에서 보기 때문에, 그녀는 그를 향한 사랑 때문에 병에 걸렸다. "예루살렘 여자들아 너희에게 내가 부탁한다 너희가 나의 사랑하는 자를 만나거든 내가 사랑하므로 병이 났다고 하려무나"(아 5:8). 다른 사람들은, 은혜로운 영혼이 그리스도 안에서 그에 대한 사랑으로 불타오르는 것을 보고서 놀란다.

"여자 중 극히 어여쁜 자야 너의 사랑하는 자가 남의 사랑하는 자보다 나은 것이 무엇인가 너의 사랑하는 자가 남의 사랑하는 자보다 나은 것이 무엇이기에 이같이 우리에게 부탁하는가"(9절) 그는 어떤 분이신가? 그녀는 그의 탁월함에 대한 묘사로써 이 질문에 답한다. "나의 사랑하는 자는 희고도 붉어 만 사람에 뛰어난다"(10절). 11-15절에서도 답변이 계속 이어지다가 16절에서 결론에 도달한다. "예루살렘 여자들아 이는 나의 사랑하는 자요 나의 친구일다"(16절). 그 다음에는 어떻게 되는가? 그리스도의 초월적인 선하심이 이와 같이 나타나며, 마음을 끌고 모든 감정을 유인하는가? 진실로 그렇다. 즉각 다음으로 이어진다. "너의 사랑하는 자가 어디로 갔는가 너의 사랑하는 자가 어디로 돌이켰는가 우리가 너와 함께 찾으리라"(아 6:1).

1. 하나님이신 그리스도(Christ as God)는 무엇과도 비교할 수 없을 정도로 선하시다. 왜냐하면 그가 본래적인 선이시기 때문이다. 무한한 선, 영원하고 불변하며 이해할 수 없는 선이시기 때문이다.

2. 인간이신 그리스도(Christ as man)는 모든 인간 가운데서 가장 탁월한 분이시다. 죄가 없는 상태의 아담, 가장 위대한 위엄을 가진 예언자들과 사도들, 완전한 영광 속에 있는 하늘의 성도들도 인간이신 예수 그리스도와 비교되지 못한다.

3. 하나님(인간이시며, 중보자)이신 그리스도(Christ, as God-man and Mediator)는 선함에서, 지상에 있는 모든 거룩한 자들과 하늘에 있는 모든 천사들을 능가한다.

"그 능력이 그리스도 안에서 역사하사 죽은 자들 가운데서 다시 살리시고 하늘에서 자기의 오른편에 앉히사 모든 정사와 권세와 능력과 주관하는 자와 이 세상뿐 아니라 오는 세상에 일컫는 모든 이름 위에 뛰어나게 하시고"(엡 1:20-21). 그렇지만, 그리스도는 그의 백성, 그의 형제들, 그의 동료들을 부르신다. "그러므로 하나님 곧 왕의 하나님이 즐거움의 기름으로 왕에게 부어 왕의 동류보다 승하게 하셨나이다"(시 45:7). 당신의 눈에, 당신의 마음에 그리스도는 이렇지 않은가?

3. 그리스도에 대한 사랑의 두 번째 필수 조건

이 사랑은 그리스도 안에 있는 비길 데 없는 선하심을 보고 분간할 수 있는 이해력의 조명을 내포하고 함축하고 있다. **지식**이 사랑은 아니지만, 사랑에 이르는 필수적인 전 조건(前 條件)이다. 왜냐하면 이 사랑이 맹목(盲目)이 아니기 때문이다. 우리는 알지 못하는 것을 사랑할 수도 없고 갈망할 수도 없다. "네가 만일 하나님의 선물과 또 네게 물 좀 달라 하는 이가 누구인 줄 알았더면 네가 그에게 구하였을 것이요 그가 생수를 네게 주었으리라"(요 4:10). 당신은 '보이지 않는' 그리스도를 사랑할 수는 있으나, '알지 못하는' 그리스도를 사랑할 수는 없다. "예수를 너희가 보지 못하였으나 사랑하는도다 이제도 보지 못하나 믿고 (그리고 신앙은 지식을 포함한다.) 말할 수 없는 영광스러운 즐거움으로 기뻐하니"(벧전 1:8).

그러므로 이사야 예언자는 그리스도를 갈망하지도, 사랑하지도 않으면서 그리스도를 싫어하는 은혜가 없는 사람들에 대해서 이렇게 말한다. "그는 주 앞에서 자라나기를 연한 순 같고 마른 땅에서 나온 줄기 같아서 고운 모양도 없고 풍채도 없은즉 우리의 보기에 흠모할 만한 아름다운 것이 없도다"(사 53:2). 어떻게 그러한가! '아버지의 영광의 밝음과 그의 인격의 명백한 형상을 가진' 그리스도에게 훌륭한 풍채가 없다니! 그렇지 않다! 과거에도 있었고, 현재에도 있지만, 그들에게는 그것을 볼 수 있는 눈이 없다.

눈 먼 사람은 태양으로부터 발산되는 빛을 볼 수 있는 눈을 가지고 있지 않기 때문에, 태양이 어둡다고 말해야 한다. 어떻게 그러한가! 우리가 그리스도를 보게 될 때, 그리스도에게는 우리가 그리스도를 갈망하는 아름다움이 없다. 그것이 바로 그들이 보면서도 보지 못했다는 이유였다. 그들이 신앙의 눈으로 그리스도를 식별하지 못할 때, 어떻게 그들이 사랑의 눈으로 그리스도를 볼 수 있는가?

그러나 눈이 열린 성별(聖別) 된 영혼은 그리스도 안에서 최상의 선하심과 아름다움과 탁월함을 본다. 열등한 선에 속하는 다른 모든 것들은 그에게 쓸모없는 것과 배설물처럼 여기게 된다. "그러나 무엇이든지 내게 유익하던 것을 내가 그리스도를 위하여 다 해로 여길 뿐더러 또한 모든 것을 해로 여김은 내 주 그리스도 예수를 아는 지식이 가장 고상함을 인함이라 내가 그를 위하여 모든 것을 잃어버리고 배설물로 여김은 그리스도를 얻고"(빌 3:7-8).

구원으로 마음이 밝아진 성별 된 사람은 구세주에게서 피조물의 모든 선함을 훨씬 능가하는 선하심을 보노라고 말할 수 있다. 가장 추운 밤에 별들이 나타나지만 태양이 떠오르면 그들은 모두 사라진다. 무지(無知)의 밤에, 나의 마음이 맹목이 되고 나의 마음이 완고해지고 나의 감정들이 얼어붙을 때 나는 부와 명예와 세상의 즐거움이 주는 유익에 사로잡힌다. 그러나 정의의 태양이 발산하는 광선이 나의 영혼에 비출 때, 그 따뜻한 영향력이 나의 무감각한 얼어붙은 마음을 녹일 때, 샛별이신 그리스도가 내 영혼에 떠올랐을 때, 그때에는, 오, 그때에는 나의 두 눈을 현혹시켰던, 세상이 주었던 영광이 시들어지고 사라진다. 그때에는 그리스도와의 비교에서, 모든 피조물의 충만함 속에서 텅 빈 것을 보았고, 그 모든 화려함 속에서 빈궁함을 보았으며, 그 모든 영광 속에서 수치를 보았고, 그 부유함 속에서 빈곤함을 보았다. 나는 그 가장 위대한 찬란한 광채가 어둠으로 변하는 것을 보았고, 그 지혜가 어리석음으로 변하는 것을 보았다. 내가 그리스도의 초월적인 사랑의 관점을 얻게 되었을 때, 나에게는 세상의 아름다움이 추함에 지나지 않는 것으로 보였다.

4. 그리스도에 대한 사랑의 세 번째 필수 조건

그리스도에 대한 이러한 사랑은 가장 알맞은 선(善)으로서, 영혼에 대한 그리스도의 **적합성**(適合性)의 발견을 포함한다. 욕구가 선의 형식적인 이유는 아니지만, 그 결과다. 욕구가 바람직하기 때문에 선하다는 것이 아니라 욕구가 선한 것이기 때문에 바람직한 것이다. 우리의 갈망이 대상의 선함을 만들지는 않는다. 그러나 대상의 선함은 우리의 갈망과 사랑을 유인한다.

적합성이 사랑의 근거다. 사물이 그 자체로서 선한 것일 수 있지만, 우리가 거기에서 우리에게 알맞은 적합성을 찾지 못한다면, 거기에 우리 마음의 사랑을 줄 수는 없다. 만약 고통과 질병에 빠져 있을 때, 인간은 금이나 은보다 안정과 건강이 더 좋은 것이라고 판단한다. 그것이 더 적합한 것이기 때문이다. 굶주림과 목마름 속에 있는 사람은 명예와 승진(昇進)보다는 빵과 물이 더 좋은 것이라고 평가한다. 왜냐하면 그것이 그에게 더 적합한 것이기 때문이다.

그리스도에 대한 사랑은 영혼이 그리스도에게 대한 적합성을 가지고 있다는 이해에 근거해 있다. 그리고 이렇게 말한다. 그리스도보다 음식이 배고픈 사람에게 더 적합하지 않다. 그리스도보다 의사가 병든 사람에게 더 적합하지 않다. 그리스도보다 의복이 헐벗은 사람에게 더 적합하지 않다. 가난하고, 죄가 많고, 나의 죄로 인해 잃은 자가 되고, 실패하고, 망하고, 환난에 빠진 나에게 그리스도보다 더 소중한 것은 없다. 내가 헐벗었을 때, 그분이 나에게 의복의 변화를 주실 것이다. 내가 죄와 사탄에 사로잡혔을 때, 그분이 나를 해방시켜 주실 것이다. 내가 죄를 지었을 때, 그분이 나를 용서해 주실 것이다. 내가 더러워졌을 때, 그분이 나를 깨끗게 하실 것이다. 내가 하나님에게 적(敵)이 되었을 때, 그분은 나와 화해하실 것이다.

내가 무식할 때, 그분이 나를 가르쳐 주실 것이다. 내가 빚을 졌을 때, 그분은 나의 보증인이 되어 주실 것이다. 내가 가난하게 되었을 때, 그분이 나를 부유하게 만들어 주실 것이다. 내가 하나님에 대해 낯선 자가 되었을 때, 그분이 나와 사귀어 주실 것이다. 나는 무엇이라고 말해야 하는가? 내가 천국에 부적합한 자가 되었을 때, 그분은 나를, 빛 속에 있는 성도들의 상속(相續)에 참여하는 자로 맞이해 주실 것이다.

내가 부유하더라도, 나는 저주를 받을 수 있다. 그러나 내가 그리스도를 모신다면, 나는 구원을 받게 될 것이다. 사람들이 나를 존경하더라도, 하나님은 나를 싫어하실 수도 있다. 그러나 내가 그리스도를 모시고 있다면, 주님은 나를 사랑하실 것이다. 내가 세상에서 아주 화려하게 번영한다고 하더라도, 나는 영원한 불행에 이르는 길을 걸을 수도 있다. 그러나 내가 그리스도를 모시고 있다면, 그분은 영원한 영광의 길로 나를 인도해 주실 것이다.

보라, 오, 내 영혼아, 네 주위를 돌아보라. 그리고 너는 유일한 구세주인 그분보다 더 적합한 사람을 발견하지 못할 것이다. 아니라고? 그렇다면 오직 그만이 나의 압도적인 사랑을 받게 될 것이다. 나에게 그와 같은 사람이 한 사람도 없는가? 그렇다면 아무도 나에게서 사랑을 받지 못할 것이다. 모든 점에서 영혼에 대한 그리스도의 적합성은 그분에게 당신의 사랑을 고정시켜야 한다고 당신을 설득할 수 있는 주장 가운데서 더욱 크게 말해야 하는 주장이다.

5. 그리스도에 대한 사랑의 네 번째 필수 조건

사랑은 그리스도를 사랑해야 하는 인격에게, 그렇게 적합한 것으로 식별되는 선(善)의 **소통** 가능성에 대한 통찰도 포함한다. 참여의 가능성은 애정을 싹트게 하거나 애정을 일으키는데 반드시 필요한 것이다. 잠깐 동안 우리가 선한 것을 보고, 모든 점에서 적합한 것이지만, 그것이 얻기가 불가능한 것이라면, 우리는 그것에 대한 희망을 가질 수 없다. 그렇다면 낙담하고 절망에 빠져 있을 것인가? 그리고 사랑은 그 대상을 단순히 선한 것으로 존경하지만, 그것을 얻기 어렵다거나, 얻기 쉽다는 언급이 없다. 그 자체로서 선한 것이지만 우리에게 불가능한 것은 우리에게 유익한 것이 아니다. 왜냐하면 선(善)이 우리에게 소유되는 것이 아니기 때문이다. 그러한 선은, 우리가 그리스도에게 마땅히 바치는 그러한 사랑으로, 사랑을 받을 수는 없다. 그리스도는 선으로서, 우리의 선으로서 사랑을 받으실 분이시다. 또는 그분은 우리가 도달할 수 있는 분이시다. 우리에게 소통될 수 없는 선은, 괴로움과 불안과 두려움을 낳을 수도 있지만, 철학자들이 사랑의 형식적인 이유로 만드는 자기만족이 아니다.

내가 판단하는 이것이 악마에게는 그리스도에 대한 사랑이 없고, 있을 수도 없다는 이유 중의 하나일 수도 있다. 왜 그런가? 악마들이 말로 다 표현할 수 없는 두려움 아래 있는 것은 아닌가? 그들은 구원을, 그들에게 적합한 선으로서 평가하려 하지 않는가? 그들은 그리스도 이외에는 구세주가 없다는 것을 알지 못하는가? 그런데 왜 그들은 그리스도를 증오하는 것인가? 왜 그런가? 그리스도의 은혜가 그들에게 **소통**될 수 없기 때문이다.

그리스도의 고난은, 지옥에 있는 모든 악마들을 구원하기에 충분한 것이지만, 하나님이 그런 목적을 위해서 정하신 것도 아니고, 그러한 목적을 위해서, 또는 그러한 의도를 가지고 그리스도가 견디신 것도 아니다. 그리스도는 악마들, 또는 믿지 않고 뉘우치지 않는 죄인들에게도 허용하는, 구원이나 행복을 위해서 죽지 않으셨다.

그러므로 그들이 선이 되시며 불행으로부터의 자유가 되시는 그리스도가 그들에게 **적합**할 것이라는 것을 알 수도 있다. 그러나 이 선은 그들에게 **소통**될 수 없는 것이다. 그들은 그리스도에 대한 진지한 사랑을 가지지도 못하고 가질 수도 없다. 그런 까닭에 그들은 무자비한 증오로 그리스도를 증오하며 그리스도의 나라에 대적하며 가장 강력한 반대에 관계하고 있다. "이에 저희(부정한 귀신들)가 소리 질러 가로되 하나님의 아들이여 우리가 당신과 무슨 상관이 있나이까 때가 이르기 전에 우리를 괴롭게 하려고 여기 오셨나이까 하더니"(마 8:29). 마치 그들은 이렇게 말해 왔던 것 같다.

"당신이 우리에게 오시는 것을 보니, 우리에게는 아무런 유익이 없다. 우리는 우리의 고통이나 불행으로부터 어떤 구원도, 구출도 기대하지 않는다. 당신은 사람들에게 구세주이지만, 우리에게는 구세주가 아니다. 당신의 자비도 우리와는 아무런 관계가 없다. 당신의 중보자적인 과업을 통한 구원의 희망에서도, 우리는 당신과 아무런 관계가 없다. 지상에 있는 사람들이 당신과 관계가 있을 수도 있고, 그래서 당신을 사랑할 이유를 가질 수도 있겠다. 당신은 그들과 관계를 맺고 그들을 구원하기 위해서 세상에 왔다. 그들은 당신을 구원자로, 구세주로 받들 수도 있겠지만, 우리는 그렇게 할 수 없다. 그들은 타락했으나, 당신에 의해서 회복될 수 있을 것이다. 우리도 타락했으나, 우리는 희망 없이 회복의 가능성도 없이 타락한 자리에서 거짓을 말해야 한다."

"당신과 우리 사이에서 천국과 구원을 위해서 할 일이 전혀 없다. 당신과 우리 사이에서 생명과 행복을 위해서 어떤 협상도 없다. 당신의 고난 가운데서 그 어떤 고난도 우리를 위해서 받은 고난은 없다. 당신은 우리에게 어떤 자비를 베풀려고 온 것이 아니며, 또한 하나님과 우리 사이에서 어떤 평화 제안을 만들기 위해서 온 것도 아니다. 그러므로 우리의 회복은 불가능하다. 그러므로 타락한 자들은 완전한 절망 속에 빠져서 거짓을 말하며, 우리에게 당신의 죽음과 고난의 은혜가 **소통**되지 않는다. 당신에 의한 자비로운 구원의 희망도 없이, 우리는 당신에 대한 그 어떤 사랑도 가지고 있지 않고, 의도하지도 않으며, 가질 수도 없다."

이처럼 저주받은 악마들의 상황과 똑같은 것이 저주받은 영혼들의 상황이다. 지상에 있는 사람들은 그리스도를 사랑할 수도 있겠으나, 지옥에서는 사랑할 수 없다. 지상에서 그리스도는 그들과 관계를 맺어야 하며, 그들은 그리스도와 관계를 맺어야 한다. 자비가 그들과 관계가 있고, 은혜와 인내도 그들과 관계가 있다.

그러나 일단 그들이 지옥에 들어가면, 그리스도는 그들과 관계가 없으며, 성령도 그들과 관계가 없다. 하나님의 은혜, 자비, 인내는 그들과 관계가 없다. 영원까지 아무런 은총의 선물도 없고, 아무런 평화와 화해의 부드러움도 없고, 아무런 자비의 서곡(序曲)도 없다. 오히려 진노가 그들과 관계가 있으며, 보복적인 징벌의 법이 그들과 관계가 있다. 그들은 살아 계신 하나님의 수중에 들어간 것이다.

그리고 과거에는 그리스도로 말미암아 은혜와 은덕을 받을 모든 가능성이 있었지만, 이제는 그들이 그리스도를 사랑할 수 없고, 전보다 그분에 대한 더욱 뿌리 깊은 증오를 가지고 있다. 나는 당신이 두려움과 떨림으로 부지런히 일하고, 열심으로 기도해야 하며, 신속하게 회개하고, 죄를 벗어나야 하며, 진지하게 믿어야 하며, 당신이 죽었을 때 지옥에 떨어지지 말아야 한다는 것을 지적해 두고자 한다. 왜냐하면 저주받은 영혼들에게는 그리스도가 사랑을 받으실 수 없기 때문이다.

그러나 지상에 있는 사람들에게는 사정이 다르다. 어떤 사람이라도 아직은 그리스도에 의해서 은혜와 용서를 받을 수 있기 때문이다. 오늘 여기 하나님 앞에 서 있는 가장 악한 사람, 가장 큰 죄인도 유일한 구세주의 자비의 음성을 듣고 그의 명령과 초청과, 은혜의 부르심에 귀를 기울이고 그 부르심에 응답한다면, 아직도 구원을 받을 수 있다.

그리스도는 구원이 당신에게 아직도 가능할 수 있도록, 당신을 위해서 죽으셨다. 하나님은 당신과 화해하실 수 있고, 복음의 약속에 따라 그리스도와 그의 은혜가 당신에게 소통될 수 있다. 누가 감히 지옥에 있는 저주받은 자들의 상태와 지상에 있는 사람들의 최악의 상태 사이에 아무런 차이점이 없다고 말하는가? 또는 감히 누가 악마들보다도 지상에서 가장 큰 죄인들에게, 그리스도에 의해서 구원받을 희망이나 가능성이 더 없다고 말하는가? 또는 감히 누가 하나님이 더 이상 화해하실 수 없으며, 그리스도의 은혜도 악마들보다 이들에게 더 전해질 수 없다고 말하는가?

지상에 있는 죄인들에게, 자비에 대한 희망과 생명의 조건적인 약속과 용서의 조건적인 부여 속에서 회개하고 믿고 하나님께 돌아오라는 명령이 주어지지만, 악마나 저주받은 영혼들의 경우는 사정이 다르다. 그러므로 우리는 당신이 회개하고 구원을 받게 되리라는 희망 속에서 연구하고, 기도하며, 설교한다. 그러나 이미 죽어서 완전하고도 영원한 암흑 속으로 내려간 사람들에게는 희망이 없다.

　나는 이것을 곰곰이 생각할 때에, 그리스도에 대한 당신의 사랑을 얻어내야 한다고 생각한다. 당신이 다음과 같이 말하기를 바란다.

　"오, 내 영혼아, 아직까지도, 하나님의 자비와 인내를 통해, 너의 상태와 저주받은 영혼들의 상태 사이에 상당히 큰 차이점이 있다. 너는 지금까지 그리스도를 사랑하지 않았다. 그것은 너의 극악한 죄다. 그러나 너는 너를 향한 하나님의 크나큰 자비를 받을 수 있다. 너는 지금 그리스도를 모시지 않는다. 그것은 너의 불행이다. 그러나 너는 그리스도를 모실 수 있다. 그것이 너의 치료가 될 것이다. 저주받은 자들이 그리스도를 사랑하지 않고, 또는 그를 사랑할 수 없는데, 그것은 그들이 그리스도를 모시지 않고, 또 모실 수도 없기 때문이다. 나는 아직 희망의 땅에 살고 있고, 희망의 수단 아래서 살고 있다. 너의 치료는 가까이에 있다. 회복하는 은총을 고의적으로 거부함으로써, 네가 이 희망을 향해 돌진하지 않는다면, 시간에서 벗어나서 영원에로, 지상에서 지옥으로, 이 세상에서의 들음에서 저 세상에서의 울부짖음에로 옮겨간 가련하고 불쌍한 영혼들이 지금 저기에서 그리스도 없이 존재하는 것과 같이 될 것이다. 그리고 지금 저기에서 그리스도가 없이 존재하기 때문에, 결국 저기에서, 지금 그리고 영원히 희망도 없고 치료도 없이 존재하게 되는 것이다."

"오, 그렇다면, 내 영혼아, 네가 모실 수 있는 이 그리스도를 향하여 바라보라! 보라! 이 그리스도와 그의 모든 은혜는 복음의 약속에 따라 아직도 너에게 너의 영원한 유익을 위해 **소통**될 수 있다. 너는 그리스도의 이름으로 너에게 이르시는 용서, 평화, 영광의 제안을 듣지 못하는가? 너는 너의 문밖에 서서 문을 두드리며 거기에서 '나에게 문을 열라, 그리하면 내가 너를 구원해 줄 것이다' 하고 외치며 너를 부르는 그의 목소리를 듣지 못하는가? 너는 아직도 너를 구하고자 하는 그의 성령을 느끼지 못하는가? 너는 아직도 자비로도 정의의 손과 하나님의 분노로부터 너를 구원하지 못했다는 것을 이해하지 못하는가? 다른 사람들이 불타는 유황(硫黃)의 호수에서 누워 구르고 있는 동안, 너는 여기에 서 있다. 그의 은총이 여전히 너의 사랑을 얻고자 노력하고 있지 않은가? 그의 인자하심이 여전히 너를 간청하며, 그의 인내가 여전히 너를 기다리고 있지 않은가? 네가 거룩하게 되기를 원한다면, 너는 그렇게 될 수 있다. 네가 자비를 받고자 한다면, 너는 자비를 받을 수 있다. 네가 그리스도의 죽음의 은혜와 열매를 받고자 한다면, 아직 늦은 것은 아니다."

"이것은 무정한 마음을 녹이기에 충분한가? 단단한 돌과 같이 경직된 마음을 열기에 충분한가? 눈물로 녹여야 하는가? 너의 사랑에 불을 붙이고 불타오르게 해야 하는가? 너는 감탄하며 이렇게 외쳐야 한다. 주님, 이것이 나를 향하신 주의 자비입니까! 너무나 오랫동안 당신의 사랑을 남용했고, 당신의 은총을 경멸했으며, 당신의 사랑을 경시해 온 나에게! 저주를 받을 수밖에 없었고, 당신의 피, 보혈의 고난에 의한 구원을 받지 못하는 상황에 던져질 수밖에 없었던 나에게! 그런데, 내 마음의 증오가 당신에게 고정되었고, 당신을 향해 사랑이 기울어지지 않습니다! 그러나 당신이 내가 당신의 자비의 부르심과 당신의 은총의 간청을 따르는 것을 좋아하시기 때문에, 내 귀에는 사랑의 음성이 아직도 들립니다. 당신은 내게 말씀하십니다. 네가 나를 사랑한다면, 내가 너를 용서할 것이다. 네가 마침내 너의 마음을 내게 준다면, 나도 너의 구세주가 될 것이다. 나는 오랫동안 너를 기다려왔다. 네가 경청하고 동의한다면, 모든 것이 너의 것이 될 것이다. 나의 정의가 너의 것이 될 것이다. 나의 공로가 너의 것이 될 것이다. 천국이 너의 것이 될 것이다."

"오, 찬양을 받으실 주님! 나는 이렇게 탄원하는 사랑에 저항할 수 없습니다. 나는 이렇게 훈계하는 은총에 대해 반박할 수 없습니다. 나는 모든 것을 받았지만, 지금 나는 베풀 수가 없습니다. 나는 모든 것을 받았지만, 지금 나는 베풀려고 하지 않습니다. 주님은 당신이 나의 주님이 되실 것이라고 말씀하십니다. 그리고 아직도 언약의 축복이 나의 것이 될 수 있다고, 천국이 나의 것이 될 수 있다고 말씀하십니다. 가장 사랑하는 주님! 당신은 나의 마음을 얻으셨습니다. 당신은 나의 사랑을 받으셨습니다. 그리고 보십시오. 나는 그 모든 것을 당신께 드립니다. 나는 그 모든 것을 당신께 바칩니다."

6. 그리스도에 대한 사랑의 다섯 번째 필수 조건

그리스도에 대한 이 사랑은 **그리스도에 대한 가장 높은 가치 평가**, 그에 대한 가장 큰 평가를 포함하는데, 그것은 바로 감사하는 사랑이다. 우리가 그를 사랑하면서도, 그를 높이 평가하지 않을 수 있는가? 또는 우리가 그를 가장 사랑하면서도, 그를 가장 높이 평가하지 않을 수도 있는가? 당신이 더욱 높이 평가하고 가치를 두는 다른 어떤 것보다 더 그리스도를 사랑하는가? 다른 것들보다 돈을 더 사랑하며, 그것을 더 가치 있게 생각하는 것은 속물(俗物)이 아닌가? 다른 것보다 자신의 명예와 신용을 더 사랑하는 야망 있는 사람이 명예나 신용을 다른 것들보다 더 높이 평가하지 않는가? 그리고 그리스도를 사랑하는 자에게 돈이나 명예는 그렇게 높이 평가되지 않을 수도 있지 않은가? 그렇지 않다면, 당신은 그리스도 이외의 다른 것에 가치를 두며, 그리스도보다 돈이나 명예를 더 높이 평가하는, 저주를 받은 사람이 아닌가?

그리스도를 믿는 자에게 그리스도가 귀중한 것 같이(벧전 2:7), 그리스도를 사랑하는 사람이 그리스도에게 귀중하다. 세상의 돈이나 명예가 그리스도에 대한 우리의 사랑과 경쟁할 때, 그리스도를 사랑하는 사람에게는 세상의 돈이나 명예가 귀중한 것이 아니다. 진주가 귀중한 것이지만 돌로 여기게 되고, 다이아몬드가 귀중한 것이지만 오물로 여기게 되며, 왕관이 귀중한 것이지만 배설물로 여기게 된다.

그리스도를 진지하게 사랑하는 사람의 실제적인 판단에서, 그리스도는 오빌의 황금이나, 진귀한 마노(瑪瑙, onyx)나 사파이어로 평가할 수 없다. 황금과 수정(水晶)이 그리스도와 같을 수 없고, 그리스도는 순금으로 만든 보석들과도 교환될 수 없다. 산호석이나 진주에 그리스도를 비교하는 것도 있을 수 없다. 왜냐하면 그리스도의 가치는 홍옥(紅玉, rubies)보다 더 하기 때문이다. 에티오피아의 황수정(黃水晶, topaz)도 그와 동등하지 아니하며, 순금이나 세련된 은도 그리스도보다 더 값진 것은 아니다. 그에게서는 그리스도가 홍옥보다 더 귀중하다. 인간의 마음이 갈망하는 모든 것이 예수 그리스도와 비교될 수 없다. 그리스도는 마치 밭에 숨겨 놓은 보물과 같아서, 그리스도를 사랑하는 사람이 그것을 발견하면, 기뻐하면서 집에 돌아가서는, 가진 것을 다 팔아서 그 밭을 산다. 또한 그리스도는 값진 진주와 같아서, 값진 진주를 발견하면 가진 것을 다 팔아서 그것을 산다(마 13:44-46). 그리스도는 그가 가지고 있는 모든 것을 다 팔아서 그것을 살 정도로 가치가 있다.

그리스도를 사랑하기로 한 사람이, 무엇과도 비교될 수 없는 구세주보다 부패하기 쉬운 돈을 더 높이 평가할 수 있는가? 누가 하늘보다 땅이 더 높다고 평가하는가? 누가 하나님보다 피조물을 더 높이 평가하는가? 그가 마땅히 저주를 받아야 할 자가 아니라면, 누가 도대체 하나님이 가장 사랑하는 그리스도보다, 이 세상의 쓸모없는 것을 더 높이 평가할 것인가? 가장 투명한 수정보다 뛰어난 그리스도보다, 두꺼운 진흙을 더 높이 평가할 수 있는가? 영원토록 선하신 그리스도보다, 시간에 속한 잠깐 동안의 것을 더 높이 평가할 수 있는가?

7. 그리스도에 대한 사랑의 여섯 번째 필수 조건

그리스도에 대한 이 사랑은 **의지**의 지속적인 결단, 즉 주 예수 그리스도를 향하여 확고하게 마음을 기울이는 것을 포함한다. 사랑이 합리적인 욕구의 결단이 아니라면 그 밖의 무엇인가? 그렇지 않다면 사랑이 이해력에 의해서 파악된 선에 대한 의지의 결단인가? 아니면 사랑이 그를 선택하는 의지, 그를 신봉하는 의지인가? 그리스도로부터 의지를 되돌리는 것은 그를 미워하는 것보다 결코 더 나은 것이 아니다. 의지와 자기만족이 사랑인 것 같이, 포기와 불만은 증오다.

사람이 그리스도를 사랑하면서도 그를 원하지 않을 수도 있는가? 사람이 그리스도를 사랑하면서도 그를 선택하지 않을 수도 있는가? 사람이 그리스도를 사랑하면서도 의지가 그를 거부하는가? 거부하는 것이 언제 사랑하는 것으로 생각되었는가? 만약 그렇다면 그것은 모순이 아닌가? 의지하지 않는 것과 사랑하지 않는 것은 모두 같은 것이다.

"그러나 너희가 영생을 얻기 위하여 내게 오기를 원하지 아니하는도다 다만 하나님을 사랑하는 것이 너희 속에 없음을 알았노라"(요 5:40, 42). 마음이 사랑하는 대상은 의지가 선택하는 대상이다. 그것이 당신 의지의 선택이라면, 당신의 의지가 그리스도 앞에서 세상을 선택한다면, 나는 담대하게 당신을 세속적인 사람이라고 칭할 것이다. 그리스도 앞에서 쾌락을 선택한다면, 나는 확실하게 당신을 육욕에 빠진 사람이라고 선언할 것이다. 그러나 다른 모든 것 앞에서 그리스도를 선택한다면, 나는 당신에게 진실로 은혜로운 사람이라는 말을 적용할 것이다.

한편에는 세상, 부(富), 명예, 그것이 주는 쾌락이, 다른 한편에는 그리스도가 있다고 생각해 보라. 당신은 실제로 어느 쪽을 선택할 것인가? 그리스도를 선택하고 세상을 선택하지 않겠다고 생각하고 그렇게 말하는 것은 쉬운 일이다. 그러나 내 질문은 당신이 실제로 그 쪽을 선택하느냐는 것이다.

"모든 것을 아시는 주님, 당신은, 내가 부 앞에서 그리스도를 선택하고, 쾌락, 자유, 생명, 또는 이 세상에서 나에게 소중한 어떤 것보다도 그리스도를 선택한 것을 아십니다. 당신은 내가 그리스도 없는 세상보다는 차라리 세상없는 그리스도를 모시겠다는 것을 아십니다.

나는 세상의 온갖 보화보다는, 차라리 수치와 가난과 십자가와 함께 주님을 모시겠습니다." 이것은 인간의 **의지**여야 한다. 그리고 이것은 인간의 선택이어야 한다. 그렇지 않다면 그가 예수 그리스도에 대한 진지한 사랑을 가지고 있다고 말할 수 없다.

8. 그리스도에 대한 사랑의 일곱 번째 필수 조건, 또는 그 사랑의 진지성

이 사랑은 그리스도에게 바치는 압도적이며 우세한 사랑의 정도(程度)를 포함한다. 그리스도가 세상의 그 무엇보다도 압도적인 사랑을 받지 못한다면, 그는 조금도 진지하게 사랑을 받는 것이 아니다. 그리스도에 대한 사랑보다 하위에 속하는 다른 것들에 대한 사랑이 있을 수 있다. 그러나 그 사랑은 그리스도에 대한 사랑과 동등하거나 평등한 것이 아니며, 그보다 훨씬 열등한 것이다. 당신은 친구를 사랑하고 즐거움을 사랑하며, 당신의 삶에 위안이 되는 것들을 사랑할 수 있지만, 그리스도를 더 사랑해야 한다. 이러한 것들에 대한 사랑은 그리스도에 대한 사랑에 흡수되어야 하고 그리스도에 대한 사랑에 종속되어야 한다.

그러나 당신은 그것이 일반적인 은총과 특수한 은총 사이를 구별하는 공격적인 교리라고 말할지도 모른다. 당신은 점진적인 은총만 있고 특별한 은총은 없다고 말할지도 모른다. 하나님은 은총을 받았지만, 더 많은 은총의 정도를 결핍하고 있는 사람을 저주하실 것이라고 생각하는 것을 금하신다. 정도(程度)는 종류(種類)를 변화시키지 않는다.

정도가 자연적인 것에서는 종류를 변화시키지 않는다. 그러나 도덕적인 것에서는 종류를 변화시킬 수도 있고, 변화시키기도 한다. 예를 들어, 한 사람이 다른 사람보다 더 많은 이성(理性)의 정도, 위트의 정확성, 판단의 엄격성을 가질 수 있다는 것이 다른 사람보다 그의 종(種)이나 종류에서 뛰어나게 만들지는 않는다. 즉 그런 점에서 그를 열등하게 만들지도 않는다. 두 경우에, 종류에 관한 한, 인간들은 인간의 본성과 특별한 차이를 가지고 있다. 그것으로 그들은 어떤 다른 종류의 것들과도 구별된다. 그러나 도덕(道德)에서는 정도가 특별한 차이를 만들어낼 수 있다. 도덕에서도 자연적인 것으로서의 행동은 여전히 같은 종류다. 예컨대, 먹고 마실 때, 그 분량이 적거나 많거나 간에, 자연적인 행위는 여전히 같은 것이다. 그러나 도덕에서, 어떤 사람이 절약이라는 규칙과 지침이 정해 놓은 양(量)과 질(質)에 따라 먹고 마신다면, 그리고 그 이상은 더 먹고 마시지 않는다면, 이것은 절제(節制)라고 일컫는 덕(德)이 된다. 그러나 그가 정도에서 지나친다면, 평범한 사람이 절약이라고 생각하는 것(덕의 본질)보다 더 많이 먹고 더 많이 마신다면, 먹고 마시는 것이 육체적으로는 같은 종류에 속하지만, 도덕적인 측면에서는 전혀 다른 이름으로 즉, 무절제(無節制), 폭음(暴飮), 만취(滿醉)라고 일컫는다.

사랑의 정도는 두 가지 측면에서 생각할 수 있다.

1. 그리스도를 사랑하는 다른 사람들의 관점에서 볼 수 있다. 그들 가운데, 다른 사람이 가질 수 있는 것보다 더 진지한 사랑의 정도를 가진 사람이 있을 수 있다. 그의 사랑은 진지한 것이다. 그리고 보다 더 위대한 사랑의 정도는 베드로에게 던지신 예수의 질문에서 이해될 수 있다. "요한의 아들 시몬아 네가 이 사람들보다 나를 더 사랑하

느냐"(요 21:15) 즉 다른 제자들도 나를 사랑한다. 그 질문에서 비교급인 '더'(more)는 다른 사람들, 또는 사랑하는 사람들인 '이 사람들'(these)과 관련된다. 그러므로 베드로는 긍정문으로 대답한다. "주님, 그렇습니다. 내가 주님을 사랑하는 줄을 주님이 아십니다." 당신을 사랑하는 그들 모두보다 더 사랑한다는 비교급이 아니다. 그러나 그리스도가 "네가 이 사람들보다 나를 더 사랑하느냐?"고 물으신 것처럼, 비교급 '더'는 베드로의 사랑의 대상인 '이 사람들'과 관계되지 않는다. 이 질문에 대해, 베드로는 의심할 여지없이 신속하게 대답할 수 있었다. "그렇습니다. 내가 이들을 사랑하는 것보다, 또는 이 세상에 속한 모든 사람이나 모든 것들을 사랑하는 것보다 당신을 더 사랑합니다." 이러한 의미에서 하나님은 더 큰 사랑, 또는 더 큰 다른 은총의 정도의 결핍에 대해서는 저주하지 않으신다.

2. 사랑의 정도는 사랑을 받는 것, 또는 우리의 사랑의 대상의 관점에서 생각할 수 있다. '더'(more)라는 말이 의미하는 것은 "네가 세상, 죄, 자아(自我)보다 그리스도를 더 사랑하느냐 또는 네가 그리스도보다 이것들을 더 사랑하느냐?"는 것이다. 나는 이 교리가 결코 공격적인 것이 아니라고 말하겠다. 나는 그것이 저주받아야 하거나 구원받아야 하는 영혼을 가진 모든 사람이 반드시 알고 이해해야 하는 매우 중요한 것이라고 판단한다. 나는 이러한 사랑의 정도의 결핍이 있고, 이 결핍 때문에, 인간의 사랑이 세상과 죄와 육감적인 자아에게 더 많이 쏠리고 그리스도에게 덜 쏠리며, 하나님은 확실히 그를 저주하실 것이라고 말하는 것을 두려워하지 않는다.

죄보다 그리스도를 더 사랑하지 않는 사람, 쾌락과 이득보다 그리스도를 더 사랑하지 않는 사람이 그리스도에 대한 진지한 사랑을 가지고 있지 않다는 것, 또는 그가 구원을 받지 못하게 될 것이라는 이 말이 그리스도인의 귀에 거슬리는가? 확실히 그런 사람은 다른 경우에 이렇게 판단할 것이다. 만일 그에게 자신을 사랑하는 아내가 있지만, 아내가 자신보다 다른 남자를 더 사랑한다면, 아내가 부부간의 진지한 사랑을 가지지 않았다고 판단할 것이다.

3. 가장 분명하고, 가장 완전한, 전혀 공격적이지 않은 대답은 그리스도 자신의 말씀일 것이다. 그 말씀에서 그에 대한 사랑의 진지성을 보여 주는 것이 들어 있다. "아비나 어미를 나보다 더 사랑하는 자는 내게 합당치 아니하고 아들이나 딸을 나보다 더 사랑하는 자도 내게 합당치 아니하고 또 자기 십자가를 지고 나를 좇지 않는 자도 내게 합당치 아니하니라 자기 목숨을 얻는 자는 잃을 것이요 나를 위하여 자기 목숨을 잃는 자는 얻으리라"(마 10:37-39).

우리가 이 모든 것보다 그리스도에 대해서 더 가져야 할 사랑의 정도와 비교해 본다면, 모든 열등한 것들에 대한 모든 사랑은 차라리 사랑이라기보다는 증오다. "무릇 내게 오는 자가 자기 부모와 처자와 형제와 자매와 및 자기 목숨까지 미워하지 아니하면 능히 나의 제자가 되지 못하고"(눅 14:26). 이 말씀을 어떻게 해석할 수 있는가? 이것은 그리스도의 실제 제자가 아버지나 어머니, 형제나 자매, 아내와 자녀들, 또는 그 자신의 목숨에 대해서 진정한 사랑을 가질 수도 없고, 그런 사랑을 가져서도 안 된다는 것인가? 이것은 터무니없고 비종교적인 생각이다! 또한 자연의 법칙과 그리스도의 지속적인 교리에 위배되는 것이다. 그렇다면, 무엇인가?

이것은, 그리스도의 참된 제자는 그리스도보다 이들을 덜 사랑해야 하며(그들이 아직까지 우세하지만) 더 큰 정도로 그리스도를 사랑해야 한다는 것이다. 마음속에서의 그리스도에 대한 사랑이 다른 모든 것보다 그리스도에게 기울여야 한다는 것을 의미하지 않는가? 그리스도의 말씀의 참뜻에서, 나는 이 모든 것보다 그리스도에 대한 더 큰 사랑이 더 이상 공격받지 않기를 희망한다. 그리고 그리스도보다 이런 것들을 더 사랑하는 사람들에 대해서 말하자면, 그들은 바로 이러한 것 때문에 그리스도가 그들에게 공격을 받게 된다는 것을 발견하게 될 것이다.

9. 그리스도에 대한 사랑의 여덟 번째 필수 조건

이 사랑은 그리스도를 위해, 그리고 그리스도의 **인격의 우수성** 때문에 그리스도를 택하는 것이다. 물론 그로부터 우리가 받은 은혜와 구원을 배제하는 것은 아니다. 우리가 그리스도에게서 받은 은혜는 우선 되돌아온 영혼이라는 관점에서 보아야 할 것이다. 그 영혼은 처음에 그리스도에게 매혹되어 그리스도에게 가까워지게 되고, 그를 사랑하게 된다. 그가 받은 비길 데 없는 선(善)과 은혜를 생각하면서, 확신을 가진 죄인은 다른 누구에게서도 발견할 수 없는 것을 본다. 시간이 흐르면서, 천국으로 가는 그의 여정(旅程)에서, 그는, 그리스도 안에 있는 우수성과 아름다움이 그가 이전에 사랑했던 모든 대상들보다 더 자신에게 온화하다는 것을 배우고 보게 될 것이다.

그러므로 "우리가 그리스도를 위하여 그리스도를 사랑할 수 있는가? 아니면 우리가 그로부터 받은 은혜 때문에 그리스도를 사랑하는가?"를 질문하는 것은 내가 아직 성경에서 발견하지 못했고 그에 대한 분명한 대답도 없는 질문을 제기하는 것이다. 하나가 다른 하나에 종속되는 것이지만, 반대되는 것은 아니다. 나는 그리스도를 위해 그리스도를 사랑할 수 있다. 그리고 나는 그리스도의 인격의 선하심과 우수성과 온화함 때문에 그리스도를 사랑할 수 있다. 그리고 나는 그리스도로부터 받는 유익함 때문에 그리스도를 사랑할 수 있다. 그리고 나는 더 나아가서 은혜로 인하여, 그를 위해 나를 참여자로 만들어 주실 것이라는 것을 희망한다. 하나가 다른 하나에게 도움이 된다. 내가 그리스도로부터 받은 혜택보다는 그리스도를 위해 그리스도를 사랑할 수 있지만, 그를 사랑할 때, 내가 그로부터 받은 은혜에 대한 생각을 저버릴 수 있다고 생각하지는 않는다.

우리는 하나님의 영광을 추구하는 것과 우리의 구원을 추구하는 것을 대립(對立) 관계에 두지 말고, 종속(從屬) 관계에 두어야 한다. 하나님의 영광과 그의 뜻의 성취가 궁극적인 목적이지만, 그 외에도 우리의 구원도 추구되어야 한다. 무슨 이유로 그렇게 하는지는 모르겠지만, 사람들이 은혜의 증거와 천국에 이르는 자격을 추구하는데, 나는 그것이 불필요하고 부당한 것이라고 생각한다. 그것은 은혜로운 사람들을 괴롭히고, 그들에게 불필요한 의심, 두려움, 마음의 고통을 주는 것이다. 그것은 하나님께 영광을 돌리기 위해서, 우리가 저주를 받아서, 지옥으로 가서 영원한 고통을 겪고, 저주받은 자들에게 부으시는 하나님의 격렬한, 불타는 진노를 겪는 것에 동의할 수 있느냐는 우리 자신에 대한 요구와 같은 것이다.

나는, 누군가가 나에게 복음서에 내 죄를 용서하는 조건으로 그렇게 나와 있다는 것을 제시하기 전까지는, 은혜의 성격상 이것으로 내 영혼의 상태를 판단하기를 억제할 것이며, 그것을 다른 사람에게 설교하는 것도 억제할 것이다. 그러나 나는 지금까지 그러한 내용을 관찰하지 못했다. 내가 구원 받기를 열심히 갈망하면서도, 어떻게 내가 기꺼이 저주를 받거나, 저주를 받게 되는 일에 동의할 수 있겠는가? 내가 그리스도와 함께 오랫동안 지내기를 바라면서, 그와 영원히 분리되는 것에 동의할 수 있겠는가? 나는, 하나님이 사람들에게 경고하시며, 천국을 사모하도록 그들을 일깨워서 지옥으로부터 구출되도록 하시는 것을 본다. 그러나 하나님이 우리를 천국에 올라가도록 하기 위해서 우선 지옥으로 가는 데에 동의하라는 것을 구원의 조건으로 제시하시는 것을 발견하지 못했다. 죄로부터 떠나고 죄를 싫어하며, 회개하고 하나님께로 돌아오라는 것, 무엇보다도 그리스도를 사랑하고, 그리스도를 나의 주님, 구세주로 감사하게 받아들이라는 것이 나에게 솔직하게 요구되는 것이다. 나는 이러한 조건들을 진지하게 수행하고, 그 안에 들어 있는 내 인생의 목적을 얻기 위해 끊임없이 노력하며, 그리스도를 위해 그를 사랑하고 믿을 것이다. 나는 편안하게, 충분한 근거를 갖고서 그의 은총, 영원한 행복의 부유함과 자유로움을 희망하고 기다리며 기대할 수 있다.

이와 같은 방식으로, 나는 "우리가 그리스도를 위하여 그리스도를 사랑할 수 있는가? 아니면, 우리가 그로부터 받은 은혜 때문에 그리스도를 사랑하는가?" 하는 당혹스러운 질문을 판단할 것이다. "주님, 당신을 위해 그리스도를 사랑할 수 있도록 나를 도우소서. 그리고 내가 받은 모든 은혜와 희망 때문에 그리스도를 사랑하도록 나를 도우소서." 그러나 하나는 종속적인 것이고, 다른 하나는 궁극적인 것이다. 내가 성서에서 읽은 그러한 사랑은 다윗에게 있었다. "여호와께서 내 음성과 내 간구를 들으시므로 내가 저를 사랑하는도다"(시 116:1).

10. 그리스도에 대한 사랑의 아홉 번째 필수 조건

예수 그리스도에 대한 진지한 사랑은 예언자, 제사장, 왕이신 그에게 주어지는 것이며 그를 **존경**하는 것이다. 그런 점에서 모든 위선자와 육감적인 교수들의 사랑은 실패하며 어긋나게 된다. 사람들은 대부분 그리스도에 대한 사랑을 고백하며, 그분이 죄로부터 지옥의 형벌, 장차 닥쳐 올 진노로부터 구원해 줄 예수, 구세주라고 고백하지만, 그들은 그리스도를 사랑하지도 않고, 교사와 통치자로서 모시려고도 하지 않을 것이다.

아내가 남편을 사랑하는 것처럼, 남편도 그녀를 위해 식량을 제공하며 아내를 보호하여 그릇된 길로 가지 않게 하고 상처를 입지 않게 한다. 그러나 남편이 아내를 안내하고 지배하며 다스리는 머리가 되어야 한다면, 그녀는 그러한 그를 참을 수 없다. 그런 경우에, 당신은 그런 사랑에 반대하며, 그 사랑은 부분적이며 위선적인 사랑에 지나지 않는다고 말하지 않겠는가?

이와 같이 어떤 점에서 그리스도를 좋아하고 사랑하지만, 실제로 다른 점에서는 그를 싫어하며 증오한다고 말할 때, 당신은 그리스도를 기만하고 위선적으로 대하는 것임을 이해하지 못하는가? 그리고 당신은 당신의 죄로부터 당신을 구하지 못한다면, 그리스도가 당신의 죄로부터 당신을 구해 주실 것이라고 생각하는가? 당신이 한 번도 거룩하게 된 적이 없으면서, 그가 당신을 행복하게 해 주실 것이라고 생각하는가? 아니면, 당신이 천국을 맞이하기에 합당하게 되지도 않았으면서도, 그가 당신을 천국으로 인도해 주실 것이라고 생각하는가?

당신이 이성과 양심에 의뢰하여, 행복에 대한 그러한 희망을 저주한다면, 그러한 부분적인 사랑에 세워져 있는 것이 당신의 이성과 양심이 아닌가? 그렇다면 당신이 본문에서 정해진 바와 같은 저주를 받지 않으려면, 당신이 가져야 하는 그러한 사랑의 대상이 주 예수 그리스도라는 것은 무슨 의미인가? 그렇다면, 그리스도를 주님과 통치자로서 한 번도 받아들인 적이 없고, 그런 관계에서 그를 사랑하지 않은 사람들 가운데서 심판 날에 살육(殺戮)이 있으리라는 것은 무엇을 의미하는가?

그리스도를 사랑하는 자로서 보지 않고 그리스도에게 적으로 간주하는 자들에게는, 그리스도도 그들을 사랑하는 자로서가 아니라 적으로서 대하실 것이다. "그리고 나의 왕 됨을 원치 아니하던 저 원수들을 이리로 끌어다가 내 앞에서 죽이라 하였느니라"(눅 19:27). 주님과 구세주가 성경에서, 마치 당신의 사랑의 대상이 따로 떨어져야 하는 것처럼, 그렇게 자주 접속사로 연결되는데, 그 의미는 무엇인가? 롬 8:39, 7:25, 고전 1:2, 15:57, 고후 1:12, 갈 1:3, 엡 1:2-3, 빌 1:2, 골 1:2, 살전 1:1, 살후 1:2, 딤전 1:2, 딤후 1:2, 딛 1:4, 약 1:1, 벧전 1:3, 벧후 1:1-2절과 같은 본문에서와 다른 여러 곳에서, 주님과 구세주, 주님과 예수, 주 예수 그리스도가 함께 사용되었다. 이 모든 점에서, 우리가 하나님으로부터 은혜, 자비, 평화를 얻고자 하고, 그로 말미암아 구원을 얻고자 한다면, 그분이 우리에게 사랑을 받고 영접을 받아야 한다는 것이 제시되어 있다. 그리고 그리스도가 주신 것과 같이 그는 사랑을 받고 영접을 받아야 한다. 그렇지 않으면, 당신은 영원히 그분 없이, 그리고 그의 은혜 없이 살아가야 한다.

11. 그리스도에 대한 사랑의 열 번째 필수 조건, 또는 그 사랑의 일꾼

이 사랑은 심령에 대한 하나님의 성령의 강력한 활동에 의해서 만들어진다. 모든 사람에게는 사랑의 감정이 있지만, 어떤 사람에게든 사랑의 은혜가 자연스럽게 있는 것은 아니다. 죄에 대한 사랑이 있고, 세상에 대한 사랑이 있으며, 인간에 대한 인간의 사랑이 있다. 그런데 인간 속에는 성령의 활동에 의해서 만들어지는 하나님에 대한 공통적인 사랑이 있다. 그러나 그것은 성령의 특별한 활동에 의한 것이기는 하지만, 거기에는 예수 그리스도에 대한 특별한 사랑이 있을 수 없다. 그것은 자연의 정원(庭園)에서 자라나지 않는 꽃이지만, 하나님의 성령에 의해서 자라난 것이다. 그러므로 영적인 거룩한 사랑은 성령의 열매라고 말한다(갈 5:22). 그런 어떤 것이 있다면, 그것은 그리스도에 대한 진지한 구원을 이루는 사랑이다.

12. 그리스도에 대한 사랑에서 요구되는 열한 번째 필수 조건

이 사랑은 자기 자신이나 그가 갖고 있는 어떤 것에 대한 유보(留保) 없이, 그리스도에 대한 **인간 자아의 자발적인 포기**를 내포한다. 그리스도를 사랑하는 사람은 그분에게 헌신하고 자신을 바치며, 진실하게 자신을 포기하고 그리스도를 자신의 올바른 주인으로, 관대한 후원자로 모신다. 그는 자기 자신을 자신의 것이라기보다는 그리스도의 것이라고 본다. 그는 자기 자신을 위해서가 아니라 그리스도를 위해서 살고, 자기 자신을 추구하는 것이 아니라 그리스도를 추구한다.

부부간의 사랑에서와 같이, 서로가 서로에게 주는 사랑이 있다. 한편에서는, 내가 당신에게 나 자신을 준다. 다른 한편에서도, 내가 당신에게 나 자신을 준다. 마찬가지로 그리스도와 영혼 사이의 거룩한 영적 사랑에서도, 그리스도가 영혼에게 그 자신을 내어주시며, 나는 너의 것이고, 나의 정의는 너의 것이며, 나의 공로도 너의 것이며, 나의 모든 은혜도 너의 것이 될 것이라고 말씀하신다. 그러므로 그리스도를 사랑하는 영혼은 이렇게 말한다.

"주님, 나는 나 자신을 당신께 드립니다. 나의 이해가 당신의 것이며, 나의 의지, 나의 마음, 나의 재산, 나의 모든 것이 당신의 것이 될 것입니다. 당신의 명령, 당신의 처분에 따라 당신이 즐거워하시는 대로 사용하십시오. 나는 그 모든 것을 버리거나 잃어도 좋습니다." "나의 사랑하는 자는 내게 속하였고 나는 그에게 속하였구나"(아 2:16), "내가 나를 위하여 이 땅에 심고 긍휼히 여김을 받지 못하였던 자를 긍휼히 여기며 내 백성 아니었던 자에게 향하여 이르기를 너는 내 백성이라 하리니 저희는 이르기를 주는 내 하나님이시라 하리라"(호 2:23).

13. 즐거워하는 사랑, 갈망하는 사랑, 슬퍼하는 사랑으로서의 사랑의 작용

이 모든 것이 이루어질 때, 영혼은 현재라면 그리스도 안에서 즐거워하게 된다. 그리스도가 없다면, 그를 갈망하게 된다. 또는 그리스도를 찾지 못한다면, 그를 위해 슬퍼하게 된다. 사랑은 이러한 세 가지 방식 가운데 하나로 활동하게 될 것이다.

즐거워하는 사랑

만일 어떤 사람이 자기의 영혼 속에서 은혜롭게 활동하시는 그리스도의 현존(現存)을 발견하고, 그리스도를 사랑하게 된다면, 그는 모든 부유함 속에서 찾는 것보다 거기에서 즐거워하며, "내 인생은 즐거움이고 내 마음은 위로로 가득 차 있으며 내 영혼은 하늘의 기쁨으로 가득 차 있다."라고 말하게 될 것이다. "여러 사람의 말이 우리에게 선을 보일 자 누구뇨 하오니 여호와여 주의 얼굴을 들어 우리에게 비춰 소서 주께서 내 마음에 두신 기쁨은 저희의 곡식과 새 포도주의 풍성할 때보다 더하니이다"(시 4:6-7).

"남자들 중에 나의 사랑하는 자는 수풀 가운데 사과나무 같구나 내가 그 그늘에 앉아서 심히 기뻐하였고 그 실과는 내 입에 달았구나 그가 나를 인도하여 잔치집에 들어갔으니 그 사랑이 내 위에 기로구나"(아 2:3-4). "예수께서 마리아야 하시거늘 마리아가 돌이켜 히브리 말로 랍오니여 하니 (이는 선생님이라) 막달라 마리아가 가서 제자들에게 내가 주를 보았다 하고 또 주께서 자기에게 이렇게 말씀하셨다 이르니라 이 말씀을 하시고 손과 옆구리를 보이시니 제자들이 주를 보고 기뻐하더라"(요 20:16, 18, 20).

갈망하는 사랑

그리스도가 물러가신다면 영혼은 오랫동안 갈망하고 목말라하며, 그리스도가 돌아오실 때까지 안식을 취할 수 없다. 오, 나의 사랑하는 자가 어디로 갔는가? 언제 내가 그를 찾게 될 것인가? 오, "너희는 건포도로 내 힘을 돕고 사과로 나를 시원케 하라 내가 사랑하므로 병이 났음이니라"(아 2:5). "하나님이여 사슴이 시냇물을 찾기에 갈급함같이 내 영혼이 주를 찾기에 갈급하니이다 내 영혼이 하나님 곧 생존하시는 하나님을 갈망하나니 내가 어느 때에 나아가서 하나님 앞에 뵈올꼬"(시 42:1-2) "하나님이여 주는 나의 하나님이시라 내가 간절히 주를 찾되 물이 없어 마르고 곤핍한 땅에서 내 영혼이 주를 갈망하며 내 육체가 주를 앙모하나이다"(시 63:1). "내 영혼이 여호와의 궁정을 사모하여 쇠약함이여 내 마음과 육체가 생존하시는 하나님께 부르짖나이다"(시 84:2).

맨 처음 나오는 말은 원초적인 말이다. 거기에서 은(銀)을 상징하는 말이 나온다. 은(銀)을 사랑하는 사람은 이것을 주목한다. 그는 가장 진지하고, 열렬하며 지속적인 사랑으로 그리스도를 갈망한다. 세상을 사랑하는 사람은 은과 금과 세상의 부를 사랑하고 갈망한다! 다른 말은 '약해졌다'(fainteth)는 것으로 번역되었는데, 그것은 "기다리느라고 몹시 야위었다."라는 것을 뜻한다. 그것은 "내 영혼이 갈망하고, 또 갈망한다"는 것, "내 영혼이 하나님에 대한 갈망으로 바싹 야위었다"는 것을 의미한다.

슬퍼하는 사랑

영혼이 갈망하는 것을 찾지 못할 때, 영혼은 슬퍼하며 슬픔으로 가득 차게 된다. 아아, 나는 그리스도를 찾아야 한다는 의무로 나가 보았지만, 그를 찾을 수가 없다. 그리스도를 찾아보았지만, 그를 볼 수가 없다! 아아, 사랑하는 주님이 없음으로 인하여, 슬퍼하고, 신음하며, 눈물을 흘린다. 사람들 가운데서 당신은 그의 눈물을 보았을 것이다. 모르는 사이에, 당신은 그 가까이에 있었고, 당신은 그의 신음소리와 격심하게 슬픈 탄식소리를 들었을 것이다. 나의 주님이 가셨다.

나의 사랑, 내 영혼이 몹시 사랑하는 자가 나를 낯선 자처럼 대한다. "천사들이 가로되 여자여 어찌하여 우느냐 가로되 사람이 내 주를 가져다가 어디 두었는지 내가 알지 못함이니이다"(요 20:13).

이러한 사랑의 본질을 단축하고 종합한다면, 이러한 특수한 것들의 총합이 이러한 설명을 완전하게 한다.

14. 그리스도에 대한 사랑의 설명

그리스도에 대한 사랑은 하나님의 성령에 의해서 심령 속에서 활동하는 특별한 은총이다. 그 사랑은 마음을 밝혀 줌으로써, 그에 대한 그리스도의 비교할 수 없는 선함, 적합성, 소통 가능성을 알게 해 주며, 그의 판단에서 그리스도에게 최상의 가치를 부여한다. 그의 의지는 모든 것 앞에서 그리스도를 선택한다. 일차적으로는 그리스도를 위해, 이차적으로는 그로부터 받은 은혜 때문에 그리스도를 선택한다. 그는 탁월한 정도의 애정을 그리스도에게 쏟고, 온갖 직분을 가진 그리스도에게 자신을 맡긴다. 그는 현재라면 그리스도 안에서 즐거워한다. 그리스도가 없다면 갈망하거나, 그리스도를 찾을 수 없다면 슬퍼한다.

이것이 사랑이다. 당신이 저주를 받지(아나테마) 않으려면, 주님이 오실 때에 저주를 받지 않으려면, 당신이 그리스도에 대해서 가져야 하는 사랑이다.

L·O·V·E·T·O·C·H·R·I·S·T

제3장

저주를 피하기 위해 그리스도에 대한 사랑의 필요성을 입증하는 10가지 주장

주장1. 그리스도를 사랑하지 않는 자는 그분 안에 있지 않다.

그리스도 안에 있지 않는 자는 자신의 죄 가운데에 있는 것이다. 자신의 죄 가운데에 있는 자는 저주를 받는다. 그러므로 그리스도를 사랑하지 않는 자는 저주를 받는다. 그리고 그리스도가 오실 때, 저주를 받게 될 것이다. 그리스도에 대한 진지한 사랑이 없는 자는 여전히 그의 옛 마음, 그의 옛 사랑에 머무르게 될 것이다. 그리고 옛 마음을 가진 자는 그리스도 안에 있는 것이 아니다. "그런즉 누구든지 그리스도 안에 있으면 새로운 피조물이라 이전 것은 지나갔으니 보라 새 것이 되었도다"(고후 5:17).

당신은 그리스도 안에 있으면서, 당신 안에 그리스도에 대한 사랑이 없는 것은 아닌가? 당신은 그리스도 안에 있으면서, 당신의 마음이 그리스도에게서 돌아선 것은 아닌가? 당신은 그리스도 안에 있으면서, 당신의 마음이 그리스도를 적대하는 것은 아닌가? 당신의 마음이 그리스도를 적대하지는 않지만, 그리스도를 사랑하지 못하는 것은 아닌가? 좋아하지 않는 감정이 있는 곳에 어떤 연합이 있을 수 있는가? 증오는 가장 먼 거리에 두어야 하며 분리되어야 하는 것은 아닌가?

당신이 그리스도 안에 있지 않다면, 하나님을 기쁘시게 하는 열매를 맺을 수 있는가? "내 안에 거하라 나도 너희 안에 거하리라 가지가 포도나무에 붙어 있지 아니하면 절로 과실을 맺을 수 없음같이 너희도 내 안에 있지 아니하면 그러하리라"(요 15:4). 그리고 당신이 열매를 맺지 못한다면, 당신은 불에 던져질 것이 아닌가? "사람이 내 안에 거하지 아니하면 가지처럼 밖에 버리워 말라지나니 사람들이 이것을 모아다가 불에 던져 사르느니라"(요 15:6).

당신은 지옥의 불에 던져질 그런 존재인가? 당신은 저주받은, 위험하고도 비참한 상황에 있지 않은가? 나쁜 나무가 좋은 열매를 맺을 수 있다? 나무가 좋은 열매를 맺지 않는다면, 그 나무는 불에 적합한 것이 아닌가? "이미 도끼가 나무 뿌리에 놓였으니 좋은 열매 맺지 아니하는 나무마다 찍혀 불에 던지우리라"(마 3:10).

하늘의 교리의 비가 당신에게 떨어지지 않았는가? 그런데도 당신이 그리스도에 대한 사랑을 가지고 있지 않을 때, 당신은 엉겅퀴와 가시나무에 지나지 않은 것을 내고 있지 않은가? 당신은 거부당하지 않았는가, 당신의 종말은 불에 타는 것이 아닌가? 그런데도 당신이 저주받을 일이 전혀 없다고 주장하는가? "땅이 그 위에 자주 내리는 비를 흡수하여 밭 가는 자들의 쓰기에 합당한 채소를 내면 하나님께 복을 받고 만일 가시와 엉겅퀴를 내면 버림을 당하고 저주함에 가까와 그 마지막은 불사름이 되리라"(히 6:7-8). 당신이 종말에 이를 때, 그때 당신은 저주받게 된다(아나테마)는 것을 인정해야 하지 않는가?

주장 2. 그리스도를 사랑하지 않는 자는 율법의 저주 아래에 있다.

그러므로 그리스도를 사랑하지 않는 자는 저주를 받는다. 사람에게 빛을 주며 항상 머무르는 율법의 모든 저주가 어떤 사람을 시험한다면, 저주를 받는 사람, 그리스도에 대한 진지한 사랑이 없는 사람이 그 사람임에 틀림이 없다. 계약으로서의 율법이 효력이 없으므로, 우리는 율법으로 구원을 얻고자 시도해서는 안 된다.

그러나 율법의 위협과 처벌은 은총의 계약에 따라서 그리스도에게 복종하지 않는 사람에게 완전한 힘을 발휘하게 된다. 그리스도가 우리를 저주로부터 구원하시기 위해 저주를 받으셨지만, 예수 그리스도에 대한 진실하고도 진지한 사랑과 믿음을 가진 사람들만이 그 구원의 은혜를 받을 수 있다. 당신이 율법으로 위협하는 저주를 피하고자 한다면, 당신은 율법에 포함되어 있는 모든 것을 행해야 한다.

"무릇 율법 행위에 속한 자들은 저주 아래 있나니 기록된 바 누구든지 율법책에 기록된 대로 온갖 일을 항상 행하지 아니하는 자는 저주 아래 있는 자라 하였음이라"(갈 3:10). 당신은 율법이 요구하는 어떤 한 가지를 율법에 규정되어 되어 있는 대로 행할 수 없으면서도, 그리고 그리스도를 조금도 사랑하지 않으려고 하면서도, 당신은 여전히 율법의 저주에서 배제되리라고 생각하는가? 하나님은 정반대로 깨닫게 해주실 것이다. 당신이 죽기 전에 서둘러서 그리스도를 사랑하지 않고서는, 지옥의 불꽃이 정반대로 당신을 깨닫게 해줄 것이다. 그러나 하나님의 말씀으로 당신을 정반대로 깨닫게 하는 것이 더 안전한 방법이 될 것이다.

주장 3. 그리스도를 사랑하지 않는 자는 확실히 복음에 의한 저주 아래에 있다.

그러므로 그리스도를 사랑하지 않는 자는 저주를 받는다. 그리스도의 모든 교리라고 생각되는 복음은 위로의 소식은 물론 무시무시한 소식도 담고 있다. 약속뿐만 아니라 위협도 들어 있다. 사죄(赦罪)뿐만 아니라 저주의 문장도 있다. 그 저주는 율법의 저주보다 더 무섭고 참을 수 없는 것이다. 복음의 메시지를 경멸하는 사람들에게 속하지 않는다면, 그들이 누구에게 속하며, 누구에게 고초를 당하게 될 것인가? 주 예수 그리스도를 사랑하지 않는 그들이 아니고서는, 누가 복음의 메시지를 저주하겠는가?

복음이 당신에게 우수성과 아름다움 속에 있는 그리스도를 제시하지 않는가? 복음이 그리스도가 당신을 위해 고난을 받으셨다는 것을 선언하지 않는가? 복음이 당신을 위해서 산 것과 당신에게 주신 것을 말하지 않는가? 그리고 이 모든 것은 당신의 사랑을 얻기 위한 것이며 그리스도를 향한 당신의 마음과 애정을 얻고자 한 것이 아닌가? 당신이 그리스도를 사랑하지 않는 것만큼, 그렇게 그의 고난도 사랑하지 않으려고 할 것이다. 그리스도가 그것에 관해 말씀하시는 것을 진지하게 생각해 보라. "그 정죄는 이것이니 곧 빛이 세상에 왔으되 사람들이 자기 행위가 악하므로 빛보다 어두움을 더 사랑한 것이니라"(요 3:19). 율법이 당신을 저주한다면, 당신은 복음에 의지할 수도 있다. 복음이 당신을 저주한다면 당신은 구조 요청을 하러 어디로 갈 것인가?

주장 4. 그리스도를 최종적으로 사랑하지 않는 자들이 죄에 대한 형벌과 지옥의 고통을 면할 수 있는 길이란 없다.

하나님은 그런 길을 정해 두지 않으셨다. 그러므로 그런 사람들은 끔찍하게 저주받는 상황에 처하게 된다. 우리가 행실의 계약을 어겼을 때, 하나님은 그의 아들을 보내셔서 죽게 하시고 계약의 위반을 갚아주셨으므로, 구원이 불가능한 것은 아니다. 그리고 율법의 저주를 피하는 일도 불가능한 일이 아니다.

당신은 그리스도를 사랑하지 않음으로 지금까지 복음에 거역하는 죄를 범해 왔지만, 그리스도는 지금까지 복음에 거역하는 죄를 갚아 주셨으므로, 당신이 그리스도를 영접한다면, 당신은 사면(赦免)과 구원을 받을 수 있다. 그러나 당신이 그리스도에 대한 사랑과 그에 대한 믿음 없이 죽는다면, 그리스도는 그 죄를 위해서는 갚아 주지 않으셨기 때문에 저주를 받는다. 그리스도는 은혜의 계약을 최종적으로 거역하는 것이나 그 계약을 최종적으로 행하지 않는 것을 속량해 주시기 위해서 죽으신 것은 아니다. 그러므로 그것은, 당신이 죄인들의 불행으로부터 그들을 돕기 위해 마련된 구제책에 거역하는 죄를 범하는 것이다.

구세주를 최종적으로 거부하는 사람이 구원을 받을 수 있는가? 최후의 순간까지 유일한 구제책을 거부하는 사람이 저주를 피할 수 있는가? 이 구제책 이외에는 다른 아무런 구제책도 없다. "우리가 진리를 아는 지식을 받은 후 짐짓 죄를 범한즉 다시 속죄하는 제사가 없고 오직 무서운 마음으로 심판을 기다리는 것과 대적하는 자를 소멸할 맹렬한 불만 있으리라 모세의 법을 폐한 자도 두 세 증인을 인하여 불쌍히 여김을 받지 못하고 죽었거든 하물며 하나님 아들을 밟고 자기를 거룩하게 한 언약의 피를 부정한 것으로 여기고 은혜의 성령을 욕되게 하는 자의 당연히 받을 형벌이 얼마나 더 중하겠느냐 너희는 생각하라"(히 10:26-29).

주장 5. 그리스도에 대한 사랑을 가지고 있지 않은 자는 그분에 대한 신앙을 가지고 있지 않다.

그리스도에 대한 믿음이 없는 사람은 저주를 받는다. 저주를 받는 자는 비참하게 저주받는 상황에 처하게 된다. 그러므로 그리스도를 사랑하지 않는 자도 그렇다. 건전한 신앙과 진지한 사랑은 따로 떼어 놓을 수 없는 은총이다. 그리스도를 사랑하지 않는 사람들은 불신자이며, 불신자들은 저주를 받는 사람들이다. "저를 믿는 자는 심판을 받지 아니하는 것이요 믿지 아니하는 자는 하나님의 독생자의 이름을 믿지 아니하므로 벌써 심판을 받은 것이니라"(요 3:18). 오, 그리스도를 사랑하지 않는 가련한 당신의 자녀들, 당신의 부모, 당신의 친구들, 당신의 이웃들이여! 그들은 사랑이 결핍되어 있기 때문에, 그들은 구원의 조건이 되는 신앙을 피한다. 그들은 신앙을 피하기 때문에, 저주받은 사람들이다.

주장 6. 그리스도에 대한 진지한 사랑을 가지고 있지 않은 자는 그들이 태어날 당시와 똑같은 상황에 처하게 된다.

그런데 당신은 그것이 모두 끔찍하게 저주받은 상황이라고 말한다. 왜냐하면 본래 모두가 '진노의 자녀'(엡 2:3)이고, 진노의 자식은 저주받은 자녀들이기 때문이다. 어떤 사람들은 너무 무지하여, 그들이 태어날 당시부터 마치 그들이 그들의 마음속에 그리스도에 대한 사랑을 가지고 태어난 것처럼, 그리스도를 사랑해 왔다고 말한다. 그리스도에 대한 사랑은 첫 번째 출생으로 우리 안에 생기는 것이 아니라, 두 번째 출생, 즉 거듭남으로 생기는 것이다. 우리의 타고난 상태는 혹독하고 얽매여 있는 상태다. 그 상태는 담즙(膽汁)처럼 쓴 것이다. "내가 보니 너는 악독이 가득하며 불의에 매인 바 되었도다"(행 8:23). 당신이 자연 상태에 있는 동안에는, 세상이 당신의 사랑을 받고, 죄가 당신의 사랑을 받으므로, 그리스도가 사랑의 대상이 아니다. 왜냐하면 세상과 그리스도, 죄와 그리스도가 동시에, 같은 사람에 의해서, 최고의 사랑을 받을 수 없기 때문이다. 따라서 그리스도에 대한 사랑 없이 태어났다는 것을 당연하게 생각해야 한다. 그러므로 당신은 태어날 당시와 똑같은 상황에 있기 때문에, 당신은 그리스도에 대한 사랑 없이 살아온 것이다. 당신이 그리스도에 대한 사랑 없이 죽는다면, 그때에는 죽음 이후의 다음 순간을 보고, 그것이 저주를 받는 상황이라고 말하게 될 것이다.

주장 7. 하나님을 예배할 때에 속이는 자들은 저주를 받는다.

기도하고 말씀을 듣기 위해 교회에서 예배를 드리지만, 그리스도를 사랑하지 않는 사람들은 속이는 사람들이다. 그런 사람들의 종교적 의무와 봉사들은 모두 속임수와 위선 가운데서 행하는 것이다. 그들은 자기 자신들을 속이는 자요, 다른 사람들을 속이는 자요, 하나님을 속이려고 하는 자들이다. 위선자가 하는 그것은 무엇인가? 하나님께 말을 하지만, 마음을 쏟지는 않는다. 하나님과 그리스도에게 겉으로는 예배를 드리면서, 사랑을 부인하는 것은 무슨 속임수인가? 그것은 겉으로는 행동을 하면서도 내면적인 감정을 보류하는 것이 아닌가?

그러한 주화(鑄貨)로는 당신이 마땅히 받게 되는 것을 지불해야 되지 않는가? 색(色)과 모양은 금과 같지만 그 안에 천한 금속이 들어 있다면 어떻게 하겠는가? 당신은 그것을 만든 사람에게 속이는 사람이라고 소리칠 것이 아닌가? 이것은 사람들 가운데서 일어나는 당신에 대한 범죄다. 그리고 이것은 당신 가운데서 일어나는 하나님께 대한 범죄가 아닌가? 그런 사람에게 저주를 퍼부을 준비가 되어 있다면, 하나님은 당신에게 저주를 내리시지 않겠는가? "떼 가운데 수컷이 있거늘 그 서원하는 일에 흠 있는 것으로 사기하여 내게 드리는 자는 저주를 받으리니 나는 큰 임금이요 내 이름은 열방 중에서 두려워하는 것이 됨이니라 만군의 여호와의 말이니라"(말 1:14).

주장 8. 강도와 도적들은 저주를 받는다.

그리스도를 사랑하지 않는 사람들은 강도와 도적들이다. 당신은 어디에 속한 사람들인가? 하나님께 속한 사람들인가, 아니면 당신 자신에게 속한 사람들인가? 당신의 마음은 누구의 편에 있는가? 세상 편인가, 그리스도 편인가? 누가 당신의 사랑을 합당한 것으로 받아야 하는가? 당신의 사랑은 어디에 귀속되어야 하는가? 세상에게, 허무에게, 자아에게 아니면 그리스도에게? 당신이 구매한 것을 당신 자신의 것이라고 말하지 않는가? 당신이 비싸게 지불하고 산 것은 당신의 것이 아닌가? 당신의 승낙 없이, 그것을 당신에게서 빼앗아 가면 강도가 아닌가?

그리스도는 당신을 위해서 당신의 가치보다 더 많은 값을 지불하고 당신을 인도하시지 않았는가? 그분은 그를 사랑하도록 당신의 마음을 만드셨다. 당신이 그에게서 얼굴을 돌리고, 하나님의 사랑을 떠나 죄를 범했는데도, 그리스도는 당신을 사시지 않았는가? 당신은 당신이 즐거워하는 것에 당신의 사랑을 쏟으려고 하지 않는가? 당신이 열거하는 대상들에게 그 사랑을 쏟으려고 하지 않는가? 그러나 당신의 몸과 영혼은 그리스도가 사신 것이 아닌가? "너희 몸은 너희가 하나님께로부터 받은 바 너희 가운데 계신 성령의 전인 줄을 알지 못하느냐 너희는 너희의 것이 아니라 값으로 산 것이 되었으니 그런즉 너희 몸으로 하나님께 영광을 돌리라"(고전 6:19-20).

자신이 그리스도의 것임을 부인하는 것은 그리스도에게서 도적질하는 것이 아닌가? 그는 하나님과 그리스도의 도적, 저주받은 죄인이 아닌가? 당신이 아버지, 어머니, 낯선 사람의 것을 도적질한다면, 당신은 비열한 범법자로 간주될 것이 아닌가? 당신이 하나님과 그리스도의 것을 도적질한다면 어떻게 되겠는가? 아무런 일도 생기지 않겠는가? 하나님은 이렇게 말씀하신다.

"사람이 어찌 하나님의 것을 도적질하겠느냐 그러나 너희는 나의 것을 도적질하고도 말하기를 우리가 어떻게 주의 것을 도적질하였나이까 하도다 이는 곧 십일조와 헌물이라 너희 곧 온 나라가 나의 것을 도적질하였으므로 너희가 저주를 받았느니라"(말 3:8-9). 하나님은 그들이 십일조와 헌물(獻物)을 훔쳤다고 말씀하신다. 그리고 당신도 당신의 마음과 감정 속에서 하나님의 것을 훔치고 있다. 십일조를 훔치는 것은 마음을 훔치는 것, 사랑을 훔치는 것에 해당하는 것이다. 하나님은 그들을 크게 저주하셨다. 즉 확실하게 저주하셨다. 그런데 당신은 어떻게 저주를 피할 것인가? 하나님은 당신이 그에게서 도적질을 했고, 사랑을 훔쳤다고 책망하실 것이다. 사랑을 저버리고 약간의 은전(銀錢)과 불결한 욕망을 위해서 사랑을 저당물로 잡혔는가?

그런데 아직도 그것을 전당포에서 다시 찾아올 마음이나 진지한 생각이 없는가?

주장 9. 그리스도를 사랑하지 않는 자는 영적으로 간음한 자들이며, 하나님을 떠나 매춘부에게로 간 것이다.

당신은 그리스도와 결혼했다고 고백하지 않는가? 어떻게 그럴 수가 있는가! 세상을 사랑하고 쾌락을 사랑하며 매춘부에게 사랑을 쏟는다? 하나님과 그리스도보다 다른 것을 더 사랑하는 것은 성경에서 '음심에 홀려서 곁길로 가는 것'(호 4:12), '매춘부와 어울리는 것', '수많은 매춘부와 음행을 하는 것'(렘 3:1), '간음을 하는 것'(렘 3:8)이며, 그런 사람들은 간음하는 사람들이다. "간음하는 여자들이여 세상과 벗된 것이 하나님의 원수임을 알지 못하느뇨 그런즉 누구든지 세상과 벗이 되고자 하는 자는 스스로 하나님과 원수 되게 하는 것이니라"(약 4:4). 세상을 사랑하는 사람은 하나님의 적이 된다. 하나님을 적으로 삼은 자들은 나쁘고 비참한 상황에 처하게 되며, 주님이 오실 때에 더 악하게 될 것이 아닌가?

어떤 이들은 자신들이 매춘부와 도적들이 아니라는 것이 좋은 조건, 구원의 희망이 있는 증거라고 즐거워한다. 그러나 무엇보다도 그리스도를 사랑하지 않는 사람들은 성경의 의미에서나 영적인 의미에서 볼 때 도적이다. 마땅히 사랑을 받아야 할 하나님으로부터 그 사랑을 훔치는 도적이다. 그리스도보다 다른 것을 더 사랑함으로써 영적인 매춘의 죄를 범한 자다.

당신이 그런 죄를 계속 저지르면서 주님이 오실 때에, 저주를 피할 것을 생각한다면, 당신은 그의 심판대에서 심판을 받게 되고, 당신은 크게 실수했다는 것을 깨닫게 될 것이며, 당신이 축복을 기대할 때, 저주를 받게 될 것이다.

주장 10. 그리스도로부터 떠나라는 명령을 받고 그의 영광스러운 면전(面前)에서 쫓겨난 자들은 저주를 받는다.

그리스도를 최종적으로 사랑하지 않는 사람들은 그리스도로부터 떠나라는 명령을 받고, 그의 영광스러운 면전에서 쫓겨나게 될 것이다. 그리스도를 사랑하지 않는 당신의 마음은 하나님과 그리스도를 향하지 않는다. 그가 오실 때, 그의 마음도 당신을 향하지 않을 것이다. 당신의 마음은 그리스도에게서 멀어져 있다. 그때에 그리스도의 마음도 당신에게서 멀어질 것이다.

당신이 사랑하려 하지 않는다면 당신은 그리스도를 향해 마음속으로 "우리에게서 떠나시오."라고 말할 것이다. 그리고 그분도 "내게서 떠나거라." 하고 말씀하실 것이다. 피조물을 신뢰하는 자의 마음은 하나님을 떠나간다. 그리고 하나님보다 피조물을 더 신뢰하거나 더 사랑함으로써 하나님으로부터 마음이 떠난 사람은 저주를 받는다. "나 여호와가 이같이 말하노라 무릇 사람을 믿으며 혈육으로 그 권력을 삼고 마음이 여호와에게서 떠난 그 사람은 저주를 받을 것이라"(렘 17:5). 그리고 그리스도가 당신에게 그로부터 떠나라는 명령을 하신다면, 당신은 저주받은 상황에 처하게 된다(마 25:41). 주 예수를 사랑하지 않는 그런 사람들은 복음에 복종하지 않는다. 왜냐하면 복음이 당신의 사랑을 명하기 때문이다. 그리고 그리스도가 오실 때에, 그들은 그리스도에게서 분리될 것이며, 그들은 몸소 저주받는 것을 보고 느끼게 될 것이다. "환난받는 너희에게는 우리와 함께 안식으로

갚으시는 것이 하나님의 공의시니 주 예수께서 저의 능력의 천사들과 함께 하늘로부터 불꽃 중에 나타나실 때에 하나님을 모르는 자들과 우리 주 예수의 복음을 복종치 않는 자들에게 형벌을 주시리니 이런 자들이 주의 얼굴과 그의 힘의 영광을 떠나 영원한 멸망의 형벌을 받으리로다"(살후 1:7-9).

당신은 이제 예수 그리스도에 대한 사랑의 결핍으로 인해 생기는 당신의 비참한 상황을 납득하겠는가? 당신은 하나님의 저주가 당신의 영혼에 다가오는 것을 보지 못하는가? 이 증거에 대답하거나, 그 증거를 부인할 수 있는가? 아니면 당신이 이렇게 저주를 받지 않을 것이라는 과거의 결론을 여전히 고집하겠는가? 기록된 바와 같이, "이 저주의 말을 듣고도 심중에 스스로 위로하여 이르기를 내가 내 마음을 강퍅케 하여 젖은 것과 마른 것을 멸할지라도 평안하리라 할까 염려함이라"(신 29:19)라고 하셨다.

자기 자신을 달래는 사람을 보라. 그런데 주님은 그에게 저주를 선언하셨다. 그는 어떻게 될 것인가? 저주가 그에게서 더 먼가, 아니면 축복이 그에게 더 가까운가? 그 다음 성경 구절을 계속 읽어 보라. "여호와는 이런 자를 사하지 않으실 뿐 아니라 여호와의 분노와 질투의 불로 그의 위에 붓게 하시며 또 이 책에 기록된 모든 저주로 그에게 더하실 것이라 여호와께서 필경은 그의 이름을 천하에서 도말하시되 여호와께서 곧 이스라엘 모든 지파 중에서 그를 구별하시고 이 율법책에 기록된 언약의 모든 저주대로 그에게 화를 더하시리라"(신 29:20-21).

하나님의 분명한 말씀과는 정반대로, 저주를 피할 수 있다고 생각하고, 그 말씀이 이루어지고 성취될 때에라도 조금도 상하지 않을 것이라는 근거 없는 희망으로, 잠자고 있는 당신의 양심을 달래는 것은 어리석은 잔꾀에 지나지 않는다. 이미 수백만의 영혼들이 지옥에 떨어졌다. 최종적으로 그리스도를 사랑하지 않는 사람들에 대한 저주가 확실히 임할 것이다. 어떤 형태의 저주가 임하게 될지는 모르지만, 주님을 최종적으로 사랑하지 않는 사람들은 주님이 오실 때에(마라나타) 저주를 받는다(아나테마).

제4장

그리스도를 사랑하지 않는 사람들에게 임할 저주의 10가지 특성

1. 주님이 오실 때에(마라나타) 저주를 받는다(아나테마)는 것은 **무서운 저주를 받는다**는 것을 의미한다.

당신의 관절이 떨리고, 당신의 무릎이 맞부딪치며, 당신의 얼굴이 창백해질 정도로 무서운 저주가 될 것이다. 당신이 하나님께로부터 몸소 저주를 받게 될 것이다. 가장 큰 축복이 하나님에 의해서 받는 것과 같이, 가장 비통한 저주도 하나님에 의해서 받게 될 것이다. 하나님이 백성들을 "내 저주를 받은 백성"(사 34:5)이라고 말씀하셨다. 교회가 그 원수들에 대해서 기도할 때, 그것은 비통한 간구였다.

"그 마음을 강퍅하게 하시고 저주를 더하시며"(애 3:65). 악마가 당신에게 저주하면, 하나님은 당신을 축복하실 것이다. 사람들이 당신을 저주한다면, 하나님은 당신을 축복하실 것이다. "저희는 저주하여도 주는 내게 복을 주소서"(시 109:28). 그것은 마치 그가 "나는 하나님의 축복을 받았다, 나는 악한 사람들의 저주를 두려워하지 않겠다."라고 말하는 것과 같다.

그들이 저주할 때, 하나님은 그것을 축복으로 바꾸실 수 있다. "네 하나님 여호와께서 너를 사랑하시므로 발람의 말을 듣지 아니하시고 그 저주를 변하여 복이 되게 하셨나니"(신 23:5). 불경건한 자들이 많은 저주를 퍼붓는, 성급하고 사악한 언어 형태는(그들이 "하나님의 저주가 너에게 임할 것이다", "하나님의 진노가 너에게 닥칠 것이다"라고 말할 때) 하나님으로부터 저주를 받는 것이 무서운 것임을 보여준다. 그들은 하나님에 의해서 가장 비통하고, 가장 무겁고, 가장 큰 저주를 받을 수 있음을 알았다.

사람들이, 당신이 그렇게 저주를 받는 것을 원한다고 하더라도, 당신은 저주를 받지 않을 수도 있다. 그러나 당신이 진심으로 하나님의 아들을 사랑하지 않는다면, 하나님의 저주가 당신에게 닥칠 것이며, 실제로 저주를 받게 될 것이다. 오, 이제 그리스도를 사랑하라. 그리하면, 당신은 실제로 저주를 피할 수 있다. 그렇지 않다면 실제로 저주를 받게 될 것이다. 실로 무서운 저주, 실로 참을 수 없는 저주를 받게 될 것이다.

2. 주님이 오실 때에(마라나타), 저주를 받는다(아나테마)는 것은 **전면적으로 저주를 받는다**는 것을 의미한다.

모든 죄인들은 이러한 저주 아래에 놓이게 된다. 그의 몸이 저주를 받고, 영혼이 저주를 받게 될 것이다. 이 세상에서의 저주가 불순종하며 반역하는 사람들에게 임하게 될 것이다. "네가 만일 네 하나님 여호와의 말씀을 순종하지 아니하여 내가 오늘날 네게 명하는 그 모든 명령과 규례를 지켜 행하지 아니하면 이 모든 저주가 네게 임하고 네게 미칠 것이니 네가 성읍에서도 저주를 받으며 들에서도 저주를 받을 것이요 또 네 광주리와 떡반죽 그릇이 저주를 받을 것이요 네 몸의 소생과 네 토지의 소산과 네 우양의 새끼가 저주를 받을 것이며 네가 들어와도 저주를 받고 나가도 저주를 받으리라"(신 28:15-19).

당신은 모든 면에서 저주를 받게 될 것이다. 몸으로, 몸의 모든 지체가 저주를 받는다. 마음을 허영심에 맡기는 창(窓)과 같은 너의 눈에도 저주가 내릴 것이다. 죄인들의 유혹에 경청하며, 하나님의 명령과 부르심에는 경청하지 않는 귀에 저주가 내릴 것이다. 사악하게 행동하며, 악의 길로 인도하는 손과 발에 저주가 내릴 것이다. 영혼에 저주가 내릴 것이며, 모든 능력과 재능에 저주가 내릴 것이다. 예수 그리스도의 구원하는 지식을 깨닫지 못한 이해력에 저주가 내릴 것이다. 그리스도를 구세주와 주님으로 선택하지 않은 의지에 저주가 내릴 것이다. 효과적으로 활동하지 않아서 예수 그리스도를 찾고 따르도록 하지 못한 양심에 저주가 내릴 것이다.

마땅히 그리스도에게 더 쏠려야 하는 사랑이 세상과 죄를 향할 수밖에 없었다고 고백하는 모든 감정에 저주가 내릴 것이다. 세상과 죄를 향한 사랑은 저주받는 사랑이었다. 허영심을 좇는 갈망은 저주받는 갈망이었다. 그것은 마땅히 그리스도를 따라 움직여야 하는 갈망이었다. 피조물에서 얻는 기쁨, 죄 된 대상들에게서 얻는 기쁨은 저주를 받는 기쁨이다. 내가 그리스도와 그의 길에 대해서 가졌던 증오는 저주받는 증오였다. 이와 같이, 그리스도의 사랑이 마음을 지배하지 않는 곳에서는 지금처럼 죄가 모든 것에 퍼지게 된다. 그러므로 죄인은 도처에서 저주를 받게 될 것이다.

이 생에서 영혼에 대한 축복이 가장 좋은 축복인 것과 같이, 영혼에 대한 영적인 저주는 가장 무서운 저주다. 사람들이 주 예수를 사랑하는 것에 설득 당하지 않으려 할 때, 그들은 그리스도보다, 술잔과 욕망과 이익과 스포츠의 즐거움을 더 사랑하게 된다. 은혜를 얻고자 노력하고 자비를 갈구하며 성령을 받고자 노력하고 양심의 소리를 들으며 인내로 기다린다고 해도, 그들은 그리스도가 아니라 그들의 죄를 사랑하고, 그리스도가 아니라 세상을 사랑할 것이다.

하나님과 그리스도와 성령께서 이러한 그들의 사악하고 저주받은 감정들을 내버려두시고, 그리스도가 열매가 없는 무화과나무를 저주하셨을 때와 같은 말씀을 하실 것이다. "이제부터 영원토록 사람이 네게서 열매를 따먹지 못하리라"(막 11:13-14, 20-21). "죄인아, 너는 왜 나를 사랑하지 않으려 하느냐? 네 안에 뉘우침이 없구나. 너에게 어떤 용서도 베풀지 않을 것이다. 너는 나를 사랑하려 하지 않는구나! 그로 하여금 욕하는 일을 계속 사랑하게 하라, 그로 하여금 자신의 더럽고도 불결한 행실을 계속 사랑하게 하라. 그로 하여금 그가 죽는 날까지 마음을 굳게 닫고 지내게 하라. 나는 그를 어떻게 처리해야 하는가? 나의 목자들이 나에게 사랑을 쏟으라고 그에게 애걸했지만, 그는 그렇게 하려고 하지 않는다. 나의 영이 그를 얻고자 노력하지만, 그는 그렇게 하려고 하지 않는다. 그가 하지 않으려는 것은 무엇인가? 나를 사랑하지 않는 것이다! 아니다, 그로 하여금 그가 원하는 것을 사랑하게 내버려두어라." 이것이 그리스도가 그의 오심을 미루시는 동안 죄인의 영혼에 내리는 큰 저주다. "불의를 하는 자는 그대로 불의를 하고 더러운 자는 그대로 더럽고 의로운 자는 그대로 의를 행하고 거룩한 자는 그대로 거룩되게 하라"(계 22:11). 어떤 사람들은 커다란 지체(肢體)를 가지고 있다. 그들은 그리스도를 사랑하지 않고, 그 지체들은 시들어버렸다. 그리스도는 그들을 저주하셨다. 어떤 사람들은 수많은 의무를 행하고 교수들이 되었다. 그들은 모두 기도하고, 말씀을 듣고, 말씀을 받았음에도 불구하고, 그리스도를 사랑하지 않았다. 그리스도는 그들을 저주하셨고, 그들은 불경하게 바뀌었다. 어떤 사람들은 욕하는 일에, 불순한 것에, 술 마시기에 빠진다. 그것은 그들의 죄일 뿐만 아니라, 그들이 그리스도를 사랑하기를 거부했기 때문에 그들을 내버려두고 그들의 영혼에 내린 하나님의 저주이기도 하다.

"내 백성이 내 소리를 듣지 아니하며 이스라엘이 나를 원치 아니하였도다 그러므로 내가 그 마음의 강퍅한 대로 버려 두어 그 임의대로 행케 하였도다"(시 81:11-12). "에브라임이 우상과 연합하였으니 버려 두라"(호 4:17). 나의 영이여, 그를 그대로 내버려두어라. 나의 목자들이여, 그를 그대로 내버려두어라. 나의 법령들이여, 그를 그대로 내버려두어라. 양심이여, 그를 그대로 내버려두어라. 모든 사람들아, 그를 그대로 내버려두어라. 그는 고집이 세고, 사악하며, 심술이 궂다. 그의 마음은 그의 이익과 결합되어 있고, 그의 쾌락과 결합되어 있다. 그를 그대로 내버려두어라. 그로 하여금 그의 길을 걷게 하라. 그 자신의 악한 마음의 어리석은 상상으로 걸어가게 하라. 이것이 이생에서의 무서운 저주다.

그러나 마라나타, 주님이 오실 때, 영혼에게 주는 이 저주는 정한 것이며 고정된 것이기에, 결코 제거되지 않을 것이다. 이 사람은 나를 한 번도 사랑하지 않은 사람이었다. 이제 그로 하여금 쓸데없고 공허하며 자기를 고문하는 회개가 아니고서는 결코 회개하지 말게 하라. 이제, 그로 하여금 영원히 거룩함 없이 지내게 하라. 그리고 영원히 나에 대한 사랑 없이 지내게 하라.

3. 주님이 오실 때에(마라나타), 저주를 받는다(아나테마)는 것은, 최소한의 축복의 요소도 없이, 그 혹독함을 진정시키거나 완화시킴이 없이, **혹독한 저주를 받는다**는 것을 의미한다.

그때에 그들은 기쁨이 없는 슬픔, 환희가 없는 통곡, 빛이 없는 암흑, 안정 없는 고통, 최소한의 선도 없는 악, 목적이 없는 모든 것, 따라서 희망이 없는 모든 것을 경험하게 될 것이다. 이 저주의 잔(盞)은 혼합물이 없는 너무나 순수한 것이기 때문에 혹독한 것이 될 것이다.

"그도 하나님의 진노의 포도주를 마시리니 그 진노의 잔에 섞인 것이 없이 부은 포도주라 거룩한 천사들 앞과 어린 양 앞에서 불과 유황으로 고난을 받으리니 그 고난의 연기가 세세토록 올라가리로다 짐승과 그의 우상에게 경배하고 그 이름의 표를 받는 자는 누구든지 밤낮 쉼을 얻지 못하리라 하더라"(계 14:10-11).

혹독한 잔, 저주의 잔은 어떤 여인이 다른 남자를 사랑하고 남편을 배반했을 때 마신, 저주를 일으키는 진노의 물보다 더 혹독한 것이다. "그 물을 마시운 후에 만일 여인이 몸을 더럽혀서 그 남편에게 범죄하였으면 그 저주가 되게 하는 물이 그의 속에 들어가서 쓰게 되어 그 배가 부으며 그 넓적다리가 떨어지리니 그 여인이 그 백성 중에서 저줏거리가 될 것이니라"(민 5:27).

이렇게 혹독한 저주는 그리스도가 오실 때에 물처럼 너의 뱃속으로, 기름처럼 네 뼈 속으로 흘러 들어갈 것이다. 혹독한 저주가 옷과 같이 너를 덮을 것이다. 그리고 띠처럼 그 저주를 지속적으로 띠고 다녀야 할 것이다(시 109:18-19). 그것은 네 생각, 네 영혼, 네 존재를 몹시 쓰라리게 만들고, 이렇게 외치게 할 것이다. "오, 이곳은 혹독한 곳이다! 이곳은 혹독한 상태, 혹독한 상황이며, 지나치게 혹독하다. 이 혹독함에 비하면, 나의 세상에 대한 사랑과 죄에 대한 사랑이 그렇게 달콤한 것이 아니었다. 그것은 과거에 나에게 꿀처럼 달콤한 것 같이 보였지만 지금은 담즙보다 더 쓰다. 그러나 오오, 슬프다, 여기에 그보다 더 혹독한 것이 있다. 달콤함이 지나갔고, 신랄함만이 남아 있는데, 그 신랄함이 결코 사라지지 않을 것이다. 나는 과거에 달콤한 것을 쓴 것으로, 쓴 것을 위해서 달콤한 것으로 바꾸어 놓았다. 그러나 이제 나는 그렇게 할 수 없다. 쓴 것이 너무 써서, 나는 그것을 달콤한 것으로 바꿀 수가 없고, 이렇게 되리라고 상상조차도 하지 못했다. 오, 나는 내가 사랑했던 달콤한 환락이 나에게 혹독한 저주를 가져다 주거나, 나에게 이러한 혹독한 고통을 가져다 줄 것이라고는 생각하지 못했다!"

4. 주님이 오실 때에(마라나타), 저주를 받는다(아나테마)는 것은 **온 세상 앞에서 공개적으로, 공공연하게 저주를 받는다**는 것을 의미한다.

축복을 받은 천사들과 저주받은 악마들 앞에서 저주를 받을 것이다. 또한 축복을 받은 성도들과 저주받은 자들 앞에서 저주를 받을 것이다. 너는 쾌락에 대한 너의 사랑을 공공연하게 선언했다. 너는 모든 사람이 그리스도에 대한 진지한 사랑과 모순이라고 생각하는 그러한 과정을 공공연하게 따랐다. 너는 공공연하게 저주를 받게 될 것이다. 너는 공공연하게 기도하고 공개적으로 말씀을 듣고, 그리스도의 길을 고백하지만, 네 마음속으로는 비밀리에 그리스도 이외의 다른 것을 사랑했다. 그러나 너의 비밀스런 위선은 공개적으로 저주를 받을 것이다.

너는, 네가 복되신 하나님의 아들을 사랑한 적이 없기 때문에, 가장 많은 회중(會衆)이 지켜보는 앞에서, 과거에 모였던 수(數)보다 더 많은 수의 사람들 앞에서, 수백만의 천사들 앞에서, 그리스도가 오실 때에 살아 있는 모든 사람들 앞에서, 죽은 모든 자들 앞에서, 그때에 다시 살게 될 사람들 앞에서, 모든 나라의 모든 민족 앞에서, 그들 앞에 서서, 저주받은 죄인이라고 저주를 받게 될 것이다. 그때에 너는 수치를 당하며 당황하게 될 것이다. 그때에 너의 얼굴은 혼란에 휩싸일 것이다. 너는 스스로 축복 받은 사람이라고 생각했다. 다른 사람들은 네가 축복 받을 것이라고 생각했다. 그러나 너와 그들은 큰 실수를 한 것이다! 그들 모두 앞에서 그리스도가 너에게 판결을 내리실 것이다. 그때에 너는 저주받은 자로 널리 알려지며, 너의 영혼과 육체에 대한 하나님의 모든 재앙과 저주를 담은 명령을 받을 것이다. "또 왼편에 있는 자들에게 이르시되 저주를 받은 자들아 나를 떠나 마귀와 그 사자들을 위하여 예비된 영영한 불에 들어가라"(마 25:41).

5. 주님이 오실 때에(마라나타), 저주를 받는다(아나테마)는 것은 **확실하게 저주를 받는다**는 것을 의미한다.

확실한 아픔, 실제적이며 확실한 고통을 받아야 한다는 판결을 받는다. 그 저주가 너무 크고, 너무 비참하며, 너무 많고, 너무 극단적이며, 지속적이고 보편적이어서, 너에게서 이런 고백이 나올 것이다. "나는 이제 실제로 저주를 받는구나! 꺼지지 않는 이 불꽃 속에 누워서, 내가 끌 수 없는 이 불 속에서 타는 것이 견딜 수 없는 저주로다. 저 세상에서 내가 받는 저주는 더 좋게 개선하거나 피할 수 없기 때문에, 내가 태어나던 날의 저주, 내가 이 세상에서 살 때의 저주와 비교할 수가 없구나." 그때에 너는 이렇게 외치며 울부짖을 것이다. "오, 슬프다, 가련하고 비참한 죄인이여! 나는 이 자리에서 고통을 받는다. 바짝 마른 내 혀를 시원하게 회복해줄 물 한 방울 떨어뜨려 줄 사람이 없구나! 오 슬프다, 가련하고 저주받은 비겁한 자여! 나는 고통 속에, 극도의 고통 속에 있고, 여기에는 안정이 없구나! 아아! 여기에는 안정이 전혀 없구나! 나는 이 불 침대에서 뒹굴며 몸부림치며, 편히 쉴 수가 없구나! 내가 지옥을 다 돌아다녀 보아도, 내가 약간의 휴식을 취할 수 있는 곳을 한 구석도 발견할 수 없구나! 오, 저주받은 피조물아, 나는 그리스도를 사랑하지 않았도다! 내가 그리스도보다 세상을 사랑한 것만큼 세상보다 그리스도를 훨씬 더 사랑했더라면, 나는 저주받은 무리 가운데 있지 않고, 축복 받은 성도들 가운데 있을 터인데! 내가 그리스도보다 죄를 더 사랑한 것만큼 죄보다 그리스도를 훨씬 더 사랑했더라면, 나는 축복 받은 자가 되었을 터인데! 그러나 오, 저주받은 비겁한 자여, 나는 그렇게 하지 못했도다! 내가 그렇게 하지 못했기 때문에, 이제 나는 이렇게 저주받은 비겁한 자가 되었구나! 누가, 이러한 고통 가운데 있으면서 주님의 저주가 자신에게 닥쳐왔다는 것을 인정하지 않을 수 있는가? 누가, 여기에서 견딜 수 있겠는가? 어느 누가, 자신을 저주받은 자로 간주하지 않을 수 있는가? 나는, 이것이 그리스도에 대한 사랑의 결핍으로 인하여, 나에게 내린 저주임을 깨닫는다. 주님이 오실 때에, 이제 그리스도에 대해 사랑의 결핍으로 인하여, 그것이 나의 저주받은 상태가 된다. 나는, 내가 그리스도를 사랑하지 않는다면, 주님이 오실 때에(마라나타) 저주를 받는다(아나테마)는 말을 들었다. 나는 그리스도를 사랑하지 않았다. 이제 주님이 오시는데(마라나타) 나는 저주를 받는다(아나테마)."

6. 주님이 오실 때에(마라나타), 저주를 받는다(아나테마)는 것은 **개인적으로 저주를 받는다**는 것을 의미한다.

그때에 하나님을 상실하고, 그리스도를 상실하고, 천국을 상실하고, 성도와 천사들의 모임을 상실하고, 하나님이 그를 사랑하는 자들을 위해 준비해 놓으신 모든 기쁨과 행복을 상실하고, 공개적으로 하나님의 은총에서 배제될 것이다. 당신이 그리스도를 저버렸는데, 그것이 당신의 죄다. 그리스도가 당신을 저버리실 것인데, 그것이 당신의 저주가 될 것이다. 당신의 마음의 사랑이 그리스도를 향하지 않는다면, 그것이 당신의 죄다. 그리고 하나님의 얼굴과 은총이 당신을 향하지 않는다면, 그것이 당신의 저주가 될 것이다.

하나님을 잃은 자가 축복을 받을 수 있다면, 누가 우리의 축복인가? 그는 저주를 받고, 저주받은 악마들의 형벌에 처하지 않겠는가? 이제 당신이 그리스도를 사랑하지 않으면서도, 지옥을 피하고 천국에 들어갈 수 있으며 축복을 받을 수 있다고 확신한다. 그러나 당신이 계속해서 그리스도에 대한 사랑이 없이 지낸다면, 당신에게서 천국은 닫힐 것이다. 그러면 그때에 어디로 갈 것인가? 당신은 지옥 이외의(천주교도들이 상상하는) 어떤 다른 장소를 아는가? 그때에 천국이 아니라 지옥에서, 당신의 근거 없는 확신은 당신에게 어떤 가련한 축복을 가져다 줄 것인가!

7. 주님이 오실 때에(마라나타), 저주를 받는다(아나테마)는 것은 **최종적으로 저주를 받는다**는 것을 의미한다.

그리스도가 다시 오실 때에, 그 날에 당신이 선하고 축복 받은 상태에 있지 않다면, 당신은 계속 그렇게 있게 될 것이다. 최후의 심판 날에 당신은 비참한 상황에 처하게 될 것이다. 그런데 당신은 이것을 더 좋게 해석할 수도 있을 것이다(오! 당신이 이미 그렇게 했다). 이것이 아니라면, 당신이 다음 날까지 산다면, 당신은 그때를 기다릴 수 있다. 당신이 이날에 저주받은 위험스런 상황에서 벗어나기를 갈망하게 된다면, 다음 날이 오기 전, 이날이 당신의 날이 될 것이다. 다음은 당신들 가운데 누구의 날도 아니다. 그러나 그리스도가 오실 때에, 그 날이 최후의 날이 될 것이다. 거기에는 다음 날이 없다. 그러므로 그 날에 저주를 받은 자들은 어떤 축복의 상속도 없이 당신의 영혼에 대한 저주를 받고 쫓겨나게 될 것이다.

그리스도가 지상에 계셨을 때, 제자들과 관련해서 그가 행하신 마지막 행동은 사랑의 행동이었다. 그의 고별(告別)의 행동은 축복의 행동이었다. "예수께서 저희를 데리고 베다니 앞까지 나가사 손을 들어 저희에게 축복하시더니 축복하실 때에 저희를 떠나 (하늘로 올리우)시니"(눅 24:50-51). 그리고 그리스도가 다시 오실 때에, 그를 사랑하지 않는 자들과 관련된 마지막 행동은 정의, 복수, 진노의 행동이 될 것이다. 그리스도의 고별 행동과 저주의 행동이 있은 후에, 이제는 자비의 행동, 사랑의 행동, 은총의 행동이 더 이상 그들에게 보이지 않을 것이다. 그러므로 그들은 최종적으로 저주를 받게 될 것이다.

8. 주님이 오실 때에(마라나타), 저주를 받는다(아나테마)는 것은 **고등 법정이나 대법관에 대한 호소 없이 저주를 받는다**는 것을 의미한다.

왜냐하면 그런 것이 없기 때문이다. 그것이 그리스도가 그들에게 내리시는 최종적인 것이라면, 그들이 송사(訟事)를 옮겨서 다른 법정에서, 다른 재판관 앞에서 청문(聽聞)을 받고, 저주가 철회되고, 저주를 받아야 한다는 판결(判決)이 변경되며, 그들의 슬픈 상황이 바뀌리라고 희망할 수 없다. 왜냐하면 심판하는 일을 모두 아들이신 그리스도에게 맡기셨기 때문이다(요 5:22).

그리고 모든 사람이 그리스도가 그들에게 내리는 판결에 따라서 서거나 넘어지고, 죽거나 살며, 저주를 받거나 구원을 받을 것이다. "이는 우리가 다 반드시 그리스도의 심판대 앞에 드러나 각각 선악간에 그 몸으로 행한 것을 따라 받으려 함이라"(고후 5:10).

심판 날의 소송 절차에 대한 묘사에서, 우리는 다른 법정에 대한 호소가 없다는 것을 보며, 처형이 확실하게 이어진다는 것을 알 수 있게 된다. 예수께서 복을 받은 사람들이라고 선언하신 사람들은 영원한 생명에 들어가게 될 것이다. 그분이 저주받은 자들이라고 선언한 사람들은 영원한 형벌 속으로 들어가게 될 것이다. "내 아버지께 복받을 자들이여 나아와 창세로부터 너희를 위하여 예비된 나라를 상속하라." "저주를 받은 자들아 나를 떠나 마귀와 그 사자들을 위하여 예비된 영영한 불에 들어가라." "의인들은 영생에 들어가리라"(마 25:34, 41, 46).

9. 주님이 오실 때에(마라나타), 저주를 받는다(아나테마)는 것은 **취소할 수 없는 저주를 받는다**는 것을 의미한다.

그들이 에서가 한 것보다 더욱 끈질기게, 축복을 받기 위해 소리치고 울며 애원하며, "내 아버지여 내게 축복하소서 내게도 그리하소서"(창 27:34)라고 말하더라도, 그 날에 주 예수께서는 냉혹하실 것이며, 애원을 들어주시지 않을 것이다. 그러나 이삭이 야곱에 대해서

"내가 그에게 축복하였으니, 바로 그가 복을 받을 것이다."라고 말한 것과 같이, 예수께서도 그를 사랑한 사람들에 대해서 "내가 그들에게 축복하였으니, 바로 그들이 복을 받을 것이다."라고 말씀하실 것이다. 그리고 그를 증오한 사람들에게는 "내가 너희에게 저주하였으니, 바로 너희들이 저주를 받을 것이다."라고 말씀하실 것이다.

우리는 다음의 성경 구절에서 많은 것을 배운다. "집주인이 일어나 문을 한 번 닫은 후에 너희가 밖에 서서 문을 두드리며 주여 열어 주소서 하면 저가 대답하여 가로되 나는 너희가 어디로서 온 자인지 알지 못하노라 하리니 그때에 너희가 말하되 우리는 주 앞에서 먹고 마셨으며 주는 또한 우리 길거리에서 가르치셨나이다 하나 저가 너희에게 일러 가로되 나는 너희가 어디로서 왔는지 알지 못하노라 행악하는 모든 자들아 나를 떠나가라 하리라" (눅 13:25-27).

"그 날에 많은 사람이 나더러 이르되 주여 주여 우리가 주의 이름으로 선지자 노릇 하며 주의 이름으로 귀신을 쫓아내며 주의 이름으로 많은 권능을 행치 아니하였나이까 하리니 그때에 내가 저희에게 밝히 말하되 내가 너희를 도무지 알지 못하니 불법을 행하는 자들아 내게서 떠나가라 하리라" (마 7:22-23).

이 성경 구절에서 그리스도는, 문이 닫힌 것을 보고 자신들이 배척을 당했다는 것을 본 많은 사람들에 대해 말씀하신다. 그들은 영원한 축복의 상태에 들어가려고, 문을 두드리면서 "주님, 주님, 우리에게 문을 열어 주십시오."라고 외치며 끈질기게 애원할 것이다. 그러나 그리스도는 그들을 알지 못한다고 하시며 그들의 요청을 들어주시지 않는다. 그들이 예언하고, 말씀을 듣고 그 앞에서 먹고 마시고, 귀신들을 내쫓고, 그의 이름으로 수많은 기적을 행한 것을 내세우지만, 그리스도는 "너희가 이 모든 것을 행하였지만, 너희는 나를 사랑하지 않았다. 너희는 나를 사랑하는 사람들이 아니었다. 너희는 불법을 행하는 자들이다."라고 대답하신다. 그리고 한 사람이 동시에 그리스도를 사랑하는 자와 불법을 행하는 자(이 말이 성경에서 사용되었다)가 될 수 없다. 그런데 문이 닫히는 저주를 받게 되는 그러한 사람들에게는 회복이 없고, 자비를 받을 희망이 없으며, 축복을 받을 가능성도 없다.

10. 주님이 오실 때에(마라나타), 저주를 받는다(아나테마)는 것은 **영원한 저주를 받는다**는 것을 의미한다.

왜냐하면 그들이 영원히 존재해야 하기 때문이다. 그들은 저주를 쫓아버릴 수 없다. 그러므로 그들은 영원히 저주를 받아야 한다. 저주를 받는 사람에게 그의 모든 날은 비통한 심판이 될 것이며 영원까지 저주를 받는 사람에게 상상할 수 없을 정도로 막중하고 슬픈 저주다. 영원히 산다는 것, 영원히 저주를 받는다는 것은 지금까지 있었던 어떤 것보다 더 나쁜 것이며, 그들의 존재가 무(無)로 변하는 것보다 더 나쁜 것이다.

그들은 이 세상에서 그리스도에 대한 사랑을 회피하는 사람들이 받게 되는 모든 저주를 경시한다. 만일 그들이 하나님의 은총 밖으로 내던져진다면, 그것은 큰 저주다. 현재 그들은 그 아래에서 즐거워한다. 만일 그들이 아무런 은혜도 가지고 있지 않다면, 그것은 큰 저주다. 그들은 은혜를 전혀 가지고 있지 않고, 또한 어떤 은혜도 갈망하지 않는다. 그러나 그리스도가 오실 때에, 그들에게 올 저주, 그들에게 부을 저주들이다. 그것은 저 세상에서 실로 무섭고 참을 수 없는 저주가 될 것이다. 그리고 그들은 그 저주 아래에서 영원히 즐거운 마음을 가지지 못할 것이다.

　주님이 오실 때에 저주를 받게 되는 된다는 것은 전면적으로, 혹독하게, 공개적으로, 확실하게, 개인적으로, 최종적으로 저주를 받기 때문에, 무섭게 저주를 받는다는 것을 의미한다. 그러므로 그 저주는 통제될 수 없는 저주다. 그러므로 그 저주는 변경할 수 없는 저주다. 그러므로 그 저주는 영원히 지속되는 저주다.

제5장

그리스도께서 사랑을 받아야 하고
죄인이 저주를 받아야 하는 8가지 이유

방법에서 제시된 네 번째 일반적인 제목은 '이렇게 묘사된 저주를 피하기 위해, 왜 그리스도에 대한 진지한 사랑의 단호한 필요성이 있는가' 이다. 그리고 '왜 하나님은 그의 아들에 대한 우리의 사랑을 그렇게 많이 주장하시는가' 이다. 왜냐하면 그를 사랑하지 않는 사람은 누구든지 저주를 받기(아나테마) 때문이다.

이것은 마치 다른 은총과 조건이 필요하지 않은 것처럼, 배타적으로 이해해서는 안 된다. 다른 성경 본문에서 우리는 신앙의 결핍 때문에 이 저주가 많은 사람에게 닥친다는 것을 발견한다. "믿지 않는 사람은 정죄를 받으리라"(막 16:16). "아들을 순종치 아니하는 자는 영생을 보지 못하고 도리어 하나님의 진노가 그 위에 머물러 있느니라"(요 3:36). 그리고 회개가 없는 사람들에게는, 이렇게 말씀하신다. "너희도 만일 회개치 아니하면 다 이와 같이 망하리라"(눅 13:3). 그리고 회심이 없는 사람들에게는 이렇게 말씀하신다. "가라사대 진실로 너희에게 이르노니 너희가 돌이켜 어린아이들과 같이 되지 아니하면 결단코 천국에 들어가지 못하리라"(마 18:3).

"예수께서 대답하여 가라사대 진실로 진실로 네게 이르노니 사람이 거듭나지 아니하면 하나님 나라를 볼 수 없느니라"(요 3:3). 그리고 복종이 없는 사람들에게는 "또 하나님이 누구에게 맹세하사 그의 안식에 들어오지 못하리라 하셨느뇨 곧 순종치 아니하던 자(영어 성경에는, '믿지 않은 사람들' 이라고 되었다)에게가 아니냐"(히 3:18)라고 말씀하셨다. 때로는 새로운 피조물이라는 말에 의해서 상황이 표현된다. "할례나 무할례가 아무것도 아니로되 오직 새로 지으심을 받은 자뿐이니라"(갈 6:15). 때로는 신앙과 사랑이 결합된다. "그리스도 예수 안에서는 할례나 무할례가 효력이 없되 사랑으로써 역사하는 믿음뿐이니라"(갈 5:6). 그리고 실제로 이 모든 것이 필수 조건이며, 같은 사람에게서 동시에 발견되는 것이다. 왜냐하면 신앙을 가진 사람이 사랑도 가지고 있기 때문이다. 그리고 사랑을 가진 자는 역시 회개하며, 회개하는 자는 역시 순종한다. 믿고, 사랑하며, 회개하고 순종하는 자는 새로운 피조물이다.

이와 같이 사랑은 다음과 같은 이유들로 요구되는 것이다.

1. 사랑이 모든 사람을 지배한다. 왜냐하면 사랑이 지배하는 능력이 의지 속에 있기 때문이다.

1) 사랑은 다른 모든 감정들을 지배하고 작용하게 한다.

만일 어떤 사람이 그리스도를 사랑한다면, 그가 없더라도 사랑이 갈망을 일으킨다. 그리스도가 현재 있다면, 사랑이 기쁨을 일으킨다. 그리스도가 없다면, 영혼은 그에게 도달할 개연성을 보며, 사랑이 희망을 일으킨다. 고소(告訴) 중에 있는 사람을 훼방하는 어떤 장애가 있다면, 사랑은 그것을 제거하기 위해서 분노를 일으킨다.

2) 사랑은 생각과 정신을 지배한다.

그리스도에 대한 사랑은 그리스도를 생각하고 명상하는 데에 정신을 고정시킨다. 정신은 마음이 사랑하는 것을 숙고한다. 사랑이 고정되어 있는 곳에, 생각이 거주한다. "내가 주의 법을 어찌 그리 사랑하는지요 내가 그것을 종일 묵상하나이다"(시 119:97).

3) 사랑은 외부적인 모든 지체(肢體)를 지배한다.

그리스도에 대한 사랑은 혀로 하여금 그리스도에 관해 말하게 하고, 그리스도를 위해 말하게 한다. 귀로 하여금 그의 말씀을 듣게 하고 눈으로 하여금 그의 사랑과 선하심의 증거를 보게 한다. 손으로 하여금 그리스도가 즐거워하시는 의무를 행하게 하고, 발로 하여금 그리스도가 발견되는 곳을 향하여 걸어가게 한다.

2. 그리스도가 우리의 사랑을 가지셨다면, 그는 우리의 모든 것을 가지신 것이다.

그리스도가 우리의 사랑을 받으실 때까지는, 그리스도는 우리에게서 그 자신의 것을 결코 가지시지 못한다. 사랑이 그리스도에게 진심으로 정해져 있을 때, 사랑은 그리스도에게 모든 것을 바칠 것이다. 그때에 그리스도는 우리의 시간을 가지실 것이고, 우리의 봉사를 받으실 것이며, 우리의 모든 지체와 재능과 은혜를 사용하실 것이다. 그렇다. 그때에 그리스도는 그가 필요로 하신다면, 우리의 재산, 우리의 자유, 우리의 생명을 소유하실 것이다. 하나님이 우리 모두를 사랑하실 때, 우리를 위해서 유익한 것을 아낌없이 주실 것이다. 그의 유일한 독생자도 아끼지 않으시고 주신다(롬 8:32).

그리고 그리스도가 우리를 사랑하실 때, 그분은 우리에게 모든 것(우리를 의롭게 하시기 위한 그의 공로, 우리를 거룩하게 하시는 그의 성령, 우리를 돋보이게 하시는 그의 은총, 우리에게 면류관을 씌워 주시는 그의 영광)을 주신다. 우리 가운데 누구든지 그리스도를 진지하게 사랑할 때, 우리는 그의 발아래 모든 것을 내려놓고, 그의 명령을 따르고 그를 섬기기 위해 모든 것을 포기하게 된다. "그들은 죽기까지 자기 생명을 아끼지 아니하였도다"(계 12:11).

3. 사랑은 사람에게 명칭을 부여한다.

대상에 준하여 그가 최상으로 사랑하는 사람이라는 명칭을 부여한다. 사랑이 사람을 만든다. 그가 어떤 사랑을 가지고 있느냐에 따라서 그 사람을 담대하게 부를 수 있다. 그가 명예를 사랑하는 사람이라면, 그는 야심가(野心家)다. 그가 쾌락을 사랑하는 사람이라면, 그는 호색가(好色家)다. 그가 주로 세상을 사랑하는 사람이라면, 그는 탐욕가(貪慾家)다. 그가 거룩함을 사랑한다면, 그는 경건한 사람이다. 그가 위에 있는 것들을 사랑한다면, 그는 믿음이 깊은 사람이다. 그가 압도적인 사랑으로 그리스도를 사랑한다면, 그는 진지한 사람이다. 그는 솔직하게 임을 사랑한다(아 1:4).

4. 사랑이 없다면, 아무리 위대하며 우수하더라고 하나님께 받아들여질 수 없다.

당신이 그리스도를 사랑하지 않는다면, 그는 당신의 기도를 받지 않으신다. 당신이 그리스도를 사랑하지 않는다면, 그는 당신이 말씀을 들을지라도 귀하게 여기지 않으신다. 당신이 그리스도를 사랑하지 않는다면, 그가 보시기에는 자선 행위도 보잘것 없는 것이다. 그렇다. 당신이 그리스도를 사랑하지 않는다면 종교를 위해서, 그리스도를 위해서 당신이 온갖 고난을 받는다고 하더라도, 그 모든 것은 아무것도 아니다. 누가 천사와 같이 설교하면서도 그리스도를 사랑하지 않는다면, 그는 용납되지 못할 것이다.

"내가 사람의 방언과 천사의 말을 할지라도 사랑이 없으면 소리나는 구리와 울리는 꽹과리가 되고 내가 예언하는 능이 있어 모든 비밀과 모든 지식을 알고 또 산을 옮길 만한 모든 믿음이 있을지라도 사랑이 없으면 내가 아무것도 아니요 내가 내게 있는 모든 것으로 구제하고 또 내 몸을 불사르게 내어 줄지라도 사랑이 없으면 내게 아무 유익이 없느니라"(고전 13:1-3). 그러므로 사랑은 이 모든 것 위에 있는 것이다. 왜냐하면 사랑이 없을 경우, 이 모든 것이 아무것도 아니기 때문이다.

5. 사랑은 우리를 하나님과 가장 흡사하게 만든다.

왜냐하면 "하나님은 사랑"(요일 4:8)이시기 때문이다. 그리고 하나님은 지상에 있는 모든 사람들보다, 하늘에 있는 모든 천사들보다 그리스도를 더 사랑하신다. 그러므로 하나님은 그를 '내 사랑하는 아들'(마 3:17)이라고 부르셨다. 하나님은 공통적인 사랑으로 모든 사람을 사랑하신다(요 3:16, 딛 3:4). 하나님은 거룩한 사람들을 특별한 사랑으로, 천사들을 드높은 사랑으로 사랑하신다. 그리스도는 하나님이 가장 사랑하는 자이며, '그의 사랑의 아들'(골 1:13)이다. 그러므로 우리의 사랑은 점진적인 것이다. 우리는 어느 정도의 사랑으로 모든 사람을 사랑해야 하고, 드높은 사랑으로 거룩한 사람들과 천사들을 사랑해야 하며, 가장 높은 사랑으로 그리스도를 사랑해야 한다. 우리가 하나님이 사랑하는 것같이 사랑할 때, 우리의 사랑은 우리를 하나님과 가장 흡사하게 만든다.

6. 사랑은 우리의 영혼이 갖고 있는 능력의 최고의 증진이다.
1) 우리는 하나님과 그리스도를 아는 이해(理解)능력을 가지고 있으며, 하나님과 그리스도에 대한 사랑은 우리의 모든 지식의 최고의 증진이다. 우리가 그를 알고 그를 사랑하지 않는다면, 우리가 그를 더 많이 알면 알수록, 우리의 지식은 우리의 죄를 더욱 증가시키며, 우리의 저주를 악화시킬 것이다.
2) 우리는 주 예수 그리스도를 선택하는 의지(意志) 능력을 가지고 있다. 그리고 우리가 그를 선택할 때, 사랑은 우리의 선택의 대상이신 그분 안에서 만족한다는 점에서 우리의 의지력이 증진된다.
3) 우리는 그리스도가 최선이며, 우리에게 최선이라고 우리에게 규정해 주는 양심(良心)을 가지고 있으며, 우리가 그를 사랑할 때 양심의 규정들을 증진시킨다. 양심 이외의 모든 규정들이 모두 사라지고 아무것도 아닌 것에 이르게 된다.
4) 우리는 기억(記憶) 능력을 가지고 있다. 우리에게 주신 그리스도의 말씀들, 우리를 위해 받으신 그리스도의 고난들, 우리에게 부여해 주신 그리스도의 은혜들이 기억 속에 있다. 또한 우리가 그를 사랑할 때, 우리는 그로 말미암아, 그로부터 받은 이 모든 것을 기억하는 것을 사랑하게 될 것이다. 그분은 그들을 사신 분이요, 기증자(寄贈者)이시다.

그러나 우리의 사랑을 압도적으로 그리스도보다 아래에 있는 어떤 것에 준다면, 영혼의 능력은 모두 저하된다. 무시해도 좋고 더러운 향락을 최고의 목적으로 얻고자 획책하는 데서, 인간의 이성(理性)이 저하된다. 의지는 그들을 선택하는 데서 타락한다. 그들에 대한 기억으로 채워져 있는 기억은 하나님과 그리스도와 더 좋은 것들을 망각하게 된다. 그러므로 그리스도에 대한 진지한 사랑이 없는 사람은 인간이라기보다 짐승이다.

7. 사랑은 다른 모든 은혜의 목적이다. 그리고 사랑에서 그들은 그 활동을 끝낸다.

그리스도에 대한 우리의 지식은 우리가 사랑하는 그리스도 안에서 종결된다. 그에 대한 우리의 믿음, 그에 대한 희망, 그에 대한 신뢰는 많은 물줄기와 같이 마침내는 그리스도에 대한 사랑으로 흘러들어 간다.

8. 사랑은 다른 은혜들의 활동이 중단될 때, 그때에도 남아서 통용되고 활동하는 영원한 은총이다.

이 세상에는 우리의 불완전 상태에 특별히 적합한 은혜들이 있다. 믿음으로 살아가는 것, 회개하고 죄를 슬퍼하는 것, 장차 나타날 영광에 대한 희망 속에서 살아가는 것, 저 위에 있는 집을 소유할 때까지 기다리는 것, 우리에게 약속하셨지만, 우리에게 아직 주어지지 않은 선한 모든 것을 갈망하는 것이 바로 그런 은혜들이다. 그러나 이후로는 믿음이 환상으로 변할 것이고, 희망이 열매로 변할 것이며, 갈망이 소유로 변할 것이고, 기다림이 획득으로 변할 것이다. 그때에 우리는 더 이상 믿지 않게 될 것이고, 더 이상 희망하지 않게 될 것이며, 더 이상 갈망하지 않을 것이고, 더 이상 기다리지 않을 것이다. 그러나 그때에도 우리는 사랑하게 될 것이다. 그렇다. 우리는 이전보다 더, 이전보다 더 충만하게 사랑하게 될 것이다. 그렇다. 우리는 감소(減少) 없이 이전보다 더 완전하게 사랑하게 될 것이다. 우리는 중단 없이 이전보다 더 지속적으로 사랑하게 될 것이다. 우리는 정지 없이 영원히 사랑하게 될 것이다. 이러한 점에서 세 가지 중요한 은혜 가운데서 사랑이 탁월성을 갖는다.

"그런즉 믿음, 소망, 사랑 이 세 가지는 항상 있을 것인데 그 중에 제일은 사랑이라"(고전 13:13). 왜냐하면 그것이 가장 오래 지속되는 것이기 때문이다. 그러므로 여기에서 그리스도를 진지하게 사랑하는 사람들은 이후로도 완전하게 그를 사랑하고, 그 사랑 속에서 영원히 축복을 받게 될 것이다. 그러나 지상에서 그를 사랑하지 않는 사람은 저 세상에서도 그를 사랑할 수 없다. 그리고 그러한 사랑이 결핍된 것 때문에, 그들은 영원히 저주를 받을 것이다.

제6장

교리의 적용

이 주제를 다루는 방법에서 제시된 마지막 것은 그 사용과 적용이다. 그리하여 이 진리를 우리 자신의 마음에 가져오고, 이 진리가 우리의 정신, 양심, 감정에서 작용하도록 하는 것이다. 그리고 이제, "오, 하나님, 나를 도우소서. 그리스도시여, 나를 도우소서. 복되신 하나님의 영과 그리스도의 영이시여, 나를 도우소서. 나에게 복되신 예수에 대한 생동적인 말씀, 생동적인 마음을 주시고, 생동적이며 불타는 사랑을 주소서. 그리고 당신의 불멸의 고귀한 영혼들에게도 그렇게 하소서! 그리하여 아직도 예수 그리스도에 대한 사랑을 회피한다면, 하나님 앞에서 모두가 주님이 오실 때에 저주를 받게 될 것이라고 믿는 사람이 온다면, 그에게 내가 이 위대한 진리를 말하고 적용하게 하소서. 그로 하여금 그가 축복을 받거나 저주를 받아야 하고, 영원히 저주를 받거나 구원을 받아야 하며, 그리스도께 진심과, 진심 어린 사랑을 바치는 데 성공하거나 실패한다는 것을 믿는 사람이 되게 하소서! 그로 하여금 영원한 상태가 이제 우리 앞에 제시되는 이 한 가지 요점에 상당히 관련되어 있다는 것을 믿는 사람이 되게 하소서! 아아! 나는 이 저주를 받게 될 사람들이 엄청난 대다수라고 예상한다. 나는 주께서 오시는 것을 보며, 나는 나팔 소리를 듣고, 죽은 자들에게 '일어나라, 와서 심판을 받아라.' 라고 외치는 음성을 듣는다. '오라, 지옥의 호수에 있었던 너희 저주받은 영혼들아, 내 심판대 앞으로 나오너라. 오라, 너희 저주받은 육체들아, 내 심판석 앞에 서라. 저 저주받은 영혼들로 하여금 저 저주받은 육체들과 다시 결합하게 하라. 이제, 저주받은 영혼과 육체는 함께 저주를 받고, 영원히 저주를 받아라. 불가분 결합된 이 둘로 하여금 영원까지 이 저주를 견디게 하라.' 나는 그들이 마지못해서 오는 것을 본다. 그들이 오지만, 두려움과 떨림으로 오고 공포와 놀라움을 가지고 온다."

이제! 이제는 무엇을 할 수 있는가? 이제는 마라나타, 이제 오시는 주님을 사랑하지 않은 모든 사람이 저주를 받아야 한다. 오, 가련한 영혼들이여! 오, 비참한 죄인들이여! 오, 저주받은 비겁한 자들이여! 우리는 이제 어떻게 해야 하는가? 우리는 이제 어디로 가야 하는가? 무엇을 해야 하는가? 주님이 오시기 전에 우리는 질문해야 한다. 무엇을 해야 하는가? 우리는, 우리가 과거에 하지 않았던 것을 해야 한다. 우리는 과거에 가지 않았던 그곳으로 가야 한다. 오, 우리는 그것이 영원히 지속되기를 바라기보다는 중단되기를 바라야 한다. 그리고 우리는 되돌아올 수 없는 어떤 곳으로 가야 한다. 거기에서 우리는 우리를 소리치며 울부짖게 하고, 괴로워하며 나뒹굴게 하는 것을 느끼게 될 것이다. 거기에는 영원히 안식이 없다. 희망이 없고 회복도 없기 때문에, 안식도 없음을 느낄 것이다. "오, 존경하는 당신, 내 마음이 괴롭고, 내 창자가 뒤틀리며, 내 관절이 흔들립니다. 당신은 주님이 오실 때에, 이 저주 아래 떨어지지 않도록, 이 자리에서 기도하고, 이 자리에서 말씀에 경청해야 합니다."

이 교리는 다음을 위해서 사용될 것이다.

1. 추론(推論)이나 교훈을 위해서, 그로부터 추론되고 배울 수 있는 어떤 것들을 위해서 사용될 것이다.

2. 견책이나 책망을 위해서, 주 예수 그리스도에 대한 사랑의 결핍의 심각성을 입증하는 데에 사용될 것이다.

3. 시험이나 실험을 위해서, 그리스도를 사랑하지 않는 자들과 그를 진지하게 사랑하는 사람들을 구별하는 데에 사용될 것이다.

4. 간청이나 권면(勸勉)을 위해서, 이 저주를 피하려고 한다면, 그리스도에 대한 이 사랑을 가져야 한다는 것을 명심하라.

5. 무엇보다도 주 예수 그리스도를 사랑하는 사람들의 위로와 격려와 기쁨을 위해서 사용될 것이다.

제 7 장

축복과 저주의 교훈을 통한 10가지 결론

1. 오직 하나님만이 그의 피조물을 저주할 권세를 가지고 계신다.

우리를 만드신 그분만이 실제로, 그리고 효과적으로 우리에게 축복, 또는 저주를 내리실 수 있다. 죄는 우리를 마땅히 저주에 종속되게 할 수 있지만, 오직 하나님만이 모든 죄로 마땅히 치러야 하는 저주를 짊어지실 수 있다. 사악한 사람들은 다른 사람들이 저주받기를 원할 수도 있는데, 실제로 그들이 저주받게 되기를 원한다. 그러나 그들이 그렇게 되기를 바라는 그들의 소원은 실제로 그렇게 이루어지지 않는다. 다른 사람들을 저주함으로써, 그들은, 그들이 저주한 사람에게 저주가 임하는 것보다 더 빨리 그들 자신에게 저주가 임할 수 있다. 그들로 하여금, 입에 저주를 담아서 다른 사람에게 말해서는 안 된다는 것을 명심하도록 하라.

"저가 저주하기를 좋아하더니 그것이 자기에게 임하고 축복하기를 기뻐 아니하더니 복이 저를 멀리 떠났으며 또 저주하기를 옷 입듯 하더니 저주가 물같이 그 내부에 들어가며 기름같이 그 뼈에 들어갔나이다"(시 109:17-18). 축복은 물론 저주도 하나님께 속한 것이다.

발람은 이렇게 가르쳤다. "발람이 노래를 지어 가로되 발락이 나를 아람에서, 모압 왕이 동편 산에서 데려다가 이르기를 와서 나를 위하여 야곱을 저주하라, 와서 이스라엘을 꾸짖으라 하도다 하나님이 저주치 않으신 자를 내 어찌 저주하며 여호와께서 꾸짖지 않으신 자를 내 어찌 꾸짖을꼬"(민 23:7-8).

그러므로 우리가 성경에 나오는 하나님의 거룩한 사람들이 저주의 기원과 저주를 사용하는 것을 볼 때, 우리는 그들을, 우리가 다른 사람에 대한 저주를 입에 담기 위한 예증으로는 사용하지 말아야 한다. 왜냐하면 우리와 그들 사이에 동일한 이유가 없기 때문이다.

1) 그들이 저주할 때, 그들은 분별하는 영의 은사를 갖는다.

그 영으로 그들은 저주받는 죄지음에 대한 보상으로서의 파멸이 하나님에 의해서 계획된 것으로 인식했다. 그들은 그들에 대해서 영원한 저주에 속하는 무서운 저주 기원을 사용했다. "베드로가 가로되 네가 하나님의 선물을 돈 주고 살 줄로 생각하였으니 네 은과 네가 함께 망할지어다 하나님 앞에서 네 마음이 바르지 못하니 이 도에는 네가 관계도 없고 분깃 될 것도 없느니라 내가 보니 너는 악독이 가득하며 불의에 매인 바 되었도다"(행 8:20-21, 23).

이와 똑같은 저주가 자신을 죽이려는 적들에 대한 다윗의 저주에서도 있다. 다윗은 도엑, 아히도벨, 유다에게 그들의 인격, 가족, 이름, 명예, 재산, 영원한 구원에 반대되는 것을 구한다. "악인으로 저를 제어하게 하시며 대적으로 그 오른편에 서게 하소서 저가 판단을 받을 때에 죄를 지고 나오게 하시며 그 기도가 죄로 변케 하시며 그 연수를 단축케 하시며 그 직분을 타인이 취하게 하시며 그 자녀는 고아가 되고 그 아내는 과부가 되며 그 자녀가 유리 구걸하며 그 황폐한 집을 떠나 빌어먹게 하소서 고리대금하는 자로 저의 소유를 다 취하게 하시며 저의 수고한 것을 외인이 탈취하게 하시며 저에게 은혜를 계속할 자가 없게 하시며 그 고아를 연휼할 자도 없게 하시며 그 후사가 끊어지게 하시며 후대에 저희 이름이 도말되게 하소서"(시 109:6-13).

2) 성경에서 그러한 사람들에 대한 저주의 기원은 저주라기보다는 예언으로 간주될 수 있다. 또는 최소한 저주를 기원하는 예언으로 간주될 수 있다.

그들은 하나님의 영에 의해서 말하면서, 하나님에 의해서 그들의 죄로 인하여 어떤 저주가 그들에게 가해지고, 죄 때문에 어떤 저주가 그들에게 닥쳐올 것인지를 예언한다.

3) 목회적인 저주와 행정적인 저주가 있다.

전자는 죄의 응보(應報)로서, 저주를 받은 대상이나 인물에 대해서 가해지는 저주다. 후자는 저주를 받은 어떤 대상이나 인물을 선포, 소원, 선언하는 것이다. 그러므로 교황과 교황청이 프로테스탄트 교도들에게 저주하는 것과 같이, 까닭 없이 아나테마를 선포하지만, 우리는 그것을 두려워할 필요가 없다. 가장 저주를 받는 자가 가장 행복한 사람일 수도 있다. "혹시 여호와께서 나의 원통함을 감찰하시리니 오늘날 그 저주 까닭에 선으로 내게 갚아 주시리라 하고"(삼하 16:12).

2. 이것은 우리에게 하나님의 피조물에게 닥치게 되는 모든 저주의 원인이 되는, 죄의 사악한 본질, 저주를 받는 대상이 무엇인지를

가르쳐 준다.

　죄가 세상에 들어오지 않았다면, 저주가 세상에 들어오지 않았을 것이다. 그러나 죄가 저주를 위한 길을 만들었고, 저주를 가져 왔다. 죄의 사명은 저주를 도입(導入)하는 것이었다. "여호와 하나님이 뱀에게 이르시되 네가 이렇게 하였으니 네가 모든 육축과 들의 모든 짐승보다 더욱 저주를 받아 배로 다니고 종신토록 흙을 먹을지니라 아담에게 이르시되 네가 네 아내의 말을 듣고 내가 너더러 먹지 말라 한 나무 실과를 먹었은즉 땅은 너로 인하여 저주를 받고 너는 종신토록 수고하여야 그 소산을 먹으리라"(창 3:14, 17). 죄와 저주는 밀접하게 연결되어 있으므로, 죄를 없애실 수 있는 그리스도만이 저주를 제거하실 수 있다. "그리스도께서 우리를 위하여 저주를 받은 바 되사 율법의 저주에서 우리를 속량하셨으니"(갈 3:13). 저주가 무겁다면, 죄가 가벼울 수 없다. 저주가 죄에 합당하게 큰 것이라면, 저주를 초래한 죄는 대부분이 생각하는 것처럼 그렇게 사소한 문제일 수 없다.

　당신은 저주를 피해 도망치려하면서도, 여전히 죄에 빠지는가? 당신은 저주를 피하려고 하면서도, 여전히 죄 가운데 살아가는가? 이것이 무엇이란 말인가? 그것은 마치 당신이 독(毒)을 마시고도 살기를 희망하는 것과 같지 않은가? 그것은 마치 불 속에 뛰어들고서도 화상(火傷)을 입지 않기를 상상하는 것과 같지 않은가? 비참한 고통으로 저주 아래에서 울부짖으면서도 죄를 가장 큰 즐거움으로 간주하는 것과 같지 않은가? 저주가 무서우면서도 죄를 즐거운 것으로 간주하지 않는가? 저주가 참을 수 없는 것인데도 죄가 소득이 될 수 있는가? 오, 저주를 통해서 죄를 어떻게 볼 것인지를 배우라. 그렇다면 죄가 실제로 저주받는 대상이라는 것이 분명해질 것이다.

3. 죄는 모든 인간의 마음속에 하나님의 손가락으로 새겨진 자연적인 원칙(natural principles)을 거역하고 방해한다.

죄가 인간의 본성을 따르는 인간의 타락한 상태가 아니냐고 질문한다면, 나는 본성의 타락이 있으며, 죄가 우리의 본성을 따르는 것이라고 대답하겠다. 인간에게 자연스러운 죄는, 죄를 짓기에 더 쉬운 것이며, 죄를 짓지 않으려고 하기에는 어려운 것이다. 그러나 원칙들이 타락한 본성에 남아 있다. 그러므로 죄는 여전히 본성에 반대되는 것이다. 왜냐하면 타락한 본성 속에는 아직도 원칙들이 남아 있기 때문이다. 불행을 싫어하고, 행복을 얻고자 하는 경향이 그것이다. 저주를 피하고, 축복을 받고자 하는 갈망이 그것이다. 그러나 죄는 이 두 가지를 모두 방해한다. 당신이 죄를 짓지 않으려고 하면서도, 타락한 본성에 남아 있는 그 원칙들을 거역한다면, 본성의 타락을 진압하는 것을 막는 것이다.

위대하신 하나님의 저주를 피하고자 하는 천부적인 갈망을 가지고 있지 않은 사람은 누구인가? 당신은 하나님의 저주를 받고자 갈망할 수 있는가? 당신 가운데서 영원히 행복하게 되고 축복을 받고자 하는 갈망을 가지지 않은 사람은 누구인가? 당신은 축복을 받고자 하는 모든 갈망을 내던지고 쫓아버릴 수 있는가? 당신은 곧 인간의 본성을 던져버릴 수도 있다. 세속적인 에서는 소리쳐 울면서 축복을 구했다. "에서가 그 아비의 말을 듣고 방성대곡하며 아비에게 이르되 내 아버지여 내게 축복하소서 내게도 그리하소서" "아버지께서 나를 위하여 빌 복을 남기지 아니하셨나이까"(창 27:34, 36).

그렇다면 이렇게 말하라. "오, 저주받은 죄여! 썩 물러가라. 나는 너를 내 마음에서 추방하겠노라. 왜냐하면 네가 찬양을 받으실 하나님의 본성에 위배될 뿐만 아니라, 죄가 없는 본성에 위배될 뿐만 아니라, 타락하긴 했지만, 나의 인간 본성에도 위배되기 때문이다. 너는 새로운 피조물에 심겨진 은혜의 원칙에 반대될 뿐만 아니라, 하나님이 자비로 나의 타락한 본성 속에 남겨두신 원칙에도 반대된다. 그러므로 저주받은 죄는 나에 의해서 반대되고, 쫓겨나고, 영원히 버림을 받아야 할 것이다. 나는 축복을 받을 것이다. 그런데도 너희는 나를 저주하려고 하는구나. 나는 저주를 피할 것이다. 그런데도 너희는 나에게 저주를 퍼부으려 하는구나. 내가 고집 센 죄인이 될 수 없는데도, 내가 저주를 받는 피조물이 되어야 한다면, 나는 저주받는 피조물로 영원히 머무르기보다는 차라리 그러한 죄인이 되기를 중지하겠노라. 내가 하나님의 축복을 받지 못한다면, 나는 하나님의 축복 없이 되기보다는 차라리 나의 죄 없이 지내는 것을 택하겠노라."

4. 하나님의 가시적인 모든 피조물 가운데서, 오직 사람들만이 가장 비참한 사람들이거나 혹은 가장 행복한 사람들이 될 것이다. 오직 마낳만이 합당한 축복이나 합당한 저주를 받을 수 있다.

사람들만이 형벌을 받을 악을 저지를 수 있고, 도덕적인 악을 저지를 수 있다. 그러므로 다른 것들이 저주를 받는 것을 읽어보면, 그 저주는 그들에게 합당하게, 결정적으로, 궁극적으로 임하는 것이 아니다. 그 저주는 그 자체, 그 자체를 위해, 그 자체로부터 피조물에게 주어지는 것이다. 그러나 인간에 비한다면, 부적절하고 상대적인 저주다. 그러므로 다른 것들은 인간에 대한 언급 속에서 저주를 받는다.

1) 인간이 행한 것을 보여 주기 위한 것이다. "아담에게 이르시되 네가 네 아내의 말을 듣고 내가 너더러 먹지 말라 한 나무 실과를 먹

었은즉 땅은 너로 인하여 저주를 받고 너는 종신토록 수고하여야 그 소산을 먹으리라 땅이 네게 가시덤불과 엉겅퀴를 낼 것이라 너의 먹을 것은 밭의 채소인즉"(창 3:17-18). 땅이 좋은 열매를 맺을 수 없고, 찔레와 가시로 가득 차게 되는, 불모지(不毛地)로 저주를 받는 것은 모두 죄인의 책망을 위한 회초리들이다. 이와 같은 저주의 목록이 신명기 28장 15-18절 등에 있다.

 2) 인간이 무엇을 해야 하는지를 보여 주기 위한 것이다. 마가복음 11장 21-22절에 그렇게 나와 있다. 그리스도가 말라 버린 무화과나무를 저주하셨는데, 그것은 하나님께 영광을 돌리는 열매를 맺어야 하는 의무, 또는 하나님의 능력에 대한 믿음을 가져야 하는 의무를 가르치기 위한 것이었다. 무화과나무가 어떻게 시들어 버리는지를 관찰하는 제자들에게, 그리스도는 이렇게 말씀하셨다. "하나님을 믿으라."

 이성(理性)이 없는 피조물들은 하나님에 대한 지식을 가지고 있지 않다. 무감각한 피조물들은 하나님의 능력을 느낄 수 없다. 그러므로 이들은 합당하게 축복을 받을 수 없는 것과 마찬가지로 합당하게 저주를 받을 수도 없다. 그러나 인간은 하나님을 알 수 있는 이해력을 가지고 있고, 그의 분노를 느낄 수 있는 감각을 가지고 있다. 그러므로 하나님의 모든 가시적인 작품들 가운데서, 인간이 유일하게 합당한 축복과 합당한 저주의 대상이 된다. 이 모든 것 가운데서 인간이 가장 행복한 존재가 되거나, 가장 비참한 존재가 될 수 있다. 그가 하나님의 축복을 받게 된다면, 가장 행복한 사람이 될 것이다. 그러나 그가 하나님의 저주 아래에 처하게 된다면, 그는 가장 비참한 사람이 될 것이다. 축복을 받은 사람들은 찬양을 받으실 하나님과 함께, 찬양을 받으실 예수와 함께, 그의 축복을 받은 천사들과 함께 거주하고 살며 다스릴 것이다.

그러나 저주 아래 처하게 되는 사람들은 저주받은 영원들과 함께, 저주받은 사람들과 함께, 저주받은 악마들과 함께, 영원히 고통을 받게 될 것이다. 그러므로 당신이 그리스도를 사랑하지 않는다면, 차라리 이성적인 피조물이 되지 않은 것이 더 좋았을 것이다. 두꺼비, 개, 뱀이 당신이 당하게 될 처지보다 결코 더 나쁘지 않을 것이다. 자연적인 의미에서는 짐승이 되는 것보다 인간이 되는 것이 더 낫다. 그러나 신학적인 의미에서는, 주 예수 그리스도를 사랑하려고 하지 않는 사람이 되는 것보다 짐승이 되는 것이 더 낫다.

5. 태만(怠慢)의 죄는 사람들에게 범행의 죄와 마찬가지로 하나님의 진노와 저주, 영원한 저주를 받게 한다.

사람이 저주를 받는다(아나테마)고 선언되는 것은 바로 그리스도를 사랑하지 않기 때문이다. 그리고 저주가 공공연하게, 공개적으로 선언될 때, 그리스도에 의해서 최후의 심판 날에 사람들에게 큰 소리로 선언될 때, 그 이유는 태만의 죄다. "또 원편에 있는 자들에게 이르시되 저주를 받은 자들아 나를 떠나 마귀와 그 사자들을 위하여 예비된 영영한 불에 들어가라 내가 주릴 때에 너희가 먹을 것을 주지 아니하였고 목마를 때에 마시게 하지 아니하였고 나그네 되었을 때에 영접하지 아니하였고 벗었을 때에 옷 입히지 아니하였고 병들었을 때와 옥에 갇혔을 때에 돌아보지 아니하였느니라 하시니"(마 25:41-43).

이들은 음식을 빼앗았기 때문이 아니라, 음식을 주지 않았기 때문에 책망을 받는 것이다. 그들을 내쫓고 그리스도를 그들의 일원에서 추방했기 때문이 아니라, 그들을 참여시키지 않았기 때문에 책망을 받는 것이다. 그들을 감옥에 넣었기 때문이 아니라, 그들이 감옥에 있을 때 그들을 방문하지 않았기 때문에 책망을 받는 것이다. 이러한 이유로, 그들은 저주를 받는다고 선언되며, 저주받은 악마에게로 가라는 판결을 받는다.

그런데 대다수의 사람들의 희망이 모래 같은 기초 위에 세워져 있다. 그들은 공공연하게 속되지 않다고 해서 스스로 축복하고 있고, 아무런 의심도 없이 하나님도 그들에게 축복하실 것이라고 생각한다. 그것은 바리새파 사람과 같은 생각이다. "바리새인은 서서 따로 기도하여 가로되 하나님이여 나는 다른 사람들 곧 토색, 불의, 간음을 하는 자들과 같지 아니하고 이 세리와도 같지 아니함을 감사하나이다" (눅 18:11). "너, 교만한 바리새파 사람아! 네가 만일 그리스도의 상처와 피를 욕하는 사람은 아니지만 그리스도를 사랑하지 않는 사람이라면, 너는 그 때문에 저주를 받게 될 것이다! 너, 눈먼 바리새파 사람아! 네가 그리스도를 비난하고 박해하는 사람은 아니지만 그리스도를 사랑하지 않는 사람이라면, 너는 그 때문에 저주를 받게 될 것이다! 너, 자신을 기만하는 바리새파 사람아! 네가 거룩한 이름을 모독하는 사람이 아니고, 그의 거룩한 법도를 반대하는 사람이 아니며 술주정꾼도 아니고 간음하는 사람도 아니며, 도적이나 강도가 아니라고 할지라도, 네가 그리스도를 사랑하지 않는 사람이라면, 이로 인하여 너는 저주를 받게(아나테마) 될 것이다. 네가 당연히 되어야 하는 그런 사람이 되지 못했는데, 네가 다른 사람과 같지 않다고 한들, 무슨 소용이 있겠는가? 네가 그리스도를 사랑하는 이 사람과 같지 않은데,

네가 이 세리와 같지 않다고 한들, 무슨 소용이 있겠는가? 하나님의 축복은 너에게 속한 것이 아니다. 오히려 하나님의 저주가 너에게 속한 것이며, 그의 진노가 너에게 닥칠 것이다. 오, 너에게 어떤 일이 생기는지 보라. 네가 범한 태만의 죄가 어떠한지를 자세히 살펴보라. 그 죄를 회개하고, 통곡하라. 그렇지 않으면 너는 그로 인해 저주를 받게 될 것이다."

6. 사람이 하나님의 저주 아래 떨어지는 것은 쉬운 일이다. 단지 그리스도를 사랑하는 것을 억제하기만 하면 그렇게 된다.

그것이 얼마나 쉬운 일인가! 단지 마음으로 그리스도를 거부하고, 진심 어린 사랑을 거부하기만 하면 그렇게 된다. 그것이 얼마나 쉬운 일인가! 축복을 받는 것은 힘들고, 극도로 어렵다. 우리의 사랑을 세상으로부터 떼어놓아야 하며, 우리 마음속에서 압도적으로 중요했던 것을 우리의 발밑에 두어야 한다. 이것이 얼마나 어려운 과제인가! 우리의 오른 눈과 오른 손과 같았던 죄로부터 마음을 돌이켜야 한다. 이것은 얼마나 어려운 일인가! 우리가 무엇보다 더 증오했던 것을 무엇보다 사랑하는 일이 있어야 한다. 우리가 가장 사랑했던 것을 무엇보다 더 증오하는 일이 있어야 한다.

이와 같이, 인간의 애정의 물줄기를 되돌리는 일은 극도로 어렵다. 거기에는, 고뇌에 찬 노력이 있어야 한다(눅 8:24-25). 악마들을 상대로 하는 싸움도 있어야 한다(엡 6:12). 또한, 하나님을 보내지 않기 위해서 하나님과 함께 하는 씨름도 있어야 한다. 왜냐하면 그분 이외에는 우리를 축복해 줄 사람이 없기 때문이다(창 32:24, 26). 거기에는, 우리의 영적인 싸움을 싸워 지키며 유지하는 일이 있어야 한다(딤후

4:7). 거기에는, 인생에도 그렇듯이 달음질이 있어야 한다(고전 9:24). 이 모든 것은 주님이 오실 때에 축복을 받기 위한 일들로 매우 어렵고 힘든 일들이다.

그러나 하나님의 저주와 진노 아래에 서게 되는 것은 세상에서 가장 쉬운 일이다. 반대로, 하나님의 저주와 진노가 우리에게 임하지 않도록 하는 것이 어려운 일이다. 사람들이 대부분 하나님의 저주를 받으려고 그렇게 많은 노고를 기울이는데, 그것은 무엇을 의미하는가? 당신은 자신들을 망치는 일에 그렇게 많은 수고를 기울일 필요가 있는가? 당신이 마치 지옥에 들어가기를 노력하는 것처럼, 죄의 길에서 그러한 저주의 말을 하며 땀을 흘리는 일이 필요한가? 당신은 마치 지옥으로 충분하게 빨리, 또는 충분하게 곧 갈 수 없다고 생각하는 것처럼 여기면서 노력하고 있는가? 당신은 그리스도의 백성을 조롱하고, 그리스도의 법도를 매도하며, 당신의 저속하고 오염된 입으로 그의 거룩한 이름을 헐뜯고 공격할 필요가 있는가? 차라리 덜 고통스럽게 지옥에 가는 것이 나을 것이다.

당신이 불법을 행하지 않고서도 저주를 받고자 한다면, 당신은 그렇게 저주를 받을 수도 있다. 가만히 앉아서도, 당신은 지옥에 갈 것이다. 아무것도 하지 않고서도, 당신은 그곳에 곧 갈 것이다. 믿음과 회개와 그리스도만을 포기하면 된다. 당신이 해야 하는 것을 억제하기만 하면 된다. 그러면 저주가 당신의 영혼에 임할 것이다. 저주가 영원히 당신에게 달라붙어 있을 것이다.

당신이 하지 말아야 하는, 그리스도보다 세상을 더 사랑하는 것은 쉬운 일이다. 당신이 해야 하는 것을 하지 않는 것, 그리스도를 사랑하지 않는 것은 더 쉬운 일이다. 이렇게 더 쉬운 일들로 인해 당신은 확실하게 지옥에 거하게 될 것이다. 그러므로 당신의 손, 혀, 발로 하여금 그렇게 빨리 죄 짓는 일을 자제하게 하라. 그렇게 빠른 속도와 성급함으로, 당신의 힘과 능력을 다하여 죄를 범하는 것을 자제하게 하라. 그리스도를 사랑하지 않고, 그를 믿지 않으며, 죄로부터 회개하지 않는다면, 당신에게 하나님의 진노와 저주가 임할 것이다. 하나님의 진노와 저주를 받게 되는 것이 얼마나 쉬운 일인가!

7. 그리스도에 대한 사랑을 결핍한 많은 사람들이 이와 같이 저주를 받아야 하는가? 목사님들이 얼마나 큰 관심과 양심을 갖고서 사람들에게 주 예수 그리스도를 평이하고도 능력 있게 설교해야 하는가?

그것은 그리스도가 그들의 사랑을 받도록, 그리고 그들이 그리스도의 축복을 받도록 하기 위한 것이다. 예수 그리스도를 사랑하지 않는 사람들이 저주를 받아야 한다면, 자기 자신을 선전하고, 그리스도를 전하지 않으며, 사람들로 하여금 감동이 되도록 웅변을 하며, 고상한 문체를 사용하며, 성과 있는 생동적인 환상을 가지고 있으며, 유행하는 말과 같이 훌륭한 영어를 구사하며, 심오한 철학자, 또는 상당히 논쟁을 잘 하는 목사라고 격찬하도록 하는 설교자도 저주를 받아야 한다.

반면에, 고지식한 문장, 거룩한 개념, 불필요한 강단 논쟁과 표현 방식으로, 그는 마치 그리스도를 설교하면서 그들의 이해력으로부터 그리스도를 숨기는 것을 연구한 것처럼, 사람들의 능력을 넘어서 높이 날아오르며, 그들의 눈에 베일을 씌운다. 그가 그리스도에 대한 지식을 사람들에게 가르치려고 설교하는 동안에, 그는 그리스도의 교리를 애매하게 만들고, 필수적이며 명백한 진리를 모호하게 만들어서, 그의 공손한 담화 이후에는, 가난하고 무지한 영혼들이 이전보다 더 무식하게 된다. 마치 그는 저주를 받아야 하는, 영원한 저주로 저주를 받아야 하는 수천의 사람들 가운데 서 있는 것과 같다.

그들이 그리스도를 사랑하지 않는다면, 자신의 몸을 화려하게 꾸미고, 위대한 학자라는 명성을 얻고자 하며, 쉬운 것을 어렵게, 어려운 것을 더욱 더 어렵게 만든다. 학식과 위대한 학식의 참된 사용은 어려운 것을 쉽게 만드는 것, 숭고하고 높은 것을 회중(會衆) 가운데서 가장 미천한 자의 능력에 맞게 낮추는 것이다. 그럴 때 한 영혼이 저주를 받거나 구원을 받게 되는 것이다.

아아! 이 모든 사람들이 영원의 아슬아슬한 순간에 서 있다는 것을 생각할 때, 그것은 진지한 사람을 전율하게 만들 것이다. 죽음이 그들을 흔든다면, 그들은 죽음에 빠져들게 될 것이다. 그때에 그는, 설교자가 그의 설교를 듣는 수백 명의 사람들의 무지와 약한 능력을 생각하지 않고, 학교에서 하는 웅변대회를 하는 것처럼 고상한 수사학적 어조(語調)와 엄청나게 과장된 표현으로 말하는 것을 듣는다. 그가 주일에 하나님의 위대한 것을 그러한 문체로, 또는 그러한 표현 방식으로 말할 때, 훌륭한 사람들의 밑에 있는 하인들과, 많은 무식하고 배우지 못한 상인들, 한 주 내내 세상 일에 집중해 온 사람들에게 무슨 득(得)이 있으리라고 생각하는가? 그것이 아무리 모국어(母國語)라고 할지라도 마치 모르는 언어를 말한 것처럼 그들의 이해력을 상당히 초월하는 것이라면, 그 사람들에게는 실제로 교양 없는 영국인보다 더 나을 것이 없다.

그리스도에게 죄인들을 인도해야 할 때, 사람들에게 갈채를 받고자 하는 이것이 얼마나 큰 저주를 받을 만한 교만인가! 그들의 불멸의 영혼을 구원하려고 노력해야 할 때, 소멸해 가는 그들의 생명을 건지고자 하는 이것이 얼마나 큰 저주를 받을 만한 교만인가! 그리스도를 대신하여, 그리스도를 권하는 대신에 자기 자신을 권하는 이것은 얼마나 큰 저주를 받을 행동인가! 그리스도가 그의 강론의 주제이기는 하지만, 그 주제에 대한 강론이 다뤄질 때, 주제와 결론이 모두 그리스도로부터 자기 자신에게로 미끄러지듯 옮겨진다면, 이것은 얼마나 큰 저주를 받을 행동인가! 그러한 행동을 증오하면서 나는 이제 다음과 같이 말하고자 한다.

"죽어가고 있는 자아가, 죽어가고 있는 사람들의 평가에서 출세하고자 하는 이 설교는 얼마나 저주를 받을 설교인가. 그때에 복되신 예수가 그렇게 제시되어서 그리스도가 모든 사람들의 마음속에서 확대되고 모든 사람에 의해서 사랑을 받으며, 모든 사람에 의해서 영접을 받도록 해야 한다. 그리고 그리스도를 그렇게 사랑하고, 영접한 불멸의 영혼들이 그리스도에 의해서 영원히 구원을 받고 축복을 받도록 해야 한다!"

그런데 결과는 어떠한가! 그는 그의 지체들을 숭상하고, 그의 지나치게 꾸민 언어를 격찬하며, 평범한 지혜보다 인간의 평범한 유행을 따르고자 할 것이다. 얼마나 지혜로운 사람인가! 그런데 그의 지혜 때문에 무지한 영혼들이 죽어간다. 얼마나 지혜로운 사람인가! 인간의 마음을 끌어들이는 말로 설교하지만, 심지어는 인간의 지혜가 가르치는 말로 유일한 구세주에 대해서 설교하지만, 성령이 아니라 악마는 가라고 설교하지만, 듣는 자들의 영혼을 먹이로 삼는다. 그들은 설교를 듣지만 듣지 못하며 이해하지도 못한다. 말씀을 듣는 자들이 어리석은 자들이기 때문이 아니라, 설교자가 너무 지혜롭기 때문이다. 그로 하여금 제 딴에는 지혜로운 사람이라고 생각하게 하라. 그로 하여금 그를 칭찬하는 사람들에 의해서 지혜로운 사람이라고 평가하게 하라. 그들이 영혼에 가치도 없고, 무게 있는 작품도 아니며, 설교의 목적도 없는 그의 설교를 이해하지 못하기 때문이다.

그러나 내가 보기에는 결코 지혜로운 설교자라고 간주할 수 없다. 지혜로운 설교자는 자기 자신을 위해서 지혜롭게 되기보다는 그리스도를 위해서 어리석은 자가 되어야 한다. 그런 장소와 활동에서(비난하는 의미에서) 나 자신을 위해서 지혜롭게 되는 것에서, 나는 탁월한 어리석음을 발견해야 한다. 어떤 사람도 그를 이성적으로 경멸할 수 없도록 설교하는 자, 그러나 모든 사람이 그의 설교를 이해하는 자, 그럼으로써 그리스도에게 그들의 사랑을 두는 영혼들을 얻는 자는 지혜로운 사람이며, 학식 있는 설교자다. 미천한 능력을 가진 대다수가 그의 설교를 이해하지 못하거나, 극소수만이 이해한다. 가장 심오한 지식의 소리 아래에서 지식에 대한 결핍으로 사람들이 죽는다. 심판 날에는 그런 사람들로부터 거의 감사하다는 소리를 듣지 못할 것이다.

그리스도가 설교한 목사들과 말씀을 들은 사람들로부터 답변을 들으러 오실 때에, 그들은 그리스도로부터 어떤 보상을 받게 될 것인가? 그로 하여금 그의 진지한 생각에 빠지게 하라. 그리고 그로 하여금 가장 지혜로운 설교의 유형을 남겨 놓은 해박한 바울에게서 배우게 하라. "우리가 우리를 전파하는 것이 아니라 오직 그리스도 예수의 주 되신 것과 또 예수를 위하여 우리가 너희의 종 된 것을 전파함이라"(고후 4:5). 그로 하여금 주님이신 예수를 설교하지 말게 하라. 마치 그가 종보다 더 큰 사람인 것처럼 오직 그 자신을 선전하고, 주님이 아닌 예수를 설교하게 하라. 그때에 설교하고 듣는 일이 끝나고 중단되며, 주님이 오실 때에(마라나타), 함께 저주를 받게(아나테마) 될 것이다.

8. 그리스도를 사랑하지 않는 그들이 저주를 받아야 하는가? 외적인 번영과 이 저주는 일치된다는 것을 알아야 한다. 어떤 사람이 이 세상에서 번영할 수 있지만, 이 세상에서와 장차 올 세상에서 저주받을 수 있다.

마음속에 그리스도에 대한 진지한 사랑을 가지고 있지 않다고 선언하며 사는 많은 사람들이, 번영하고 외적인 즐거움으로 가득 차 있는 것을 보는가? 그들은 그리스도를 사랑하지 않지만 강력하다. 그리스도를 사랑하지 않지만 부유하다. 그리스도를 사랑하지 않지만 명예 속에 있다. 그런데 어떠한가? 건강한 사람이 저주받은 사람이 될 수 없다고 할 수 있는가? 그가 강하면 강할수록, 그는 악한 봉사를 하기에 더 적합할 수 있다. 그러므로 그의 강함은 그에 대한 저주가 된다. 세상 즐거움이 많으면 많을수록, 그것을 더욱 사랑해야 하며 그럴수록 세상을 더욱 더 사랑하게 된다. 그러므로 세상 즐거움이 예수 그리스도에게 당신의 사랑을 두기를 억제할 때, 세상의 즐거움은 당신에게 저주가 된다.

당신은 사람들의 축복이 저주가 된다는 것을 읽어보지 못했는가? "너희가 만일 듣지 아니하며 마음에 두지 아니하여 내 이름을 영화롭게 하지 아니하면 내가 너희에게 저주를 내려 너희의 복을 저주하리라 내가 이미 저주하였나니 이는 너희가 그것을 마음에 두지 아니하였음이니라"(말 2:2). 하나님은 사악한 사람들의 축복을 저주하시겠다고 경고하신다. "내가 너희에게 저주를 내리겠다." "내가 그렇게 하겠다"(I will : 그것은 현재 그렇게 하시겠다는 것이 아니다). "너희가 누리는 복을 내가 이미 저주로 바꾸었다."

많은 사람들이 교만한 행복을 환기시키는 경향이 있다(말 3:15). 부자는 악하더라도, 많은 사람들이 그를 축복 받은 자라고 생각한다. 얼마나 큰 실수인가! 사람들은 모두 저들의 외적인 축복을 보려 하지만, 외적인 축복 아래에 놓여 있는 내적인 저주를 볼 수 있는 눈을 가지고 있지 않다.

은혜가 없는 부(富)를 갖는 것은 저주가 아닌가? 우리의 몫과 축복을 다 받는 것은 저주가 아닌가? 이 세상에서 번영하고, 매 순간 지옥의 위험 속에 처하는 것은 저주가 아닌가? 영혼을 위해서는 아무것도 하지 않고, 육신을 위해서 모든 것을 갖는 것이 그러한 행복이라고 생각하는가? 땅을 소유하고 하늘에 속한 것을 하나도 소유하지 못했다면, 그들에게 보여줄 것이 아무것도 없지 않은가?

"이 세상에서 받을 몫을 다 받고 사는 자들"(시 17:14)에 관한 말씀을 읽어 보라. 그리고 세상에서 받은 몫이 저주받은 몫이라는 것을 읽어 보라(욥 24:18). 복음서에서도 부자에 대해서 그렇게 말씀하지 않았는가? 지상에 어떤 사람이 있었는데, "그는 자색 옷과 고운 베옷을 입고, 날마다 즐겁고 호화롭게 살았다."

오, 행복한 사람이여! 그러나 마지막을 들을 때까지 기다려야 한다. 그가 죽었는데, 어디로 갔는가? 지옥으로 갔다. 이제 거기에서도 행복한 사람인가? 거기에서 그의 상황은 어떠한가? 무엇이라고! 지상에서의 즐거움보다 더 큰 고통을 받고 있다. 그가 지상에서 살 때 누렸던 즐거움과 쾌락보다 더 큰 고통과 공포를 느끼고 있다.

"아브라함이 가로되 얘 너는 살았을 때에 네 좋은 것을 받았고 나사로는 고난을 받았으니 이것을 기억하라 이제 저는 여기서 위로를 받고 너는 고민을 받느니라"(눅 16:25). "살아 있을 때를 되돌아보아라!" 이 말은 안정된 것이 아니라 초조한 것이다. 살아 있을 때는 짧고 달콤했다. 그러나 내가 지금 겪는 이 삶은, 삶보다는 죽음이라고 일컫는 것이 더 적합하겠지만, 길고도 혹독하다. "너는 온갖 복을 다 누렸다."

그러나 그 모든 것 가운데 선하신 하나님이 없었고, 선한 양심이 없었으며, 성령의 선한 열매도 하나도 없었다. 그리스도에 대한 사랑도 전혀 없었다. "그러나 그는 지금 여기에서 위로를 받고, 너는 고통을 받는다." 그는 축복을 받고, 너는 저주를 받는다. 그는 행복하고, 너는 비참하다. 저 변화를 보라! 세상의 축복을 받은 사람이 이제 저주받은 사람이 된다. 세상이 평가할 때 비참한 인간이었던 자가 이제 축복을 받는 사람이 된다.

이 세상의 번영이나 빈곤에 의해서 축복이나 불행을 판단하지 말고, 오히려 그 마음속에 성령의 은총이 있는지, 또는 성령의 은총이 결핍되어 있는지에 의거해서 판단하라. 특히 예수 그리스도에 대한 사랑이 있는지, 그 사랑이 결핍되어 있는지에 의거해서 판단하라. 왜냐하면 "그로 하여금 부자가 되지 않게 하라."라는 말씀이 없기 때문이다. "그로 하여금 그리스도를 사랑하지 않는 자가 되게 하라, 주님이 오실 때에(마라나타), 저주를 받게(아나테마) 될 것이다."

9. 그리스도를 사랑하지 않는 모든 사람이 저주를 받아야 하는가?

저주를 받게 될 무수한 사람들을 생각만 해도 떨린다. 그러나 그리스도에 대한 진지한 사랑을 가지고 있는 사람, 따라서 영원한 축복을 받는 생명에로 들어가는 축복을 받게 될 사람은 비교적으로 아주 적다. "좁은 문으로 들어가라 멸망으로 인도하는 문은 크고 그 길이 넓어 그리로 들어가는 자가 많고 생명으로 인도하는 문은 좁고 길이 협착하여 찾는 이가 적음이니라"(마 7:13-14).

많은 사람이 그리스도에 대한 사랑의 결핍으로 인하여 자기 십자가를 지려고 하지 않는다. 그러나 최종적으로 이러한 사랑을 결핍한 모든 사람이 자신의 저주를 짊어지게 될 것이다. 저주를 짊어지게 되는 사람들(curse-bearers)의 수와 그리스도를 사랑하지 않는 사람들(non-lovers)의 수는 똑같은 수가 될 것이다. 그 수가 많은데, 어느 한 쪽의 수가 더 많지 않다.

그리스도보다 다른 것들을 더 사랑하는 사람들이 얼마나 많은지를 생각해 보라. 그리고 얼마나 많은 수의 사람들이 저주를 받게 될 것인지를 보라.

1) 그리스도를 사랑하는 사람들보다 쾌락을 더 사랑하는 사람들이 얼마나 많은가!(딤후 3:4)

2) 그리스도를 사랑하는 사람들보다 돈을 더 사랑하는 사람들이 얼마나 많은가! 그들은 구세주보다 그들의 은화(銀貨)를 높이며 그것을 유지하기 위해서 그리스도와 결별한다(눅 16:14. 딤후 3:2).

3) 그리스도를 사랑하는 사람들보다 명예를 더 사랑하는 사람들이 얼마나 많은가! (요 5:42, 44. 12:43)

4) 그리스도를 사랑하는 사람들보다 자기 자신을 더 사랑하는 사람들이 얼마나 많은가!(딤후 3:2) 그리고 실제로 죄 된 자기 사랑은 육욕에 빠진 사람의 심정과 속마음이며, 회개하지 않은 모든 죄인의 큰

우상이다. 이기심의 원칙이 그들의 모든 행동의 발원(發源)이고, 자아가 그 목적이며, 그들이 행하는 모든 것이 목적으로 삼는 범위다. 그러므로 하나님과 그리스도의 자리에 자아가 들어선다. 그들은 그리스도를 사랑해야 할 때, 육욕에 빠진 자아를 사랑한다. 그리하여 그들은 축복을 받아야 할 때, 저주 아래 놓이게 된다. 그리스도를 사랑하는 사람이 매우 적고, 그리스도께 축복을 받는 사람이 매우 적다. 대부분의 사람들이 그리스도에 대한 사랑을 회피하고, 대부분의 사람들이 그가 오실 때에 저주를 받게 될 것이다. 그것이 무서운 말인가? 무서운 말이지만, 사실이다. 그것이 무서운 말인가? 그러나 저주가 완전히 가해질 때, 더 무서운 느낌이 들 것이다.

10. 그리스도를 사랑하지 않는 모든 사람이 그리스도가 오실 때(마라나타)에 저주를 받게(아나테마) 되는가?

그리스도가 오시는 날은 그리스도를 사랑하지 않는 자들에게 슬픈 날이 될 것이다. 그때에는 온 세상이 저주받은 자와 축복을 받은 자로 나뉘게 될 것이다. 당신은 그리스도를 사랑하지 않으면서도 스스로 축복을 하고 있다. 그러나 나는 당신이 주께서 오실 때(마라나타)를 생각하라고 간청한다. 당신의 마음에 그리스도가 없으면서도, 당신은 당신의 재산을 찬양한다.

당신은 저주와 악한 날을 멀리한다. 그러나 나는 당신이 '마라나타'를 기억할 것을 간청한다. 나는 당신이 마라나타에 귀 기울이기를 간청한다. 그때! 오, 그때에, 당신은 당신이 태어난 날을 저주하게 될 것이다. 당신이 복음 아래에서 살며 그리스도에 대해서 들었지만, 그리스도를 사랑하지 않은 시간을 저주할 것이다. 당신은 당신의 사악함과 광기(狂氣)와 어리석음을 저주하게 될 것이다. 그리스도는 사랑스럽게 당신 앞에 계시는데, 당신은 그에 대한 당신의 사랑을 마음에 정하지 않았다. 그리고 이렇게 말하라.

"오, 저주받은 마음이여. 네가 세상을 사랑하고, 저기에 있는 영광스러운 그리스도를 사랑하지 않다니! 오, 저주받은 의지여, 네가 하나님의 아들 앞에서 세상의 허무한 것들을 선택하다니! 오, 내가 피조물에게 쏟은 사랑이여 저주를 받아라, 그리스도를 거부하다니! 내가 그리스도에게 사랑하는 마음을 가진 적이 없는데, 어떻게 이제 그리스도를 보기 위해 내 머리를 처들 수 있는가? 어떻게 내가 그 음성을 들을 수 있는가? 그 음성이 너무 크고 천둥소리와 같아서 나는 그 음성을 들을 수가 없다. 그 음성은 저주받은 죄인처럼 나에게 떠나라고 명하신다. 그때에 나는 그를 사랑하고 나의 마음과 감정을 그에 두라고 나를 부르시는 그의 음성에 귀를 기울이지 않았고 경청하려고 하지 않았는가? 슬프다! 이제 주님이 오신다. 이제 나는 저주를 받는다. 슬프다! 주님이 오신다. 그와 함께 진노가 온다. 천국으로부터의 추방이 온다. 슬프고도, 슬프고도, 슬프다! 주님이 오신다. 나는 공포와 전율이 오는 것을 느낀다. 수십만 번 슬프다. 주님이 오신다. 이제 완전한 저주가 온다. 주님이 오시면, 나는 가야 한다. 가련한 죄인인 나는 가야 한다. 가라!(나는 어디로 가야 하는가? 저주받는 장소로, 누구에게 가야 하는가?) 아아! 저주받는 무리에게. 그러나 어떻게! 슬프다! 저주받은 죄인, 가장 혹독하게 저주받은 죄인처럼(최종적으로, 전면적으로, 영원까지 저주받은 육신과 영혼처럼), 왜냐하면 내가 그리스도에 대한 사랑을 갖지 않았기 때문이다. 이제 그리스도가 나를 위한 아무런 축복도 갖고 계시지 않는다!"

세계 전체에 마라나타라는 말이 울려 퍼질 때, 그때에 세계에는 이러한 절규가 울려 퍼질 것이다. "그리스도를 사랑하지 않는 모든 사람이 이제 저주를 받는다."

LOVE·TO·CHRIST

제8장

그리스도에 대한 사랑의 결핍에서 오는 20가지 심각성

두 번째 용법은 주 예수 그리스도를 사랑하지 않았기 때문에 당신에게 비난과 책망이 있다는 것이다. 어떤 사람들은 행동과 대화 방식에서 그들이 그리스도를 사랑하지 않는다고 공개적으로 선언한다. 어떤 사람들은 공공연하게 그리스도에 대한 사랑을 가장하지만, 실제로는 그리스도에 대한 사랑을 가지고 있지 않다. "백성이 모이는 것 같이 네게 나아오며 내 백성처럼 네 앞에 앉아서 네 말을 들으나 그대로 행치 아니하니 이는 그 입으로는 사랑을 나타내어도 마음은 이욕을 좇음이라"(겔 33:31).

그들의 입에는 그리스도에 대한 사랑이 있지만, 그들의 마음속에는 세상에 대한 사랑이 있다. 어떤 사람들은 하나님을 사랑한다고 말하지만, 하나님은 그들이 그를 사랑하지 않는다는 것을 아신다. "다만 하나님을 사랑하는 것이 너희 속에 없음을 알았노라"(요 5:42). 당신은 이것이 얼마나 큰 죄인지를 아는가? 그런데 당신은 왜 그것을 그렇게 가볍게 여기는가? 당신은 이 사랑이 결핍되어 있다는 것을 더 이상 수치(羞恥)로 여기지 않는가?

당신이 아내를 사랑하지 않았고, 자녀를 사랑하지 않았으며, 이웃을 사랑하지 않았다고 한다면, 당신은 수치를 당하지 않을 것인가? 당신이 하나님의 독생자, 잃어버린 죄인들의 유일한 구세주이신, 주 예수를 사랑하지 않는다는 것은 무엇과도 비교할 수 없을 정도로 큰 죄이며 수치스러운 것이 아닌가? 당신의 기도 속에서 그리스도에 대한 사랑의 결핍에 대해 거의, 또는 전혀 애통하지 않고, 당신의 죄의 고백 가운데서 그것을 거의 표현하지 않는데 어떻게 그럴 수 있는가? 무엇이라고요! 당신은 금(金)을 사랑하고 하나님을 사랑하지 않는다고? 또는 금을 당신의 하나님으로 섬기고, 참되신 하나님을 사랑하는 대신에 당신의 금을 사랑한다고? 당신이 당신의 은전(銀錢)을 사랑하고 고귀하신 구세주를 사랑하지 않는다고? 당신이 당신의 적을 사랑하지 않을 수 없고, 당신의 가장 안전하고, 가장 위대하며, 가장 신실하신 친구이신 그를 사랑하지 않는다고!

나는 어떻게 말해야 하는가? 선하신 주님, 저는, 자신들의 짐승, 그들의 개, 그들의 말(馬), 그들의 모든 가축을 사랑하고 사랑할 수 있으면서도, 당신의 아들, 독생자, 당신께서 사랑하시는 아들을 사랑하는 일에 성공하지 못하는 사람의 아들들이 진실로 아직도 너무 많다는 것을 말하기가 수치스럽고도 부끄럽습니다! 그러나 나는 어떻게 말해야 하는가? 당신은 영원히 당신을 파멸과 저주로 이끄는 당신의 욕망과 더러운 죄를 사랑하지만, 당신의 죄로부터, 지옥으로부터 당신을 영원히 구원해 주실 유일하신 주님과 예수를 사랑하지 않는다. 나는 무슨 말을 할 수 있는가? 당신이 당신의 죄를 그렇게 많이 사랑하기 때문에, 그리스도를 사랑하지 않는다는 것 이외에는 아무것도 말할 수 없다.

오, 무시무시한 수치로다! 추한 것을 사랑하고, 아름다운 것을 사랑하지 않는다고? 당신의 눈은 어디에 있는가? 죄에 대한 당신의 사랑은 확실히 맹목(盲目)이다. 오, 터무니없이 사랑하는 사람아! 모든 것 가운데서 가장 나쁜 것을 사랑하고, 모든 것 가운데서 가장 좋은 그를 사랑하지 않다니! 당신의 이성(理性)은 어디에 있는가? 당신은 인간의 이해력을 상실했는가? 죄가 당신에게서 위트를 앗아갔다고? 그렇다면, 오, 얼마나 미치고 어리석은 일인가! 당신이 죄로 인해 정죄(定罪)를 받기 위해 죄를 사랑한다고? 당신이 그 사랑 때문에 하나님으로부터 미움을 받고 그의 영광스러운 면전에서 영원히 추방될 정도로 어리석게도 이 세상을 좋아한다고? 당신의 영혼이 육체를 움직이지 못하고, 육체에 깊이 빠져들어서, 감각적, 세속적, 육감적 쾌락과 즐거움보다 더 높은 사랑을 할 수 없다고? 당신이 현재의 미각(味覺)으로 심사해 본다면, 이 사랑이 그렇게 달콤한 것인가? 이렇게 몹시 나쁜 것, 천박하고 더러운 것이 사랑이라면, 당신은 그것을 인간 이하라고 비난하지 않겠는가? 당신은 이로 인하여 정당하게 책망을 받지 않겠는가? 책망을 받는다! 그렇다. 정당하게 아나테마가 기대된다.

무엇과도 비교될 수 없는 그리스도가 그에게 제시되었는데도, 그를 사랑하려 하지 않는다고? 그리스도의 우수성이 제시되었지만, 당신은 그에게서 아무런 아름다움도 보지 못한다고? 세상에서 죄인에게 그리스도보다 더 적합한 것이 아무것도 없는데도, 당신은 괴팍하게 상상하면서 당신의 마음은 부(富)가 더 적합한 것이고, 즐거움이 더 적합한 것이며, 그리스도와 그리스도의 것들은 단지 당신에게 불편한 것이라고 주장하는가? 당신이 그렇게 생각하지 않는다면, 그리스도에 대한 당신의 사랑을 부인하는 것처럼 그렇게 행동하는가? 당신은 그리스도를 모시려고 하면서도, 그리스도를 모실 능력과 가능성, 그로부터 오는 그의 모든 은혜와 선한 것을 붙들지 않고, 당신의 사랑을 그에게로 돌리지 않는다면, 책망을 받게 되지 않겠는가? 어느 누구도 그보다 더 큰 가치를 가질 수 없는, 찬양을 받으실 주님을 비방할 때 당신은 책망을 받게 되지 않겠는가?

당신이 세상과 이 생의 허무한 것들을 향한 의지를 갖고 있고, 완전하고 충만하신 그리스도를 향해서는 아무런 의지도 갖고 있지 않다면, 하나님과 천사들과 함께 있는 지혜롭고 진지한 모든 사람들 가운데서 죄가 많은 악인이 되지 않겠는가? 당신이 영원한 생명으로 지속되는 선(善) 앞에서, 덧없는 인생의 쾌락을 더 좋아한다면? 나에게 말하라.

나는 당신에게 간청한다. 마땅히 그리스도의 우수성이나 그로부터 오는 모든 은혜를 받지 못한 죄인이라면, 당신의 마음을 그리스도에게로 돌려야 하지 않겠는가? 당신은 어떻게 생각하는가? 당신은 어떻게 말할 것인가? 당신은 그리스도를 사랑하지 않는 것이 잘 한것인가, 아니면 잘못했는가? 감히 "잘했다"고 말하지 않는다. 당신은 질색하면서 "잘못했다"고 말할 것이다. 왜냐하면, 그렇게 말함으로써 당신이 자책(自責)할 것이기 때문이다. 그러면 어떻게 해야 하는가? 당신이 그를 사랑하지 않았기 때문에, 당신 자신을 책망하라. 이제 그를 사랑하라. 그리하면 하나님께 책망을 받지 않고, 그를 전혀 사랑하지 않았다는 이유로 그리스도께 저주를 받지 않을 것이다.

그러나 그리스도에 대한 사랑의 결핍 때문에 생긴 저 무시무시하고도 지긋지긋한 죄를 몇몇 사람이 탄식하지만 마치 그것이 우리 시대에는 전혀 죄로 간주되지 않는 것처럼 여긴다. 나는 그 죄의 극악성(極惡性)을 질문 형식으로 당신에게 제시된, 스무 가지 특수 항목으로 입증하려고 노력할 것이다. 나는 당신이 이것을 진지한 마음으로 심사숙고하기를 간청한다. 그때 올바른 이성이 참된 해답을 요구하게 될 것이며, 이 증오스러운 죄로 인해, 주 예수 그리스도에 대한 사랑의 결핍으로 인해, 당신이 혹독하게 울게 될 어떤 비밀스런 장소를 찾아낼 것이다.

1. 그리스도를 사랑하지 않다니! 이것이 무엇인가?

당신을 인간으로 만드신 하나님의 목적을 거역하는 것이 아닌가? 하나님이 당신을 들짐승보다 뛰어나게 만드시지 않았는가? 하나님이 당신에게 이성이 없는 피조물들에게 주신 것보다 더 고상하고 더 우수한 영혼을 주시지 않았는가? 하나님이 당신에게 예수 그리스도를 알 수 있는 영혼을 주시지 않았는가? 당신이 그리스도를 사랑하지 않는다면, 당신은 그를 위해서 무엇을 알아야 하는가? 하나님이 당신에게 가장 달콤하고 적합한 대상을 향해서 나아가는 의지를 주시지 않았는가? 그런데 그리스도가 없는 그 의지가 어떠했는가? 그가 당신의 마음에 사랑과 같은 감정을 심어주시지 않았는가? 하나님의 아들을 사랑하는 것이 아니라, 세상을 사랑하려 했던 당신의 양심을 생각해 보라. 당신 자신은 하나님의 아들에게 적대하지 않는가? 하나님의 아들을 사랑하는 것이 아니라 당신의 죄를 사랑한다고? 당신은, 하나님이 당신을 인간으로 만드셨지, 짐승으로 만드시지 않으셨는데 당신은 짐승이 그리스도를 사랑하는 것보다도 그리스도를 더 사랑하지 않으려고 한다.

그렇다면, 하나님이 당신을 인간이 아닌 짐승으로 만드셨다면 족할 것인가? 또는 당신은 하나님이 당신에게 인간의 본성, 이성, 사랑을 주신 것을 후회하는가? 당신은 당신에게서 사랑을 받으시려고 당신을 만드신 그분께 사랑을 드려야하지 않는가? 당신이 짐승이 아니라 사람이라는 것을 후회한다면, 짐승의 사랑과 즐거움을 선택하고, 사람의 사랑과 즐거움을 거부하라. 사람으로서 당신은 그것을 선택할 수 있다. 그렇지 않다면, 당신은 당신의 창조 목적에 부응하지 않는 것, 아닌가?

당신은, 하나님의 가시적인 작품들이 모두 창조의 목적을 위해서 활동하는 것을 보지 않는가? 하나님이 이 세상에 빛을 주기 위해서 태양을 만드시지 않았는가? 그리고 당신은 태양이 지는 것, 그리고 태양이 시야(視野)에서 벗어나면 그 행로를 지키다가, 아침에 우리의 이 반구(半球)에 다시 빛을 비추기 위해서 서둘러서 떠오르는 것을 보지 않는가? 하나님이 인간을 위로하기 위해서 과일을 맺을 수 있는 이 땅을 만드시지 않았는가? 당신은 날마다 그것을 먹지 않는가? 하나님이 사람의 사용과 봉사를 위해 다른 피조물들을 만드시지 않았는가? 그리고 그들이 그렇게 하지 않았는가? 하나님이 당신을 지으셨고, 그리스도를 사랑하는 것을 당신의 의무로 만드시지 않았는가? 그런데 왜 당신은 그 의무를 행하지 않는가?

오, 하나님의 창조에 대한 이 얼마나 극악무도한 남용(濫用)인가! 그것은 하나님의 가시적인 작품 가운데서 가장 좋은 작품인 사람에게서 나타나는 것이다. 이와 같은 것이 다른 피조물에 의해서 행해진다면, 당신의 삶은 곧 지치게 되지 않겠는가? 태양이 그 빛을 보류한다면, 이 세상은 얼마나 지하 감옥과 같을 것인가! 땅이 떨기와 가시나무 이외에 아무것도 생산하지 않는다면, 괴로움과 고통만을 자아낼 것이다.

피조물들이 당신에게 봉사해야 하는 데도, 당신들을 거역해서 그들의 힘과 능력을 사용한다면, 당신은 그들이 있는 것보다 없는 것이 더 좋다고 판단할 것이다. 인간을 위해서 만들어진 그 모든 것이 그 목적에 응해야 한다면, 하나님을 위해서 만들어진 인간은 더 직접적으로 그 목적에 응해야 하는 것이 아닌가? 그러나 그리스도에 대한 사랑을 결핍한 사람은 멸망할 짐승보다 더 악하게 된다(시 49:20). 그리스도가 당신의 마음속에 없다면, 사람의 마음을 결코 가질 수 없을 것이다.

2. 그리스도를 사랑하지 않다니! 이것이 무엇인가?

당신의 구원자로서 당신을 위한 그리스도의 모든 과업의 목적을 방해하는 것이 아닌가? 인간이 하나님의 거룩한 형상을 버리고 죄를 범하며, 자신의 마음과 애정을 하나님으로부터 피조물로 바꾸었을 때, 인간은 하나님을 두려워하기는 했지만, 결코 그리스도를 사랑하지는 않았다.

"내가 동산에서 하나님의 소리를 듣고 내가 벗었으므로 두려워하여 숨었나이다"(창 3:10). 죄는 하나님과 모든 선(善)으로부터 그러한 혐오(嫌惡)를 인간의 마음속에 가져 왔다. 인간을 위한 그리스도의 과업이 없었다면, 인간은 악마보다 그리스도를 더 사랑할 수 없었을 것이다.

하나님의 아들이 왜 인자(人子)가 되셨는가? 왜, 그는 피를 흘리고 자신의 목숨을 버리셨는가? 왜, 그는 고난을 당하고 땀을 흘리며 피를 흘리고 죽으셨는가? 왜, 그는 우리의 징벌을 짊어지시고, 하나님의 정의에 응하고, 하나님의 진노와, 인간과 악마들의 분노를 견디어 내셨는가? 하나님으로부터 멀리 떨어져간 인간을 다시 하나님께로 인도하기 위함이 아닌가? 인간의 감정의 물줄기를 다시 올바른 통로로 향하게 하려는 것이 아닌가?

그리스도가 죽지 않으셨다면, 당신은 세상과 자아를 사랑할 수 없었을까? 그리스도가 죽지 않으셨다면, 당신은 당신의 즐거움과 당신의 죄를 사랑할 수 없었을까? 그러나 그리스도가 죽으셨다면, 당신은 더 잘 사랑하지 않겠는가? 그리스도가 당신의 사랑을 얻기 위해 하늘로부터 내려오셨다면, 그가 당신의 사랑을 가지셔야 하는 것은 아닌가? 그리스도가 당신의 포로 상태로부터 당신을 구출하기 위해서 몸값으로 그리스도가 자신을 내어 주셨다면, 당신의 사랑을 얻기 위해, 지옥의 감옥에 들어갈 수밖에 없는 당신의 빚을 갚아 주셨다면, 그가 당신의 사랑을 가지셔야 하는 것이 마땅하지 않은가? 그리스도가 당신이 죽어야 했을 때 대신 죽으심으로, 당신을 위해 목숨을 내어주시고, 영혼을 내어주시고, 당신의 사랑을 얻기 위해 이 모든 것을 주셨다면, 그가 당신의 사랑을 가지셔야 하는 것이 마땅하지 않은가?

당신은 어떻게 생각하는가? 그리스도가 아버지의 품을 싫어했는가? 하늘에서 영혼들의 아버지와 함께 있는 것보다 지상에서 육신에 거하는 것이 그에게 더 영광스러운 것이었는가? 그리스도의 신성(神性)이 우리 인간성(人間性)의 누더기에 감추어져 있기 때문에, 그것은 무한한 자기 비하(卑下)가 아니었는가? 그리스도는 자신의 피를 낭비한 사람인가? 아니면, 그리스도는 자신의 목숨을 싫어한 사람인가? 아니면, 그리스도는 사람들을 위해서 그렇게 잔인한 재앙, 그러한 경멸과 모욕, 그렇게 저주받고, 수치스러우며, 고통스러운 죽음을 사랑하시고 선택하셨는가? 확실히 이 모든 것은 위대하고도 고귀한 그 어떤 목적을 위한 것이었다. 그러나 그 목적은 당신이 그를 사랑하지 않음으로써 좌절되고, 도달할 수 없는 것이 되었다. 모든 사람이 당신처럼 그리스도에 대한 사랑을 부인해야 한다면, 거기에 하나님과 인간 사이의 화해, 죄의 사면(赦免), 영혼의 구원이 있을 수 있는가? 그리스도는 그것을 얻기 위해서 죽으셨다. 하나님은 그리스도를 사랑하지 않는 사람과 화해하실 것인가! 아니면 그리스도를 사랑하지 않는 사람이 하나님과 화해할 것인가? 모순같이 들리겠지만, 화해가 없다면, 사랑의 갱신(更新)도 없는 것이 아닌가? 사죄와 구원이 그를 한 번도 사랑한 적이 없는 사람에게 허락되어야 하는가? 인간의 구속(救贖)을 위한 그리스도의 놀라운 과업을 훼방하는 이 죄가 얼마나 큰 것인지 주목해 보라.

3. 그리스도를 사랑하지 않다니! 이것이 무엇인가?

성령의 모든 활동에 반대하고 저항하는 것이 아니라면 무엇인가? 모든 사람이 이것을 하려 하지 않아도, 당신은 주 예수를 사랑해야 하는가? 당신의 잃어버린 재산, 세상의 헛된 것, 피조물의 공허함, 다른 것에 의한 구원의 불가능성을 당신에게 제시할 때, 당신이 그를 찾고, 그를 당신의 사랑의 대상으로 삼는다는 것 이외에, 무엇을 지향하는가?

그리스도에 대한 지식에서 당신의 마음을 밝혀 주고, 그리스도의 완전함과 충만함, 그리스도의 적합성과 적절성, 그리스도의 자유와 자발성을 보고 분별하게 해 주는, 성령의 조명(照明)이란 무엇을 의미하는가? 그런데도 당신은 당신의 사랑을 그에게 고정시키려 하지 않는가? 성령의 모든 설득, 노력, 간구는 그리스도에 대한 사랑 이외에 어떤 것을 지향하는가? 그리스도가 당신의 사랑을 얻도록 하기 위해 성령의 간구보다 더 애절한 다른 간구가 있었는가? 그리고 모든 사람과 당신의 유일한 대답은 "나는 그를 사랑할 수 없다, 나는 그를 사랑하지 않겠다."이어야 하는가? 아니다! 왜 아닌가? 당신의 사랑이 더 좋은 장소를 발견할 수 있는가? 당신이 하늘이나 땅에서 더 적합한 대상을 발견할 수 있는가? 그런데 당신은 아직 다른 대답을 하기로 결심하지 않는다.

"내가 이방 신을 사랑하였은즉 그를 따라 가겠노라"(렘 2:25). 나는 세상을 사랑했고, 세상을 사랑하겠습니다. 나는 내 즐거움들을 사랑했고, 그들을 사랑하겠습니다. 나는 내 죄를 사랑했고, 계속 그렇게 하겠습니다. 왜 그렇게 결심하는가, 가련한 죄인아! 왜 그렇게 결정하는가? 세상이 당신에게 이방인이어야 하고, 당신이 세상에 대해 이방인이 되어야 하지 않는가? 죄가 당신에게 이방인이어야 하고, 당신이 죄에 대해 이방인이 되어야 하지 않는가? 과거에 내가 이 이방인들을 사랑했지만, 어찌하여 앞으로도 내 마음과 사랑이 그들을 따라가야 하는가? 참말로! 모든 사람으로 하여금, 천사들로 하여금, 당신이 성령의 모든 활동에 반대하는 적대자인 것을 판단하게 하라. 하나님도 그렇게 심판하실 것이다.

4. 그리스도를 사랑하지 않다니! 이것이 무엇인가?
하나님의 가장 은혜로우신 속성(屬性)에 거역하는 무서운 죄가 아니라면 무엇인가?

1) 자신의 아들을 구세주로 주신 것은 하나님 안에 있는 사랑이 아니었는가? 그런데 당신은 사랑으로 당신을 위해 주신 그분을 사랑하지 않음으로써, 이 사랑에 거역하여 죄를 지어야 하겠는가? 그 사랑이 너무 무한하고, 너무 위대하며, 너무 놀라워서 죽어야 할 인간이 그것을 이해할 수 없는 것이 아닌가?

"하나님이 세상을 이처럼 사랑하사 독생자를 주셨으니 이는 저를 믿는 자마다 멸망치 않고 영생을 얻게 하려 하심이니라"(요 3:16). 이것은 지옥에 있는 모든 악마들이 그것을 거부할 수 없을 정도로 분명한 사랑이 아닌가? "하나님의 사랑이 우리에게 이렇게 나타난 바 되었으니 하나님이 자기의 독생자를 세상에 보내심은 저로 말미암아 우리를 살리려 하심이니라"(요일 4:9).

당신이 그분에 대한 사랑을 드리거나, 드릴 수 있기 전에 먼저 당신을 위해서 그의 아들을 주신 것은 하나님 안에 있는 앞서가는 사랑이 아닌가? "사랑은 여기 있으니 우리가 하나님을 사랑한 것이 아니요 오직 하나님이 우리를 사랑하사 우리 죄를 위하여 화목제로 그 아들을 보내셨음이니라"(요일 4:10). 그러한 사랑에 거역하는 것은 크나큰 죄가 아닌가? 그러한 분명한 사랑에 거역하는 것, 앞서가는 사랑으로 당신을 그렇게까지 사랑하신 그분을 사랑하지 않는 것은 분명한 죄가 아닌가?

2) 정의가 완전히 충족되고, 자유로운 자비가 풍요롭게 표현되는 그러한 길을 발견하는 것이 하나님 안에 있는 무한한 지혜가 아니었는가? 죄는 최대한도로 처벌되어야 하겠지만, 죄인은 최대한도로 구원을 받아야 한다? 죄는 처벌받고, 죄인은 용서를 받는다? 지혜와 지식이 빼어난 하늘 천사들이 모두 타락한 인간을 위한 이 길을 생각조

차 하지도 못했다. 그것은 하나님의 무한한 지혜의 산물(産物)이다. 이제 교회를 시켜 천사들에게 알려야 한다. "이는 이제 교회로 말미암아 하늘에서 정사와 권세들에게 하나님의 각종 지혜를 알게 하려 하심이니"(엡 3:10). 그러한 지혜에 거역하는 죄보다 더 큰 어리석음이 있을 수 있는가?

3) 당신의 죄를 위해서 그리스도가 고난을 받아들인 것은 하나님 안에 있는 인자하심이 아닌가? 당신이 그를 믿고 그를 사랑하려고 한다면, 그것은 그리스도의 죽음 때문이 아니겠는가? 그럼에도 그분에게 당신의 사랑을 억제함으로써, 이 인자하심을 경시해야 하겠는가?

4) 당신의 사랑을 위해 그렇게 오랫동안 기다리시는 것은 하나님 안에 있는 인내가 아닌가? 하나님은 당신의 첫 번째 거부로 인하여 당신을 저주하실 수도 있지 않은가? 당신의 첫 번째 부정을 당신의 최종적인 응답으로 취할 수도 있지 않은가? 세상과 죄에 대해서는 그렇게 오랫동안 사랑했으면서도 그의 아들에 대한 사랑은 거부했으니 당신의 사랑은 책망을 받아야 하지 않는가?

당신의 사악한 마음속에서 당신이 '내가 그를 사랑하지 않겠다.' 고 말했다면, 하나님은 그의 의로우신 판단 속에서 "나는 너의 응답을 받았고, 이로 인해, 너는 나를 사랑하지 말라."라고 말씀하셨을 것이다. 하나님이 그의 아들을 사랑하기에 그렇게 더딘 당신에게 이렇게 빠르고 간단하게 대하셨다면, 당신의 영혼이 이 날부터 영원까지 얼마나 통탄할 상황에 처했겠는가?

그러나 하나님이 그렇게 여러 해 동안 기다려 오셨고 아직도 기다리시고 계신다면, 그리고 당신이 당신의 마음을 바꾸려고 한다면, 당신의 감정을 되돌리고 보다 지혜로운 응답을 해야 하지 않겠는가? 당신은 그리스도에 대한 당신의 사랑을 계속 부정함으로써 계속해서 그의 오래 참으심을 남용(濫用)해야 하겠는가? 그리스도에 대한 당신의 사랑이 시작되기도 전에, 당신을 향한 그의 오래 참으심이 끝나지 않도록 주의하라. 그분을 사랑하지 않음으로 인하여 당신의 형벌이 시작될 때, 그 형벌은 끝이 없을 것이다. 가장 긴 오래 참으심이 진노로 변하면, 당신은 가장 길고도 가장 뜨거운 진노를 보게 될 것이며, 가장 격렬한 분노를 보게 될 것이다.

5. 그리스도를 사랑하지 않다니! 이것이 무엇인가?

복음의 모든 계획을 완전히 전복시키고, 은혜의 계약에 의해서 주시는 생명과 구원을 거부하는 것이 아니라면 무엇인가? 하나님은 죄 없는 인간에게 행위의 법과 계약을 주셨지만, 인간은 재빠르게 그 율법을 범했다. 그렇게 함으로써, 그 계약에 의해서, 행복이 인간에게 불가능한 것이 되었다. 그 다음에, 하나님은 타락한 인간에게 은혜의 법과 계약을 주셨고, 그의 아들의 피로 같은 것을 세워 놓으셨다. 그런데 당신은 그리스도를 사랑하지 않는 당신의 죄를 계속 저지름으로써, 생명과 행복을 거부하겠는가? 그 결과로, 복음의 조건들이 소홀히 되었고 복음의 경고들이 경솔히 여김을 당했다. 그리고 복음의 명령들이 거역되었고 복음의 약속들이 경시되었다.

1) 복음의 조건들과 은혜의 계약이 소홀히 되었다. 큰 조항, 그 개요와 요약은 이렇다.

"나는 저희에게 하나님이 되고 저희는 내게 백성이 되리라"(히 8:10). 나는 너희를 사랑할 것이고, 너희는 나를 사랑해야 한다. 내 마음이 너희를 향할 것이고, 너희의 마음은 나를 향해야 한다. 나는 너희를 비길 데 없이 사랑할 것이며, 너희는 나를 비길 데 없이 사랑해야 한다.

이것이 어떻게 이루어지는가? 당신이 그를 사랑하지 않는 동안에, 당신이 그를 사랑할 수 있는가? 세상과 죄가 당신의 마음을 갖는 동안에, 하나님과 그리스도가 당신의 마음을 가질 수 있는가? "너희에게 아버지가 되고 너희는 내게 자녀가 되리라 전능하신 주의 말씀이니라 하셨느니라"(고후 6:18). 즉 나는 아버지로서 너희를 불쌍히 여기고, 아버지가 자녀를 사랑하듯이, 그리고 그보다 훨씬 더 너희를 사랑할 것이다. 너희는 아들들과 딸들이 아버지를 사랑하듯이, 그리고 그보다 훨씬 더 나를 사랑해야 한다. 아들이지만, 아버지를 사랑하지 않는다! 딸이지만 아버지를 사랑하지 않는다! 그런 아들들과 딸들은 부모에게 쓰라림이다. 당신도 그리스도께 그렇다.

2) 그리스도를 사랑하지 않음에서, 복음의 경고들이 경솔히 여김을 당했고, 당신에 의해서 무시당했다.

율법의 저주 아래 놓이게 되는 것은 무서운 것이다. 그러나 복음의 저주 아래 떨어지는 것은 더 끔찍한 것이다. 당신을 만드신 분의 저주를 받고 그분의 축복을 받지 못하는 것은 당신의 마음을 흔들리게 할 것이다. 그러나 구원자의 저주를 받고 그분의 축복을 받지 못하는 것은 당신의 마음을 가라앉게 할 것이다. 성경 말씀에서 그밖에 무엇을 말씀하시는가? 그리스도께 적합하지 않은 것이 심판 받고, 추궁되어야 하며, 선언을 받아야 하는 저주가 아니라면 그밖에 무엇인가? 그리스도에 의해서 용서를 받는 것에 적합하지 않고, 그에 의해서 구원을 받는 것에 적합하지 않은 것은 심판 받아야 하는 저주다. 즉 그것은 그리스도에 의해서 구원받기에 적합하지 않고, 지옥에서 구출되거나 천국에 올라가기에 적합하지 않은 것이다.

"아비나 어미를 나보다 더 사랑하는 자는 내게 합당치 아니하고 아들이나 딸을 나보다 더 사랑하는 자도 내게 합당치 아니하고"(마 10:37). 당신은 이런 저주의 말을 들으면서도, 당신 자신을 축복할 것인가? "이 저주의 말을 듣고도 심중에 스스로 위로하여 이르기를 내가 내 마음을 강퍅케 하여 젖은 것과 마른 것을 멸할지라도 평안하리라 할까 염려함이라(너희가 그런 사람을 그대로 두면, 맹렬한 재난을 만나서 파멸되고 말 것이다.)"(신 29:19).

당신은 그렇게 말할 것이다. "내가 세상과, 죄와, 자아를 그리스도보다 더 사랑한다 하여도, 나는 만사가 형통할 것이고, 용서를 받을 것이며, 영원한 생명을 얻을 것이다." 당신은 그렇게 말할 것인가? 당신은 어떻게 될 것인가? 당신은 그것을 누구에게서 받았는가? 하나님이 그런 사람을 용서하실 것인가? 그의 분노가 그에게 임하지 않을까? 그가 불타서 없어질 때까지 그의 분노의 불길이 그를 사를 것인가? 아니면, 불로도 그가 결코 불타서 없어지는 일이 없도록 그를 영원히 불사를 것인가? 당신이 사람이라면, 이렇게 말할 것이다.

"저희는 저주하여도 주는 내게 복을 주소서"(시 109:28). 그러나 당신이 하나님과 그리스도에 대해서 "나에게 저주가 임하게 하라."라고 말한다면, 누가 염려하겠는가? "나에게 저주가 임하게 하라." 누가 그의 저주를 두려워하겠는가? 너, 부주의한 죄인아! 하나님이 너를 염려하실 것이다. 네가 두려워하지 않는다면, 하나님은 너에게 그의 진노의 무게를 느끼게 하실 것이다. 그리고 네가 지금 그것을 두려워하지 않는다고 느끼게 되지만, 장차 너는 그 일을 결코 가볍게 여길 수 없게 될 것이다.

3) 그리스도를 사랑하지 않음으로써, 복음의 명령들이 거역되었다.

"네 마음을 다하고 목숨을 다하고 뜻을 다하여 주 너의 하나님을 사랑하라 하셨으니 이것이 크고 첫째 되는 계명이요"(마 22:37-38). 주 예수는 위대한 왕이시며, 위대한 구세주다. 하나님을 사랑하라는 계명은 가장 큰 계명이다. 당신이 그 계명을 행하지 않으면, 그 결과로 당신은 큰 죄인이 된다. 크게 저주하며 욕하는 사람이 있다면, 당신은 그런 사람을 큰 죄인이라고 말할 것이다.

엄청난 술주정꾼이 있다면, 큰 죄인이라고 말할 것이다. 그도 그렇다. 그러나 당신이 술주정꾼도, 욕쟁이도 아니지만, 그리스도를 사랑하는 사람이 아니라면, 나는 당신이 큰 죄인이라고 말하겠다. 왜냐하면 당신이 가장 큰 계명에 대한 일상적인 불복종 속에 살아가고 있기 때문이다.

4) 그리스도를 사랑하지 않음으로써, 복음의 약속들이 경시되었다.

당신이 그를 사랑한다면, 그는 당신에게 생명의 면류관을 약속하신다(약 1:12). 그는 당신이 결여하고 있는 선한 모든 것, 또는 당신이 원하는 모든 것, 죄의 용서, 하나님의 은총, 지옥으로부터의 구출, 천국의 행복을 당신에게 약속하신다. 오, 이것은 얼마나 큰 사랑의 유인(誘因)인가? 얼마나 큰 동기(動機)인가! 얼마나 큰 보상(報償)인가! 세상에 대한 사랑을 위해서, 수치스러운 욕망에 대한 사랑을 위해서 이 모든 것을 잃는 것은 얼마나 미친 짓인가! 당신은 "이 모든 것으로도 그리스도에 대한 나의 사랑을 결코 얻지 못할 것이다."라고 말할 것인가? 아니면, 그에게 나의 마음을 두는 데로 나아갈 것인가? 당신은 그렇게 하지 않겠다고 말하겠지만, 나는 그렇게 말하겠다. 하나님은 당신이 그렇게 행할 것을 아신다. 그렇게 말하지 않았지만, 그렇게 행하는 것은 나쁜 것이 아니다. 그렇게 말하지는 않았지만 마치 당신이 그렇게 하겠다고 말한 것처럼 그렇게 행하는 것이다! 그렇게! 어떻게! 왜 당신은 마치 이렇게 말하는 것처럼 보이는가.

"내가 그리스도를 사랑하기보다는 차라리 용서를 받지 않을 것이다. 내가 그리스도를 사랑하기보다는 차라리 하나님의 은총 없이, 하늘의 기쁨 없이 지내겠다. 내가 그리스도를 사랑하기보다는 차라리 저주를 받고 지옥으로 가겠다." 당신은 그렇게 말하는가? 아니면 당신은 그렇게 행할 것인가? 그리스도의 사랑이 당신에게 그렇게 슬픈 것인가? 선택하라. 그리고 당신이 지옥에 처하고, 그곳에서 저주를 받게 될 때, 당신은 그를 결코 사랑할 수 없을 것이다.

6. 그리스도를 사랑하지 않다니! 이것이 무엇인가?

하나님이 인간 자녀인 사람에게 가장 큰 친절을 베푼 것에 대한 가증할 배은망덕(背恩忘德)이 아니라면 무엇인가? 당신이 빚을 지고 갚을 능력이 없어서 감옥에 갇히게 되는 것을 상상해 보라. 어떤 사람이 당신의 빚을 갚아주었다면, 당신은 그를 사랑해야 하지 않겠는가? 그렇지 않다면, 모든 사람들이 당신은 감사할 줄 모르는 사람이라고 말할 것이 아닌가?

당신 자신이 노예가 되었다고 상상해 보라. 어떤 사람이 당신을 구해주었다면, 당신은 그를 사랑해야 하지 않겠는가? 당신이 저주받아 죽게 되었다는 것을 상상해 보라. 어떤 사람이 당신을 용서해 주었다면, 당신은 그를 사랑해야 하지 않겠는가? 아니면, 감사할 줄 모르는 사람이라는 딱지를 받아야 하겠는가?

당신은 하나님께 빚을 졌다. 그런데 갚을 만한 것을 하나도 갖고 있지 않다. 당신이 죄와 사탄의 노예가 되었다. 당신이 하나님과 원수가 되었다. 그래서 저주받아 죽게 되었고, 지옥의 위험에 처해 있으며, 천국에 합당하지 않게 되었다. 하나님의 정의가 당신을 향해서 불타오를 것이다. 하나님의 진노가 당신에게 임할 것이다. 지옥과 악마들이 당신을 기다릴 것이다. 그리스도 이외에는, 아무도 당신을 도울 수 없다. 그리스도 이외에는 당신을 대속해 줄 사람이 아무도 없다. 그리스도 이외에는, 당신을 용서해 줄 사람이 아무도 없다. 그리스도 이외에는, 당신을 지옥에서 구해내어 천국으로 인도할 사람이 아무도 없다. 고난을 당하고, 피를 흘리며, 땀을 흘리고, 죽으신 그분 이외에는 당신을 구원해 줄 사람이 아무도 없다.

 당신의 죄의 형벌을 짊어지고, 당신을 위해서 그의 영혼을 내어 주시며, 목숨을 내어 주신 그분 이외에는 당신을 구원해 줄 사람이 아무도 없다. 이 모든 것에도 불구하고, 당신이 그를 그만큼 사랑하지 않는다면, 당신은 감사할 줄 모르는 이상한 사람이 될 것이 아닌가? 그렇게 하지 않겠다! 하늘이 경악하고, 땅이 놀랄 일이며, 하나님의 모든 피조물이 얼굴을 붉히며, 감사할 줄 모르는 죄인을 보고 수치스러워할 것이다! 그리스도는 저들을 위해서 조롱을 당하고, **매를 맞고**, 가시 면류관을 쓰셨다. 그리스도의 옆구리는 창으로 찔렸고, 그의 손과 발에는 못이 박혔다. 그리스도는 소환되어 저주를 받고, **판결을 받아** 십자가에 처형을 당하셨다. 그런데도 저들을 위해 **채찍질을 당한** 그리스도, 하나님의 진노의 무거운 짐을 땀 흘리며 짊어지신 그리스도를 사랑하지 않으려 한다. 눈물을 흘리시고, 피를 흘리시며, 십자가에 달리신 그리스도를 사랑하지 않으려 한다. 그분은 저들을 대신하여 이 모든 것을 견디어 내셨다.

7. 그리스도를 사랑하지 않다니! 이것은 그리스도를 저주스럽게 경멸하고 멸시하는 것이 아닌가? 그것이 그리스도를 무시하는 것이 아인가? 그리스도에 대해서 '사람의 훼방거리, 백성의 조롱거리'(시 22:6)라고 말한다. 그리고 "그는 멸시를 받아서 사람에게 싫어 버린 바 되었으며 간고를 많이 겪었으며 질고를 아는 자라"(사 53:3). 70인역(septuagint) 성경은 신약성서에서 그리스도에 대해서 사용된 이와 똑같은 말을 이렇게 번역한다. "헤롯이 그 군병들과 함께 예수를 업신여기며 희롱하고"(눅 23:11). "이 예수는 너희 건축자들의 버린 돌로서 집 모퉁이의 머릿돌이 되었느니라"(행 4:11). 우리가 얼마나 크게 사랑하고, 우리가 얼마나 높이 평가해야 할 분인가.

그런데 우리는 그리스도를 전혀 사랑하지 않고, 그를 전혀 높이 평가하지 않는다. 오히려 우리는 그리스도를 멸시한다. 하나님의 백성을 멸시하는 것도 큰 죄인데, 당신은 하나님의 아들을 멸시하려는가? 하나님의 말씀과 법도를 멸시하는 것도 큰 죄인데, 당신은 이에 더하여 하나님의 독생자를 멸시하려는가? 사랑하지 않는 것과 멸시하는 것은 모두 같은 것이다. "한 사람이 두 주인을 섬기지 못할 것이니 혹 이를 미워하며 저를 사랑하거나 혹 이를 중히 여기며 저를 경히 여김이라 너희가 하나님과 재물을 겸하여 섬기지 못하느니라"(마 6:24).

이것은 당신의 눈에 들어 있는 악이 아닌가? 하나님에 의해서 영광을 받는 그리스도가 당신에 의해서 멸시를 받아야 하는가? 그분은 천사들의 기쁨이자 성도들의 즐거움인데, 그분이 당신에 의해서 이처럼 무시되어야 하는가? 그분은 값비싼 진주와 같은 분인데, 당신은 그를 무가치한 것으로 간주하는가? 그리스도는 수많은 사람들의 우두머리인데, 당신은 마치 그가 수많은 사람들 가운데서 가장 미천한 자인 것처럼 경멸하고 무시하는가? 당신은 당신의 부(富)를 높이 평가하고 부를 사랑하면서도, 그리스도를 사랑할 수 없는가? 당신은 당신의 친척을 높이 평가하고 그들을 사랑하면서도, 그리스도를 사랑할 수 없는가?

보라, 그리스도와 비교하여 이런 것들을 경멸해야 하는데도, 당신은 부, 자녀, 생명에 비하여 그리스도를 경멸한다. "말씀을 멸시하는 자는 패망을 이루고 계명을 두려워하는 자는 상을 얻느니라"(잠 13:13). "그 이웃을 업신여기는 자는 죄를 범하는 자요 빈곤한 자를 불쌍히 여기는 자는 복이 있는 자니라"(잠 14:21). "아비의 훈계를 업신여기는 자는 미련한 자요 경계를 받는 자는 슬기를 얻을 자니라"(잠 15:5). "아비를 조롱하며 어미 순종하기를 싫어하는 자의 눈은 골짜기의 까마귀에게 쪼이고 독수리 새끼에게 먹히리라"(잠 30:17). 그리스도를 멸시하는 그는 어떤 사람이며, 그에게 어떤 일이 생길 것인가?

8. 그리스도를 사랑하지 않는 자라니! 당신이 그리스도를 증오하는 사람이 아니라면, 무엇인가?

이 둘 사이에 중간이란 없다. 당신은 그리스도를 사랑해야 한다. 아니면 그리스도를 미워해야 한다. "한 사람이 두 주인을 섬기지 못할 것이니 혹 이를 미워하며 저를 사랑하거나 혹 이를 중히 여기며 저를 경히 여김이라 너희가 하나님과 재물을 겸하여 섬기지 못하느니라"(마 6:24). "나와 함께 아니하는 자는 나를 반대하는 자요"(마 12:30). 그리스도를 배제하기 위해서 그리스도를 사랑하지 않는 자는 그를 미워한다. "그런데 그 백성이 저를 미워하여 사자를 뒤로 보내어 가로되 우리는 이 사람이 우리의 왕 됨을 원치 아니하노이다 하였더라"
(눅 19:14).

　당신은 당신의 욕망을 미워하고, 주님을 사랑해야 하는데도, 당신은 당신의 욕망을 사랑하고, 주님을 미워하지 않는가? 나는 당신에게 간청한다. "당신에게 어떻게 하셨는가? 그리스도를 미워해야 한다고 하셨는가?" 나에게 말하라. 그리스도는 그를 너무 미워해서 그에게 돌로 치는 사람에게 이치를 밝혀 주셨다. "예수께서 대답하시되 내가 아버지께로 말미암아 여러 가지 선한 일을 너희에게 보였거늘 그 중에 어떤 일로 나를 돌로 치려 하느냐"(요 10:32). 이제 당신에게 그 이치(理致)를 설명하겠다.

　그리스도는 당신을 위해 선한 일을 많이 행하셨다. 그런데도 당신은 그분을 미워하는가? 그분은 당신을 위해 하늘에서 내려오시지 않았는가? 그분이 당신을 위해 상처를 입고, 매를 맞고, 채찍질을 당하고, 고난을 받고 죽지 않으셨는가? 이 모든 것에도 불구하고, 당신은 그리스도를 미워하는가? 그분이 당신을 위해 구원을 가능하게 만드시지 않았는가? 당신은 그것 때문에 그분을 미워하는가? 그분이 당신을 위해 조건적인 용서를 하셨지 않았는가? 당신은 그것 때문에 그분을 미워하는가? 그분이 당신의 영혼을 생각하고, 당신의 저주를 피하라고 간청하시지 않았는가? 당신은 그것 때문에 그리스도를 미워하는가? 그분이 당신에게 미워할 어떤 원인을 제공했는가? 당신은 그리스도가 주장하신 바와 같이, 그분을 사랑해야 할 이유는 많이 있지만, 그분을 미워해야 할 까닭은 없다. "저희가 연고 없이 나를 미워하였다"(요 15:25).

9. 그리스도를 사랑하지 않다니! 당신은 하나님과 그리스도에 반항하여, 악마와 연합한 자가 아닌가? 그리스도를 거역하여 악마와 결합한 것은 아닌가? 당신은, 영혼의 구세주보다는 그 파괴자에게 복종하는 것은 아닌가? 그리스도는 "나에게 너의 사랑을 달라."라고 요청하시지만, 당신은 실행하지 않는다.

사탄은 당신의 사랑을 그리스도로부터 보류하라고 설득하고, 당신은 그것을 따른다. 그리스도는 "내 아들아 네 마음을 내게 주며 네 눈으로 내 길을 즐거워할지어다"(잠 23:26).라고 말씀하시지만 당신은 실행하지 않는다. 사탄은 "네 마음을 세상에 두라"고 말하는데, 그 말을 따른다. 당신은 그리스도에 대한 사랑을 부인하는 것보다 더 그리스도를 불쾌하게 할 수 있는가? 아니면, 당신은 악마를 더 기쁘게 할 수 있는가? 당신의 마음의 뒤틀림은 무엇을 의미하는가? 마치 그리스도가 당신의 원수이고, 악마가 당신의 친구인 것처럼 여기고, 마치 당신을 사랑하는 그리스도가 당신의 파멸이며, 악마의 말을 경청하는 것이 행복에 이르는 길인 것처럼 여기는데, 이 무슨 어긋나고 구부러진 행동인가?

가련한 죄인아! 악마가 너를 구원해 주겠느냐? 그리스도가 구원하신다. 악마가 너를 도와서 하나님의 은총으로, 또는 천국으로 인도하겠느냐? 당신의 양심 속에서 당신이 생각하는 것을 나에게 말하라. 당신의 진정한 선을 가장 갈망하는 분은 누구인가? 그리스도인가, 아니면 악마인가? 악마가 당신을 위해서 고난을 받았는가? 그리스도가 고난을 받으셨다. 악마가 당신을 위해서 죽었는가? 그리스도가 죽으셨다. 악마가 당신에 대한 어떤 사랑을 갖고 있는가? 그리스도가 그의 피를 흘리신 것보다 더 사랑하셨다.

당신이 그리스도의 말씀에 귀를 기울이기만 한다면, 당신은 그로 말미암아 구원을 받을 것이다. 그런데 왜, 그리스도, 세상, 사탄이 당신의 마음과 사랑을 얻고자 노력할 때, 당신은 세상과 사탄에 대해서는 마음 문을 열고, 주 예수 그리스도에 대해서는 마음 문을 닫는가?

10. 그리스도를 사랑하지 않다니! 당신은 악마의 형상을 지니고, 사람보다는 악마를 더 닮지 않았는가? 악마에게는 그리스도에 대한 사랑이 없지 않은가? 또한 당신도 그렇지 않은가? 오, 이것이 무엇이란 말인가! 지상에 있는 사람이 지옥에 있는 악마보다 더 그리스도를 사랑하지 않다니! 악마를 닮는 것이 당신의 영광인가? 악마의 형상이 당신의 아름다움인가? 사탄에 대한 동조(同調)가 당신의 위엄(威嚴)인가?

당신은, 당신이 악마보다 그리스도를 더 사랑하지 않는다면, 악마보다 더 잘 구원을 받을 수 있는가? 심판 날에 당신에 대해서 "이 사람은 악마와 같이 그리스도를 증오했다."라는 고발을 받게 될 것이다. 또한 "저 사람의 마음은 그리스도를 향해 있지 않고 악마들을 향해 있다."라는 고발을 받게 될 것이다. 그때에 저 사람과 악마로 하여금 동행하게 하라. 그리고 함께 저주를 받게 하라.

11. 그리스도를 사랑하지 않다니! 당신은 악마들이 하는 것보다 그리스도를 향해서 더 나쁘게 행동하는가? 그리스도를 사랑하지 않는 것이 악마들에게서 나타나는 것보다 더 나쁜 것이 아닌가? 그리스도가 당신에게 보여 주신 사랑과 친절이 악마들에게 베푼 것보다 더 크기 때문에, 그리스도가 악마에게 한 것보다 당신에게 행한 것이 더 많

기 때문에, 그리스도에 대한 사랑이 그들에게서보다 당신 안에 결핍되어 있는 것은 더 나쁜 것이다.

그리스도가 당신을 위해서 죽으신 것과 같이, 악마들을 위해서 죽으셨는가? 그리스도가 당신의 죄에 대한 형벌을 짊어지신 것 같이, 악마가 당신을 위해서 그렇게 했는가? 그리스도가 당신에게 구원을 가능하게 하신 것같이, 악마가 당신에게 그렇게 했는가? 그리스도가 당신에게 용서를 제공하신 것같이, 악마가 당신에게 그렇게 했는가? 아니면, 그리스도가 당신을 위해 당신에게 행한 것같이, 악마가 그들의 사랑을 위해서 당신에게 간청한 적이 있는가?

악마들은 "사람에게는 그리스도를 사랑할 까닭과 이유가 있지만, 우리에게는 그리스도를 사랑할 까닭이나 이유가 없다."라고 말하지 않는가? 우리는, 어떤 악마들은 그리스도를 사랑하려고 하고, 어떤 사람들은 그리스도를 사랑하지 않으려고 할 때, 지옥에 있는 악마들이 지상에 있는 사람들과 똑같은 상황에 처하게 된다는 것을 상상하는 것이 아닌가? 그러나 우리가 타락한 천사들에 관해서 말하며, 그리고 어떻게 그들이 회복될 수 없을 정도로 암흑과 어둠 속으로 던져지는지를 말해 주는 성경 본문들을 생각해 볼 때, 그리고 구원받을 수 있는 타락한 인간들에 대해서 말하는 성경 본문을 생각해 볼 때, 사람들 안에서의 그리스도에 대한 사랑의 결핍이, 그것이 악마들 속에 있는 것보다 더 나쁘다는 이러한 결론을 위한 충분한 근거가 된다.

죄를 지은 천사들에 대한 하나님의 정의로운 행동에 관해서 우리는 다음과 같은 말씀을 읽는다. "하나님이 범죄한 천사들을 용서치 아니하시고 지옥에 던져 어두운 구덩이에 두어 심판 때까지 지키게 하셨으며"(벧후 2:4). 그리고, "또 자기 지위를 지키지 아니하고 자기 처소를 떠난 천사들을 큰 날의 심판까지 영원한 결박으로 흑암에 가두셨으며"(유 6).

성경은 죄를 지은 천사들을 위한 구세주의 말씀이 아니라, 인류에게 사랑과 자비의 충만함에 대해서 말씀한다. "하나님이 세상을 이처럼 사랑하사 독생자를 주셨으니 이는 저를 믿는 자마다 멸망치 않고 영생을 얻게 하려 하심이니라"(요 3:16). "우리 구주 하나님의 자비와 사람 사랑하심을 나타내실 때에 우리를 구원하시되"(딛 3:4-5). 그리고 천사들에 관한 것은 부정하고, 인간에 관한 것은 긍정한다. "이는 실로 천사들을 붙들어 주려 하심이 아니요 오직 아브라함의 자손을 붙들어 주려 하심이라"(히 2:16). 그리스도가 악마들에게 행하시지 않은 것을 당신에게 행하셨는가? 당신 안에 그분에 대한 사랑이 결핍되어 있는 것은, 그것이 악마들 안에 있는 것보다 더 큰 악이 아닌가? 그리스도를 사랑하지 않는 당신들은 이것을 수치로 여겨야 한다.

12. 그리스도를 사랑하지 않다니! 당신은 이것이 지옥의 시작이 아니라면 무엇이라고 생각하는가? 그리스도에 대한 사랑은 천국의 시작이다! 그리스도에 대한 사랑은 영광 속에 있는 성도들의 활동이며, 그리스도에 대한 사랑이 없이 존재하는 것은 불행 속에 있는 저주받은 자들의 구조다. 당신이 지옥에 들어가기 전에, 당신 안에 그리스도에 대한 증오가 많다면, 당신 안에 지옥이 그렇게 많은 것과 같다.

13. 그리스도에 대한 사랑의 결핍이라니! 이것은 당신의 마음속에서 세도를 부리는 수많은 더러운 혐오(嫌惡)의 딸이자, 그 자손이 아닌가? 그것이 수많은 다른 죄 가운데서의 탁월함을 가정하지 않는가?

1) 그것이 당신의 불행, 죄의 추함, 그리고 그리스도의 아름다움, 우수성, 필요성에 대한 무지(無知)를 가정하지 않는가?

2) 그것이 앞서가는 배신(背信)을 가정하지 않는가? 당신은 하나님이 그리스도에 관해서 말씀하시는 것을 믿지 않는다. 또한 당신의 몫이 어떤 것이 될 것인지에 대해서도 믿지 않는다. 그리스도가 없다면, 당신의 영원히 비참한 상황이 자명한 것이 아닌가?

3) 그것이 당신 자신이 정해 놓은 올바름의 독단(獨斷)을 가정하지 않는가? 당신이 그것을 불충분하다고 본다면, 그리스도가 이와 같이 당신에 의해서 경시되고 무시될 것이다.

4) 그것이 아집(我執)을 가정하지 않는가? 당신은 당신이 사랑하고자 하는 것을 사랑할 것이다. 그리고 당신은 그리스도를 사랑해서는 안 된다. 당신이 왜 그리스도를 사랑하려 하지 않느냐는 이유를 제시할 수 없을 때, 그것은 단순한 고집이 아닌가? 하지만 그 이유는 당신이 사랑하려 하지 않는 것이다.

5) 그것이 죄 된 자애(自愛)의 탁월성을 가정하지 않는가? 당신은 육감적인 자아를 사랑하려고 한다. 이것은 지배력에서 그리스도의 사랑과 일치하지 않기 때문에, 당신이 그에 대한 사랑을 생략하는 것이다.

6) 그것이 하나님과 그의 분노를 두려워하지 않는 것을 가정하지 않는가? 이것이 당신을 두렵게 했다면, 그리스도가 이와 같이 당신에게 소홀히 여김을 받을 수 있는가?

7) 그것이 죽음과 심판, 천국과 지옥에 대한 망각(妄覺)을 가정하지 않는가? 당신은 공포 없이, 그리스도에 대한 사랑이 없이 죽는 것을 생각할 수 있는가? 그때에 한 번 죽는 것은 영원히 죽는 것이 되는가?

당신은 떨림 없이 심판에 대해서 생각할 수 있는가? 당신이 그의 심판대에 나서는 때가 언제든지, 그때에 당신은 그리스도에 대한 사랑의 결핍 때문에 확실히 저주를 받게 될 것이 아닌가? 또는, 천국에 대해서 말하자면, 당신은 결코 천국에 들어갈 수 없지 않은가? 또는, 지옥에 대해서 말하자면, 당신은 그리스도에 대한 사랑의 결핍 때문에 확실히 지옥에 던져지게 될 것이 아닌가?

8) 그것이 당신 자신의 영혼의 부주의(不注意)를 가정하지 않는가? 당신은 당신의 영혼을 사랑하면서도, 영혼의 구세주인 그리스도를 사랑할 수 없는가? 당신은 당신의 영혼의 구원에 대해서 염려하면서도, 영원한 구원의 구매자이시며 기증자이신 그분을 사랑하는 데에는 관심을 갖지 않는가? 당신의 마음속에서의 그러한 죄의 혼란이 그리스도에 대한 사랑을 회피하게 하는가? 그리고 이후에도 그 문제를 그렇게 가볍게 여길 것인가?

14. 그리스도에 대한 사랑의 결핍이라니! 그것은 무시무시한 수많은 범죄의 어머니, 그들의 간호사, 유지자, 유발자가 아닌가? 그리스도에 대한 사랑은 사탄의 시험, 죄인들의 유혹, 세상의 유인에 대해서 마음 문을 닫는다. 그러나 그리스도에 대한 사랑의 결핍은 모든 것에 대해서 마음 문을 연다. 그리스도에 대한 사랑은 죄의 물결에 대한 제방(堤防)이 되지만, 그리스도에 대한 사랑의 결핍은 수문(水門)을 잡아당기는 것과 같아서, 죄를 마음으로부터 흘러나오게 하여, 급류(急流)로 삶 속에 흘러 들어가게 한다.

그리스도에 대한 사랑의 부재(不在)는 악의 수많은 임무의 목적이 아닌가? 그것이 당신의 혀에 굴레를 씌우고, 당신의 손을 억제하며,

당신의 눈을 감게 하고, 당신의 귀를 막게 하며, 죄의 대상들에 대한 죄의 행동으로 이것들이 불결해지는 것을 막아 주는 것은 아닌가? 그리스도에 대한 사랑의 부재는 선한 것을 생략하는 원인이 되는 것은 아닌가? 기도하고, 말씀을 들으며, 명상하고, 거룩하게 대화하는 것을 생략하는 원인이 되는 것은 아닌가? 그리스도에 대한 사랑의 결핍 이전에 무엇이 나오며, 그 후에 무엇이 따라오는가? 그것은 그로부터 흘러나오고 유래하는 것같이, 죄를 지나치게 죄스럽게 만든다.

15. 그리스도를 사랑하지 않다니! 하나님의 모든 법령(法令)이 당신에게 효과가 없게 되지 않았는가? 목사님들이 헛되이 설교했는가? 그들의 노고가 허무한 것이 되었는가? 당신이 헛되이 말씀을 들은 것은 아닌가? 은혜의 수단을 헛되이 따랐는가? 당신은 그 모든 수단에 의해서 이 사랑의 은혜를 받지 않았는가? 당신이 지식을 습득하기는 했지만, 그리스도에 대한 사랑이 없는 그 지식은 쓸데없는 지식이 아닌가? 당신이 하나님과, 그리스도와, 천국과, 성령의 역사에 대한 담화에 능력이 있기는 하지만, 그렇게 크고 무거운 문제들에 관심을 갖기는 하지만, 그것은 쓸데없는 담화가 아닌가? 자비의 소명, 양심의 활동, 은혜의 간구, 목사님들의 간청, 그리스도의 문 두드리심, 성령의 노력, 인내의 기다림이 모두 당신에 의해서 경시되고 무시된 것은 아닌가? 그리고 그리스도에 대한 사랑의 결핍 때문에, 당신의 모든 기도가 상실되고, 당신의 모든 고백이 없어지고, 천국에 대한 당신의 소망이 사라진 것은 아닌가? 그때에 당신의 영혼이 결코 천국에 들어가지 못하고, 오히려 영원히 멸망하지 않을까?

16. 그리스도에 대한 사랑의 결핍이라니! 그것은 은총 없는 사람의 표지(標識)이자 낙인(烙印)이 아닌가? 그리스도에 대한 사랑의 부재(不在)는 우리를 구원하는 다른 은총의 현존과 조화를 이루지 못한다. "너희 모든 성도들아 여호와를 사랑하라"(시 31:23). 그런데, 사랑도 없고, 성도도 없다. 당신 안에 성도도 없고, 은총도 없다. 사랑이 없으면, 역시 은총도 없다. 왜냐하면,

1) 당신에게 믿음이 없기 때문이다. 당신은 그를 믿고, 당신은 그에 대한 진지한 사랑을 가졌는가? 사랑이 있는 곳에 믿음이 있다. 믿음은 "사랑으로써 역사하는"(갈 5:6) 것이다.

2) 당신에게 하나님에 대한 두려움이 없기 때문이다. 하나님에 대한 사랑과 경외(敬畏)는 아름답게 동시에 일어난다. 사랑은 죄를 범하는 것을 두려워한다.

3) 당신에게 거룩하고 신성한 슬픔이 없기 때문이다. 그리스도에 대한 사랑은 당신의 죄로 인해, 그리스도의 부재(不在) 때문에, 당신을 슬프게 만든다. 그리고 사랑은 당신이 더 이상 사랑하지 않는 것을 슬퍼하는 원인이 될 수 있다.

4) 당신에게 희망도 없기 때문이다. 그에 대한 사랑이 없을 때, 그곳에는 그에 대한 확고한 소망의 기반도 있을 수 없다. 그리스도의 인격에 대한 사랑이 없이, 그리스도의 공로에 의해서 천국을 소망하는 자, 그의 희망은 기초가 없는 구조물이며, 어리석은 자의 낙원이다. 그것은 보증이 없는 희망이다. 결국에, 그가 그의 기대의 목적에 못 미칠 때, 그것은 성급한 확신, 대담하고 저주받을 추정(推定)에 지나지 않는다는 것이 발견될 것이다. 가장 위대한 교수라도 그리스도에 대한 사랑이 없다면, 자기를 속이는 위선자요, 그의 희망은 끊어지게 되고,

훌륭하게 지어졌다고 하더라도 거미줄처럼 약한 것으로 입증될 것이다(욥 8:14). 그리고 "그의 소망은 기운이 끊침이리라"(욥 11:20). 그리고 당신이 보기에는 모든 은혜의 결핍이 어떤 악도 아니다. 그때에는 전면적으로 그리고 최종적으로 은혜가 없는 모든 사람들에게, 무한하고, 안정이 없고, 치료도 없이 겪게 될 형벌을 가져올 것이다.

17. 하나님의 아들, 그리스도를 사랑하지 않다니! 그렇다면 하나님이 어떻게 당신의 아버지가 되는가? "하나님이 너희 아버지였으면 너희가 나를 사랑하였으리니"(요 8:42). 당신이 그의 피조물이면서도 그를 사랑하지 않는다면, 당신을 창조하신 그분을 사랑하지 않는 것은 당신의 죄를 더욱 가중시키는 것이다. 당신이 하나님의 피조물이지만, 사랑이 없다면, 당신은 그의 자녀가 아니다. 하나님의 자녀가 되지 못한다면 차라리 그의 피조물이 되지 않은 것이 더 나았을 것이다. 당신이 날마다 큰 확신을 갖고서 '우리 아버지'라고 말해도, 그리스도에 대한 사랑이 없으면, 하나님은 당신을 자녀로 삼지 않으실 것이며, 또한 당신에게 자녀의 몫을 주지도 않으실 것이다.

18. 그리스도를 사랑하지 않다니! 당신은 어떻게 다른 것들에 대해서 당신이 쏟는 모든 사랑이 죄스러운 사랑이 아니라고 변명할 수 있는가? 다른 것들에 대한 사랑이 그리스도의 사랑에 종속되는 것이 아니고, 오히려 그리스도의 사랑으로부터 분리시키는 것이기 때문에, 당신이 사랑하면 사랑할수록, 더욱 더 많은 죄를 범하는 것이 된다. 다른 것들과 다른 사람들을 그리스도의 사랑에 종속시켜 사랑하는 것은 죄가 아니라 의무다. 반면에 그리스도보다 다른 것들과 다른 사

람들을 더 사랑하는 것은 의무가 아니라 죄다.

　이와 같이 당신의 재산에 대한 사랑은 죄스러운 사랑이다. 그러므로 남편, 아내, 자녀, 당신 자신에 대한 사랑이 그리스도의 사랑보다 위에 있다면, 죄스러운 사랑이다. 이들은 그리스도 안에서, 그리스도를 위해서 사랑을 받아야 한다. 그러나 당신은 그리스도 없이, 그리스도보다 그들을 더 사랑한다. 그러므로 그리스도에 대한 사랑이 없는 당신의 모든 사랑은 구체적으로 선한 것이라고 하더라도 죄스러운 사랑이다. "아비나 어미를 나보다 더 사랑하는 자는 내게 합당치 아니하고 아들이나 딸을 나보다 더 사랑하는 자도 내게 합당치 아니하고"(마 10:37).

　19. 그리스도를 사랑하지 않다니! 당신은 양심 속에 이 무서운 고발을 쌓아올리면서 죽음의 시간, 심판의 날을 거역하는 것은 아닌가? 그리스도 외에는, 당신이 사랑하는 모든 것과 분리되어야 하는 시간이 올 것이며, 가까이 왔다. 당신은 세상을 사랑했다. 그런데 당신은 세상을 떠나야 한다. 당신은 당신의 쾌락을 사랑했다. 당신은 그들에게 작별을 고해야 한다. 당신은 당신의 친척을 사랑했다. 그리고 당신은 그들에게 작별 인사를 해야 한다. 오, 그때에, 양심이 깨어 있다면, 당신이 눈을 가리고, 악마에 의해서 눈가림을 당하고 이 세상으로부터 벗어나지 않는다면, 당신은 영혼의 쓰라림 속에서 당신의 저주스러운 상황을 탄식하며 이렇게 말하게 될 것이다.

　"오! 내가 무엇을 한 것인가! 내가 저지른 이것이 무엇인가! 내가 사랑한 것을 떠나야 하다니! 나는 나의 부(富)를 사랑했다. 이제 죽음이 나에게서 그것들을 앗아가려 한다. 나는 나의 마음을 그리스도에게 두기보다는 나의 세상 관계에 더 두었다. 이제 죽음이 나를 그들로부터 분리시키고 나를 데려가려 한다. 나는 그리스도보다 내 목숨을 더 사랑했다. 이제 죽음이 내 목숨에 종지부를 찍으려 한다. 그리고 내가 사랑했던 이 모든 것들을 이제 나는 잃어야 한다. 오! 내가 그들을 사랑한 것같이 그리스도를 사랑했더라면, 그리스도는 나를 버리시지 않았을 것이며, 죽음이 그로부터 나를 분리시키지 않았고, 오히려 그에게 더 가까이 나를 인도했을 것이다. 그러나 나는 이렇게 하지 않았다. 슬프다. 나는 결코 그렇게 하지 않았다. 이제 나의 모든 사랑이 문제가 되는 사랑임이 드러났다. 한 순간에 나는, 내가 사랑했던 것을 영원히 잃었다!"

20. 그리스도에 대한 사랑의 결핍이라니! 이것이 피할 수 없는 저주를 초래하는 것이 아닌가? 지옥에서 탈출하는 것이 불가능한 일인가? 당신이 죽을 때, 당신은 당신의 영혼을 어디로 가게 해야 하는가? 당신이 결코 사랑하지 않은 분에게로? 당신이 살아 있는 동안에, 당신은 그분을 사랑하지 않았고, 사랑하려고도 하지 않았다. 죽음 이후에는 사랑할 수 없다. 그를 사랑할 수 없다고?

천국은 그리스도를 사랑할 수 없는 저들을 위한 장소인가? 천국은 사랑의 장소다. 천국의 일은 사랑하는 것이며, 그들이 사랑하는 그분을 찬양하는 것이다. 그리스도에 대한 사랑이 없다면, 당신은 거기에서 일을 찾지 못할 것이다. 천국의 삶은 결코 안이(安易)한 삶이 아니다. 그곳에서 모든 사람은 살고 사랑해야 하며, 그들이 살아 있는 동안 사랑해야 한다. 그러므로 지금 사랑하지 않고, 이후로도 사랑할 수 없는 그런 사람들은 사랑의 장소에 들어가서 살 수 없을 것이다.

이제, 당신은 무엇을 생각하는가? 그리스도에 대한 사랑의 결핍이 당신이 지금까지 그럴 것이라고 상상해 온 것처럼 그렇게 사소한 죄인가? 그래서 당신은 인생의 대부분을 그리스도에 대한 사랑 없이, 그 사랑의 결핍을 슬퍼하지도 않고 보냈는가? 무엇이라고요! 당신이 사랑을 시작하기 전에 사는 것을 포기하기로 작정한다고? 그리스도에 대한 사랑이 당신의 마음속에 살아 있지도 않고 당신의 마음을 지배하지도 않는데, 어떤 변화가 당신을 환희와 기쁨 속에서 살게 하겠는가? 양심으로 하여금 하나님과 당신 사이에서 판단하게 하라. 그러나 양심이 죽었다면, 그리고 양심이 그것을 판단하려 하지 않는다면, 하나님이 판단하게 하라.

당신이 미워해야 하는 것을 사랑하고, 당신이 사랑해야 하는 것을 미워한 것이 잘한 것인가? 잘했도다! 하나님은 그것이 잘 한 것이 아니라는 것을 아신다. 악마들도 당신이 잘하지 않았다는 것을 안다. 그리고 당신 자신이 조만간(하나님은 너무 늦기 전에 허락해 주신다!) 당신이 잘 하지 않았다는 것을 알게 될 것이다. 잘했도다! 아니다, 당신은 어리석게 행했고 사악하게 행했다. 그렇기는 하나, 당신은, 당신이 행한 이 일에서 악마적으로 행했다. 지금까지 말한 것을 생각해 보고, 마음속으로 숙고해 보라. 올바른 이성의 균형 속에서 저울질해 보라. 그들이, 당신이 얼마나 가증스럽게 행했는지를 당신에게 말해 줄 것이다.

그러나 나는 이러한 생각이 당신의 마음속에서 떠오르기를 기대한다. 우리가 그리스도를 사랑하지 않았다면, 우리는 상황에 따라서 그 자체로서 악화되는 큰 죄를 범했다는 사실에 승복해야 할 것이다. 그러나 하나님은 우리가 그리스도에 대한 사랑 없이 살아가는 것을 금하신다. 우리는 그리스도를 사랑하지 않고 살아가야 하는 사람이 불쌍하다고 생각한다. 나는 이렇게 생각된 사랑이 그리스도에 대한 진정한 사랑의 결핍을 회개하는 것을 막지 않을까, 이러한 죄의, 이 모든 악화를 경시하게 될까 두렵다. 왜냐하면 당신이 생각하고 희망하며, 당신이 그리스도를 사랑하기 때문이다. 그리고 어떤 사람들은 그들의 천부적인 죄스러운 상태에 대해서 너무 무지해서, 그들의 마음의 선함에 대해서 헛되게 확신한 나머지, 그들이 태어난 때부터 그리스도를 사랑해 왔다고 하나님께 감사하며, 그리스도에 대한 그들의 사랑에 대해서 의문을 제기하는 사람의 얼굴에 침을 뱉는다.

  그를 사랑한다고 자부하는 이들이여, 오라. 와서 시험해 보라. 하나님의 말씀을 시금석(試金石)으로 삼아서, 당신의 사랑이 어떤 근성을 가지고 있는지를 시험해 보라. 그것이 참이 되기는커녕 가짜에 지나지 않는다는 것을 증명한다면 어떻게 되는가? 또는 어떤 의미에서 그것이 가짜가 아니라 참된 것이지만, 진지하고 구원을 주는 사랑이 아니었다는 것을 생각해 보라. 그것을 발견해 내기 위해서 다음 장에서 논할 것이다.

제9장

많은 사람들이 그리스도에 대한 진지한 사랑을 가지고 있지 않다는 확신에서 제기하는 10가지 질문

이러한 질문들을 해결하기 위해서 그리스도에 대한 진지한 사랑의 성격을 어디에서 얻을 수 있는지, 그리고 우리의 사랑이 진지한지, 아니면 거짓된 것이지가 어떻게 확인할 수 있는지……

그리스도를 진지하게 사랑하지 않는 사람이 마라나타, 그리스도가 오실 때에, 아나테마, 저주를 받아야 하는가? 그는 사랑해야 한다. 그가 사랑하지 않으면 저주를 받는다. 그런데 그리스도가 베드로에게 질문을 던지셨다. "요한의 아들 시몬아 네가 이 사람들보다 나를 더 사랑하느냐"(요 21:15). 16절에서 두 번째로 질문하셨다. 그리고 17절에서 세 번째로 질문하셨다. "네가 나를 사랑하느냐?"

당신은 당신 자신에게 이 질문을 던져 보라. "오, 내 영혼아! 너는 주 예수를 사랑하느냐?" 당신의 마음이 주제넘게 대답을 하려 할 때, 두 번째로 질문해 보라. "오, 내 영혼아! 너는 실수하지 않았느냐? 너는 실제로 주 예수를 사랑하느냐?" 그리고 그 문제가 영원한 순간에 속한 것이기 때문에, 세 번째로 질문을 던져야 한다. "오, 내 영혼아! 너는 주 예수를 진지하게 사랑하느냐?"

당신은 성경에서 그 증거를 갖고 있다. 최후의 심판 날에 심판을 받게 될 때, 이 질문을 받게 될 것이다. 그러나 아아! 얼마나 큰 분노의 소리가 들리는가! 많은 사람의 사랑이 그리스도에 대한 가정된 사랑에 지나지 않았다. 그들은 사랑한다고 생각하고 사랑하기를 소망하지만, 실제로는 그렇지가 않다! 그들의 사랑의 진지성(眞摯性)이 시험받을 때, 그들의 확신을 위해서 나는 저들에게 다음과 같은 질문들에 대해서 진지하게 답하기를 갈망할 것이다.

1. 당신은 그리스도를 진지하게 사랑하면서도 이미 알고 있는 그리스도의 명령에 의도적으로 불복종하면서 살아가는가? 당신은 그리스도의 뜻을 알면서도, 매일 의도적으로 그의 뜻에 위배되는 행동을 하면서도, 그를 사랑하는 척 하는가? 그리스도가 당신에게 당신의 죄에 대해서 죽으라고 명하시는데, 당신은 살고 지배하느라고 죄를 허용하면서도, 여전히 그리스도를 사랑하는가? 그리스도가 당신에게 쉬지 말고 기도하라고 명하시는데, 당신은 지속적으로 소홀히 하면서도, 당신은 그리스도를 사랑한다고 말할 수 있는가? 그리스도가 속되게 저주하지 말라고 명하시고, 하나님의 이름을 함부로 부르지 말라고 명하시는데, 당신은 이것을 하루에도 여러 번 자주 행하고, 그리스도에 대한 당신의 사랑을 의문시하는 사람들을 얕보지 않는가?

그러나 당신의 확신이 어떤 것이라고 하더라도, 나는 당신에게 그것이 엄청나고, 영혼을 저주하는 실수라고 선언하겠다. 성경에서 사랑과 복종은 결합되어 있으므로, 그 둘은 진지하고도 진실하게 사랑하는 사람에게서 결코 나뉘는 일이 없다.

이 성경 구절들을 신중하게 생각하라. 그리고 당신은 복종이 없는 당신의 가장된 사랑이 너무 가벼워서 말씀의 증거에 의해서 바람 앞에 나는 겨와 같이 사라지게 되는 것을 깨닫게 될 것이다. "나를 사랑하고 내 계명을 지키는 자에게는 천대까지 은혜를 베푸느니라"(출 20:6). 같은 내용의 말씀이 신명기 5장 10절에서도 반복해서 나온다. "그런즉 너는 알라 오직 네 하나님 여호와는 하나님이시요 신실하신 하나님이시라 그를 사랑하고 그 계명을 지키는 자에게는 천 대까지 그 언약을 이행하시며 인애를 베푸시되"(신 7:9). 그리고 "내가 오늘 날 너희에게 명하는 나의 명령을 너희가 만일 청종하고 너희의 하나님 여호와를 사랑하여 마음을 다하고 성품을 다하여 섬기면(신 11:13)" 너희는 배불리 먹고 살 것이다. "하늘의 하나님 여호와 크고 두려우신 하나님이여 주를 사랑하고 주의 계명을 지키는 자에게 언약을 지키시며 긍휼을 베푸시는 주여 간구하나이다"(느 1:5). "너희가 나를 사랑하면 나의 계명을 지키리라…… 예수께서 대답하여 가라사대 사람이 나를 사랑하면 내 말을 지키리니…… 나를 사랑하지 아니하는 자는 내 말을 지키지 아니하나니"(요 14:15, 21, 23-24). 당신은 이 모든 성경 본문들 속에서 어떻게 복종이 사랑과 결합되는지를 보는가? 사랑이 앞서 가면, 복종이 그 뒤를 따라간다. 그리고 전자(복종)가 후자(사랑)의 증거다.

당신 가운데서 공공연하게 속되지 않고, 도덕적인 대화를 하는 사람, 그리고 더욱이 교수라면 사울이 사무엘에게 말한 것처럼 말할 것이다. "당신은 여호와께 복을 받으소서 내가 여호와의 명령을 행하였나이다"(삼상 15:13). 그러나 사무엘은 이렇게 물었다. "나의 귀에 들리는 이 양 떼의 소리와 내가 듣는 소 떼의 소리는 무엇입니까?" 당신은 주님을 사랑한다고 말할 것이다. 당신은 그것을 어떻게 증명하는가? 당신은 "우리가 주님의 계명을 다 지켰습니다."라고 할 것인가?

내가 듣는 바, 당신의 가정(家庭)에서 기도가 소홀히 되는 것은 무엇을 의미하는가? 주일을 빈둥거리며 보내고, 세속적인 담화로 주일을 오염시키는 것은 무엇을 의미하는가? 죽은 기도, 활기가 없는 행동은 무엇을 의미하는가? 그것과 싸우고 탄식해야 하지 않겠는가? 그러나 당신이 당신 자신을 속이지 않는다면, 그리스도에 대한 사랑의 진지성을 입증하는 것이 복종이어야 한다는 것을 명심하라.

1) 복종은 그 대상에 대해 보편적인 것이어야 한다. 하나님의 모든 계명들에는 보다 쉬운 계명들이 있는 것같이 보다 어려운 계명들도 있다. 당신이 가장 사랑하는 죄를 말살하고 저주하는 계명들도 있고, 당신이 더욱 간편하고도 쉽게 헤어질 수 있는 계명들도 있다. 그 계명들은 외적인 사람은 물론 내적인 사람도 존중하며, 당신의 의무에 속하는 일은 물론 태도까지도 명하는 것이다. "내가 주의 모든 계명에 주의할 때에는 부끄럽지 아니하리이다"(시 119:6).

그리고 주체에 대해서도 보편적인 것이다. 즉 당신의 복종이 전심으로 이뤄져야 한다는 것이다. "이스라엘아 네 하나님 여호와께서 네게 요구하시는 것이 무엇이냐 곧 네 하나님 여호와를 경외하여 그 모든 도를 행하고 그를 사랑하며 마음을 다하고 성품을 다하여 네 하나님 여호와를 섬기고 내가 오늘날 네 행복을 위하여 네게 명하는 여호와의 명령과 규례를 지킬 것이 아니냐"(신 10:12-13).

2) 사랑의 증거가 되는 복종은 즐거운 것이어야 한다. 왜냐하면 사랑이란 기쁨으로 순종하는 것이기 때문이다. 기도하는 것은 짐이 아니라 즐거움이다. 어려운 의무들이 사랑해야 할 편한 일이 되며, 그 시간이 길지도 지겹지도 않다. 그것은 야곱이 라헬의 사랑을 얻기 위해서 일했을 때와 같다. "야곱이 라헬을 위하여 칠 년 동안 라반을 봉

사하였으나 그를 연애하는 까닭에 칠 년을 수일같이 여겼더라"(창 29:20). 본래는 '하루같이' 였는데, '수일같이'로 번역되었다. 사랑하여 수고하는 칠 년이 마치 하루에 지나지 않는 것처럼 여기게 된다. 그러나 반대로 사랑을 결핍한 사람에게 거룩한 의무를 지키는 하루는 칠 년은 아니더라도 마치 칠 일 같다. 칠 년이라는 세월은 육신을 성가시게 하는 의무들로 하루를 보내는 것보다 더 빨리, 더 즐겁게 지나가는 것처럼 보인다. 거기에는 세월의 지루함을 육신에서 제거할 마음이 없다.

3) 그러한 사랑은 최선(最善)의 선택이어야 한다. 그리스도를 진지하게 사랑하는 사람들은 그들이 가지고 있는 최선의 것으로, 그들이 할 수 있는 최선의 태도로 그를 섬긴다. 사랑은 하나님과 그리스도를 위해서 다른 것을 그렇게 선한 것으로 생각하지 않는다. 그 밖의 것은 속이는 사랑이며 가장하는 사랑이다.

"만군의 여호와가 이르노라 너희가 또 말하기를 이 일이 얼마나 번폐스러운고 하며 코웃음하고 토색한 물건과 저는 것, 병든 것을 가져 왔느니라 너희가 이같이 헌물을 가져오니 내가 그것을 너희 손에서 받겠느냐 여호와의 말이니라"(말 1:13). 당신은 기도하지만, 그 기도들은 잠자는 기도들이다. 당신은 기도하지만, 세상에 대한 습관적인 사랑 때문에 배회하는 마음으로 기도한다. 이와 같이, 당신은 기도한다. 속이는 사람, 저주받은 사람보다, 진지한 사랑이 더 좋은 봉사를 발견하고 더 좋은 의무를 행할 수 없는가? "떼 가운데 수컷이 있거늘 그 서원하는 일에 흠 있는 것으로 사기하여 내게 드리는 자는 저주를 받으리니 나는 큰 임금이요 내 이름은 열방 중에서 두려워하는 것이 됨이니라 만군의 여호와의 말이니라"(14절). 그런데 그에게 격분을 일으키며 그를 크게 불쾌하게 할 정도로 그분에게 그러한 의무들을 바치기를 두려워하지 않는다는 것만큼 그를 사랑하는 척하는 그의 백성들 가운데서 더 무서운 것은 없다는 것이 이상하다. 그들은 그들의 가슴속에 있는 마음(짐승 떼 가운데 수컷)을 바쳐야 할 때, 단지 입에서 나오는 말만 드린다.

4) 사랑의 증거인 그러한 복종은 끝까지 유지되어야 한다. 그 사랑은 하나님의 법도에 발을 들여놓는 것이 아니라 그 법도를 행함으로써 표현된다. 그리스도를 사랑하지 않는 자는 좋은 길로 발을 들여놓지만, 그를 사랑하는 사람은 그 길을 따라간다. "그런즉 네 하나님 여호와를 사랑하여 그 직임과 법도와 규례와 명령을 항상 지키라"(신 11:1). "또 네가 나의 오늘날 네게 명하는 이 모든 명령을 지켜 행하여 네 하나님 여호와를 사랑하고 항상 그 길로 행할 때"(신 19:9). 그때에는 그리스도에 대한 사랑이 그렇게 크게 보인다. 그러나 이제는 그의 거룩한 계명들을 거역하고 저버렸다. 이것에 의해서 어떤 형태의 사랑이 그리스도를 향하는 것인지가 판단되어야 할 것이다, 그들은 과거에 그것에 대해서 고백한 적이 있었다. 게다가 그들의 부분적이고, 지루하며, 거부하는 복종에 의해서 그리스도를 향한 그들의 사랑이 불건전하며, 단지 가정된 사랑이라는 것이 납득되어야 할 것이다.

2. 당신은 당신의 마음속에 죄에 대한 사랑을 유지하면서도, 그리스도를 사랑하는가? 죄에 대한 사랑과 그리스도에 대한 사랑이 가장 높은 수준에서 공존할 수 있는가? 사랑의 감정이 그런 방식으로 두 가지 반대되는 대상을 향해 동시에 일어날 수 있는가? 그리스도와 죄보다 더 반대되는 어떤 것이 세상에 있는가? 빛과 어둠, 극도로 단맛과

극도로 쓴맛 사이보다 더 큰 대립이 있는가?

당신은 당신의 건강을 사랑한다. 그런데 독(毒)도 당신의 위장 속에 있어야 하는가? 당신은 그리스도를 사랑하면서도, 그분이 미워하시는 것을 아직도 사랑하는가? 당신은 그리스도를 사랑하면서도, 당신의 주님의 목숨을 앗아간 죄를 즐거워하는가? 당신은 즐겁게 당신의 가슴에 당신의 가장 사랑하는 친구에게 죽음의 도구였던 칼을 지속적으로 들이댈 수 있는가? 당신은 이렇게 죄와 그리스도를 동시에 사랑하는 것처럼, 땅을 내려다보자마자, 같은 순간에 하늘을 쳐다봐야 할 것이다. "여호와를 사랑하는 너희여 악을 미워하라"(시 97:10). 그리스도에 대한 진지한 사랑을 입증하는 죄에 대한 증오는 다음과 같아야 한다.

1) 죄에 대한 증오는 보편적인 것이어야 한다. 다른 것에 대해서는 물론, 사랑하는 죄에 대해서도, 당신에게 오른손이나 오른 눈과 같은 죄에 대해서 보편적인 것이어야 한다. 증오는 보기 싫어하는 것을 미워하는 자와 같은 것이다. 그것은 특별히 이것이나 저것이 아니라, 모든 것을 미워한다. 그리스도를 진지하게 사랑하는 사람은 어떤 사람이 보기 싫어하는 것을 미워하듯이 죄를 미워한다. 정도에서만이 아니라 범위에서도, 모든 것을 어떤 것이나 다 미워한다. "모든 거짓 행위를 미워하나이다"(시 119:104).

2) 죄에 대한 증오는 준엄한 것이어야 한다. 분노는 진정될 수도 있지만, 본성에 뿌리를 내린 증오는 화해할 수 없는 것이 된다. 혐오는 근절될 수도 없고, 사랑으로 변할 수도 없다. 그리스도를 사랑하지 않는 사람이 죄에 대해서 분노할 수도 있고, 다시 친구가 될 수도 있다. 죄로부터 등을 돌릴 수 있고, 나중에 되돌아갈 수도 있다. 그러나 새

로운 피조물 속에 심겨진 죄에 대한 증오는 준엄하게 죄로부터 등을 돌리는 것이다.

다말에 대한 암논의 증오가 언급될 수 있을 것이다. "그리하고 암논이 저를 심히 미워하니 이제 미워하는 미움이 이왕 연애하던 연애보다 더한지라 곧 저에게 이르되 일어나 가라"(삼하 13:15). 그리스도를 사랑하는 사람은 혐오감을 가지고 그의 죄를 쫓아 보낸다. 그가 전에 사랑했던 것보다 더 큰 증오로 소리를 지른다. 당장 일어나, 나가라!

3) 그러므로 그것은 죄에 대해 숙명적이고, 파괴적인 것이다. 그것이 그 대상이다. 에서는 아버지에게서 받을 축복을 야곱에게 빼앗긴 것 때문에, 야곱을 미워했다. 그리고 에서는 혼자서 마음을 먹고 이렇게 말했다. "아버지를 곡할 때가 가까왔은즉 내가 내 아우 야곱을 죽이리라"(창 27:41). 그러므로 그리스도를 사랑하는 사람, 죄를 미워하는 사람은 죄를 파괴하겠다는 결심을 한다. 나의 복되신 주님의 죽음이었던, 저 저주받은 죄의 죽음을 내가 짊어져야 하지 않겠는가? 내가 내 마음 속에서 사는 고난을 겪어야 하는가? 그리스도가 세상에서 사는 고난을 받지 않으셔야 하는가? 죄가 나의 구세주의 피를 흘리게 하지 않았는가? 내가 내 죄에 대해서 복수해야 하지 않겠는가? 죄가 나의 구세주를 신음하게 하고, 피 흘리는 고뇌 속에서 땀 흘리게 하지 않았는가? 나는 거기에서 기쁨을 가져야 하는가? 내 죄가 그리스도를 십자가에 못박은 그 못들이 아니었는가. 그리스도의 복되신 옆구리를 찌른 창(槍)이 아니었는가. 그리스도의 거룩하신 머리에 씌운 가시 면류관이 아니었는가. 내가 그것을 내 가슴에 박히게 해야 하는가? 내 영혼을 향한 사랑 안에서 그리스도는 나의 죄를 위해 죽지 않

으셨는가? 나의 주님에 대한 사랑 속에서 나는 죄를 내 안에서 죽게 해야 하지 않는가?

3. 이 세상의 것들이 당신의 감정의 상당한 비중을 차지하고 있는데도, 당신은 그리스도를 진지하게 사랑하는가? 그리스도를 사랑하는 사람들에 의해서 죄가 전혀 사랑을 받지 못하듯이, 선한 것들이 그리스도보다 더 사랑을 받아서는 안 되며, 또한 그를 사랑하는 자들에 의해서 사랑을 받지도 못한다. "아비나 어미를 나보다 더 사랑하는 자는 내게 합당치 아니하고 아들이나 딸을 나보다 더 사랑하는 자도 내게 합당치 아니하고"(마 10:37). 아내가 진지한 부부의 사랑으로 남편을 사랑하는가? 그녀가 남편을 진정으로 사랑하면서도 남편보다 다른 남자를 더 사랑할 수 있는가?

당신이 부, 쾌락, 명예, 친척, 자아, 생명을 그리스도보다 더 사랑하면서도, 진정으로 그리스도를 사랑하는가? 그분이 모든 것보다 더 선하고, 모든 것보다 더 위대하며, 다른 모든 선한 것들보다도 더 적합하고, 더 오래 지속되며, 더 달콤하기 때문에, 그리스도는 모든 것보다도 훨씬 더 사랑을 받아야 한다. "이 세상이나 세상에 있는 것들을 사랑치 말라 누구든지 세상을 사랑하면 아버지의 사랑이 그 속에 있지 아니하니"(요일 2:15). "간음하는 여자들이여 세상과 벗된 것이 하나님의 원수임을 알지 못하느뇨 그런즉 누구든지 세상과 벗이 되고자 하는 자는 스스로 하나님과 원수 되게 하는 것이니라"(약 4:4).

그리스도에 대한 사랑에서 진지한 사람이, 다른 어떤 사람이 그를 사랑하는 것보다 더 그리스도를 사랑하지 않는다고 하더라도, 그는, 그가 다른 사람들, 또는 다른 것들을 사랑하는 것보다 그리스도를 더 사랑한다. 그러나 당신은, 당신이 다른 것들을 사랑하는 것보다 그리스도를 더 사랑하는가?

1) 당신의 생각이 그리스도보다는 다른 것들에 습관적으로 고정되어 있고, 실제적으로 다른 것들을 향해서 달려가지 않는가? 당신은 그리스도가 아니라, 세상을 즐거움으로 생각할 수가 있는가? 당신은 그리스도에 대해서는 조금도 생각하지 않고, 다른 것들에 대해서 수천 가지의 생각으로 골몰하기를 좋아하는가? 당신의 즐거움, 당신의 이익, 당신의 자녀를 생각하는 것이 당신에게 즐거움이 되는가? 그리스도에 대해서 생각하고, 그에 대한 당신의 생각을 유지하는 것이 당신에게 짐이 되는가? 당신의 생각들이 사랑의 대상에 많이 쏠리는 것은 아닌가?

"내가 깰 때에도 오히려 주와 함께 있나이다"(시 139:18). 그러나 당신이 밤에 잠을 잘 수가 없다면, 당신의 머리는 세상에 대한 생각으로 가득 차 있는 것이다. 왜냐하면 당신의 마음이 세상에 대한 사랑으로 가득 차 있기 때문이다. 그것은 그리스도가 아니라, 세상이 당신의 보화로 사랑을 받고 있다는 표시가 아닌가? "네 보물 있는 그 곳에는 네 마음도 있느니라"(마 6:20-21).

2) 당신의 수고가 그리스도를 위한 것이기보다는 다른 것들을 위한 것이 될 때, 당신은 다른 것들보다도 그리스도를 더 사랑하는가? 당신이 이 생의 부를 얻기 위해 고통을 진 것만큼, 그리스도에 대한 관심을 얻기 위해서 고통을 진 적이 있는가? 당신이 과거에 그를 모시지 않았고, 모시려고 하지 않았기 때문에, 지금도 그분을 모시지 않고 있는 것은 아닌가? 당신은 세상을 위해 땀을 흘리며 힘을 쏟는다. 그러나 그리스도를 따르는 노력에서는 나태하다. 당신은 거래소(去來所)

에서는 생동적이다. 또한 회계실(會計室)에서는 민첩하게 된다. 그리고 당신의 상점에서 전력을 다해서 행동한다. 그러나 당신의 무릎을 꿇는 작은 방에서는, 당신이 때로 그곳을 사용하게 된다면, 지루해 한다. 이것이 당신이 다른 것들보다 더 그리스도를 사랑하는 것인가?

3) 당신이 사랑한다고 생각하는 그리스도보다 다른 것들을 유지하는 일에, 당신의 관심이 더 쏠려 있는 것은 아닌가? 그리스도로 하여금 당신의 외형적인 재산을 지키게 하면서도, 당신은 그리스도를 더 사랑한다고 말하는가! 당신은, 당신이 말하는 것을 누가 믿어줄 것이라고 생각하는가? 집에 불이 난다면, 금이나 그의 모든 재산보다 자기 아이를 사랑하는 사람은 자기 아이를 구하기 위해서, 모든 것을 잃을 것이 아닌가? 당신이 모든 것보다 그리스도를 더 사랑한다면, 당신은 그리스도를 위해서 그렇게 할 것이 아닌가?

4. 당신은, 죄에 대해서 슬퍼하지도, 탄식하지도, 회개하지도 않음으로 해서 당신이 그분을 모욕하면서도, 그리스도를 사랑하는가? 당신이 그분에게 행한 불친절에 대해서 슬퍼하지 않는 사람에게 사랑이 있을 수 있는가? 아버지를 거역했기 때문에 슬퍼하지 않는 아이가 자식으로서 아버지를 사랑하는 것인가? 당신의 마음이 사랑으로 불타오른다면, 당신의 눈은 눈물을 흘려야 하지 않는가? 사랑의 불이 당신의 가슴에 불붙었다면, 슬픔의 눈물이 두 뺨을 적셔야 하지 않겠는가? 그렇다면, 당신에게 이렇게 말하게 할 것이다.

"오! 내가 무엇을 했단 말인가! 내가 사랑하시는 주님을 그렇게 오랫동안 경시해 왔단 말인가? 오! 주님의 사랑과 자비의 부르심에 귀를 막고, 내가 무엇을 하려 했단 말인가? 내가 그분을 문밖에 세워두고,

세상과 사탄이 들어올 때에는 문을 열어 주었단 말인가? 나의 주님은 내 죄를 위해 고난을 당하셨는데, 나는 고난 받는 주님에 거역하여 이와 같이 죄를 범했단 말인가? 그분은 나를 위해서 십자가 나무에 못 박히셨는데, 나는 그분에게 더 많은 상처를 입혀야 하겠는가? 오! 나는 눈물을 흘리지 않고서는, 피를 흘리시는 나의 주님을 바라볼 수 없구나! 나는 슬퍼합니다. 사랑하는 구세주시여, 제가 얼마나 당신을 경시했는지를 생각하면, 나는 슬픕니다. 내 발로 당신의 고귀한 명령들을 짓밟은 것을 기억하면, 나는 슬픕니다. 그렇게 인자하신 자비를 저버리고, 그렇게 귀중한 사랑을 낮게 평가했다니! 누구와도 비교할 수 없는 구세주 앞에서 이 세상의 오물을 더 좋아했다니! 오, 주님. 나는 얼굴이 붉어지고, 부끄럽습니다."

그런데도 당신은 날마다 죄를 짓고, 당신의 영혼은 탄식하지도 않고, 흐느껴 울지도 않으며, 슬퍼하지도 않는다. 당신은 죄를 지으면서, 그 생각으로 즐거워할 수 있다. "나의 사랑하는 자가 많이 행음하였으므로 거룩한 제육이 그에게서 떠났거늘 나의 집에서 무엇을 하는고 그가 악을 행하며 기뻐하도다"(렘 11:15). 당신은 죄를 지으면서, 어리석은 사람과 같이, 그것을 위안으로 삼는다. "미련한 자는 죄를 심상히 여겨도 정직한 자 중에는 은혜가 있느니라"(잠 14:9). "오, 너 사랑이 없는 죄인아! 그리스도는 죄를 위해 피를 흘리셨는데, 너는 그것을 조롱하는가? 그리스도는 진지하셨고, 그의 영혼은 죄에 대해서 죽기까지 슬퍼하셨는데, 너는 그것을 위안으로 삼는가? 너는 확실히 예수 그리스도에 대한 진지한 사랑이 조금도 없는 사람이 아닌가?"

5. 당신은 그리스도를 사랑하면서도 그분과의 교제(交際) 없이 살아가는가? 그분이 당신의 영혼에 계시지 않을 때, 당신은 조금도 괴로워하지 않는가? 당신의 사랑의 대상이신 그분과의 달콤한 대화, 친숙한 교제를 갈망하지 않는가? 사랑하는 사람들이 오랫동안 따로 떨어져 있을 수 있는가? 그리고 그들이 만남을 갈망하지 않을 수 있는가? 당신은 사랑하는 대상의 현존을 당신에 대한 짐이라고 생각하는가? 그렇지 않다면, 그의 부재(不在)가 실세로 그렇지 않은가? 그가 교제를 싫어하거나 교제를 갈망한 적이 없는 당신을 사랑하신다고 생각하는가? 또는 당신이 늘 있어야 하는 그 자리를 피하지 않는가?

당신이 실제로 그리스도를 사랑한다면, 당신은 그분 없이 존재하게 되는 것보다 다른 어떤 것 없이 존재하게 되는 것에 만족할 수 있을 것이다. 당신이 그를 사랑한다면, 당신에게 모든 것 가운데서 당신이 가장 사랑하는 분인, 그리스도가 없는 것보다 당신의 건강이 없는 것이 더 나을 수 있다. 그리스도가 없는 것보다 그리스도에 다음가는 가장 사랑하는 친구가 없는 것이 더 나을 수도 있다. 그리스도가 없는 것보다는, 당신의 먹을 것과 마실 것, 심지어는 필요한 식량이 없는 것이 더 나을 수도 있다.

그런데 어떻게 당신은 기도하지 않고, 말씀을 들음이 없이, 또는 그리스도 없이 만족스럽게 지낼 수 있는가? 사랑하는 사람들은, 그 대상이 향유될 수 없을 때 활기가 없어지고, 기절하기 쉽다. "너희는 건포도로 내 힘을 돕고 사과로 나를 시원케 하라 내가 사랑하므로 병이 났음이니라"(아 2:5). "내가 밤에 침상에서 마음에 사랑하는 자를 찾았구나 찾아도 발견치 못하였구나 이에 내가 일어나서 성중으로 돌아다니며 마음에 사랑하는 자를 거리에서나 큰 길에서나 찾으리라 하고 찾으나 만나지 못하였구나 성중의 행순하는 자들을 만나서 묻기를 내 마음에 사랑하는 자를 너희가 보았느냐 하고 그들을 떠나자마자 마음에 사랑하는 자를 만나서 그를 붙잡고 내 어미 집으로, 나를 잉태한 자의 방으로 가기까지 놓지 아니하였노라"(아 3:1-4).

그리스도를 사랑하는 영혼은 그리스도가 없을 때 안절부절 못하며, 그를 발견할 때까지 찾기를 단념하지 않는다. 그리고 그리스도를 찾으면 믿음과 사랑으로 그를 굳게 붙잡고, 그를 떠나가지 않게 할 것이다. 사랑하는 영혼은 사랑하는 대상을 찾아 그리워하고, 목말라 애를 태운다. 이 갈망은, 사랑이 잠자고 있는 갈망인 것처럼, 활동하는 사랑이 아닌가? 은혜로운 심령이 그리스도에 대한 사랑에서 만족과 안식을 찾지만, 그리스도와 함께 지내지 않는다면, 사랑은 다윗처럼 안식을 취할 수 없고, 그를 갈망하며 움직인다.

"하나님이여 사슴이 시냇물을 찾기에 갈급함같이 내 영혼이 주를 찾기에 갈급하니이다 내 영혼이 하나님 곧 생존하시는 하나님을 갈망하나니 내가 어느 때에 나아가서 하나님 앞에 뵈올꼬"(시 42:1-2) 일찍이, 그리고 진지하게 그를 찾아 나설 때, 그의 모든 완전한 조건은 텅 빈 것이 되고, 그에게 성과 있는 모든 상태가 시시한 것이 된다. 그는, 그가 그리스도의 기쁨으로 채워지고 열매를 맺을 때까지, 세속적인 강함과 명예에서 약함과 수치를 본다. 그리고 그는 그의 성소(聖所)에서 하나님의 능력과 그의 영광을 본다. "하나님이여 주는 나의 하나님이시라 내가 간절히 주를 찾되 물이 없어 마르고 곤핍한 땅에서 내 영혼이 주를 갈망하며 내 육체가 주를 앙모하나이다 내가 주의 권능과 영광을 보려 하여 이와 같이 성소에서 주를 바라보았나이다"(시 63:1-2).

6. 당신은 그리스도를 사랑하면서도, 그분이 사랑하시는 것을 미워하는가? 그분의 사랑을 받는 당신은 그분을 진정으로 사랑하는가? 당신은 그리스도를 사랑하면서도, 그의 말씀을 미워하는가? 하나님을 사랑했던 다윗은 그의 말씀을 존중했다. 왜냐하면 그 맛이 '꿀' 보다 더 달기 때문이다(시 119:103). 그리고 그 가치가 '금' 보다 더 귀하기 때문이다(시 119:72).

당신은 주님이신 그리스도를 사랑하면서도, 인간 구원의 놀라운 업적을 기념하기 위해서, 그리스도의 부활에 대한 회상에서, 우리에게 기쁨을 가득 채워주시기 위해서 제정해 놓으신, 주일(主日)에 기쁨이 없는가? 당신은 이 날을 놀면서 보낼 수 있는가? 그리스도가 고난을 당하시고, 그 고난에 의해서 그의 백성을 위해 주신 위대한 일들에 대한 생각과 말로 즐거워해야 할 때, 헛된 담화와 세속적인 말로 주일을 즐겁게 보내며, 주일을 더럽힐 수 있는가? 세상의 왕을 사랑하고 존경하는 사람들이 대관식(戴冠式) 날에 즐거워하며, 그들의 기쁨을 보여야 하지 않는가? 나는 주일 성수에 대해서 관심이 없고 아무런 양심도 없는 사람이 그리스도를 사랑한다고 하는 것을 믿을 수 없다.

당신은 주 예수를 사랑하면서도, 그의 백성을 미워하는가? 당신은 참되고, 거룩하며, 겸손하고, 죄를 두려워하는 그리스도인을 보면 참지도 못하면서, 당신이 그리스도를 사랑하는 사람이라고 뻔뻔스럽게 말할 수 있는가? 당신이 그리스도를 욕하면서도, 그리스도를 찬미할 수 있는가? 당신은 그리스도를 사랑하면서도, 그를 좋아하는 사람들을 미워하는가? 한 여인이 남편을 사랑하면서도, 분개하여 그의 사진을 찢는가? 당신이 이렇게 행하면서도, 그리스도를 사랑하는 사람이라고 말할 때, 하나님은 당신에게 거짓말쟁이라고 선언하신다. "누구든지 하나님을 사랑하노라 하고 그 형제를 미워하면 이는 거짓말하는 자니 보는 바 그 형제를 사랑치 아니하는 자가 보지 못하는 바 하나님을 사랑할 수가 없느니라 우리가 이 계명을 주께 받았나니 하나님을 사랑하는 자는 또한 그 형제를 사랑할지니라"(요일 4:20-21). "예수께서 그리스도이심을 믿는 자마다 하나님께로서 난 자니 또한 내신 이를 사랑하는 자마다 그에게 난 자를 사랑하느니라"(요일 5:1).

그리스도는 그들을 위해 자기 목숨을 버리심으로써 그의 백성들에게 그의 사랑을 보여 주시지 않았는가? 그리고 당신은 그리스도에 대한 당신의 사랑을 보이면서도, 그들이 그분에 대한 사랑에서 벗어나려 하지 않기 때문에, 당신이 저지르며, 감히 저지르는 것과 같은 죄를 감히 범하려 하지 않기 때문에, 그를 사랑하는 저들을 박해하지 않는가? 합당한 상황에서, 그리스도와 그들에 대한 참된 사랑은 진지하게 사랑하는 사람인 그로 하여금 저들을 위해 자기의 목숨을 버리게 할 수도 있지 않은가?

"그가 우리를 위하여 목숨을 버리셨으니 우리가 이로써 사랑을 알고 우리도 형제들을 위하여 목숨을 버리는 것이 마땅하니라"(요일 3:16). 당신이 하나님과 그리스도를 사랑한다면, 당신은 편견이 없는 마음과 진심으로, 궁핍과 필요 속에 있는 그의 백성들을 영접해야 할 것이다. 당신이 하나님과 그리스도를 사랑하면서도, 당신이 그들의 재산을 약탈하고, 그럼으로써 그들을 빈곤과 궁핍 속으로 몰아넣을 마음을 가질 수 있는가? 당신이 당신의 능력에 따라서 그들이 궁핍함을 채워주지 못할 때, 그것은 그리스도에 대한 사랑의 결핍을 나타내는 확실한 표시가 아닌가? 당신이 그들의 양식을 빼앗고 그들을 궁핍 속으로 몰아넣을 때, 그것은 그리스도에 대한 증오를 나타내는 확실한 표시가 아닌가? "누가 이 세상 재물을 가지고 형제의 궁핍함을 보고도 도와 줄 마음을 막으면 하나님의 사랑이 어찌 그 속에 거할까 보냐"(요일 3:17). 어떻게 정말 이럴 수가 있나! 누가 그렇게 해야 한다는 것을 말하며 이해할 수 있는가?

7. 당신이 그리스도를 위해서 고난을 받기보다는 차라리 그를 거역하여 죄를 짓겠다고 한다면, 그리스도를 사랑하는 것인가? 위험 속에서 그리스도를 따르는 것보다는 차라리 그를 버리겠다고 한다면, 그것이 당신의 사랑인가? 그리스도를 위해서 죽기보다는 차라리 그를 부인하겠다고 한다면, 그것이 당신의 사랑인가? 당신은 베드로가 한 것처럼 그렇게 행하지만, 왜 당신은 베드로가 한 것처럼 회개하지도 않고, 통곡하지도 않는가? 그리스도는 우리를 위해서 고난을 당하시고 죽기까지 사랑하시지 않았는가? 그리스도를 십자가에 고정시킨 사슬이 사랑이었는가?

당신이 그리스도를 사랑했다면, 환난과 박해의 물결이 당신의 사랑을 끊을 수 있었을까? 당신은 그리스도를 사랑하지만, 그를 위해서 고난을 당할 수는 없다. 가치 있는 사랑이다! 그러나 그리스도는 그러한 당신을 가치 있다고 보시지 않고, 구원의 은혜를 주시지도 않는다(마 10:37-38). 순교자들은 그리스도를 사랑했고, 그를 위해 감옥에 들어갔고, 화형을 받고, 그를 위해 재로 변했다.

당신은 "순교자 이외에는 아무도 그리스도를 사랑하지 않는다."라고 주장하는 것이 어려운 말이라고 생각할 것이다. 그러나 나는 구별하여 그것이 참된 말이라고 생각한다. 순교자는 실제로 그렇게 하든지, 아니면 의도적으로 그렇게 한다. 말하자면, 그리스도를 위해 죽는 것이 마음의 목적이요, 결심이다. 순교자는 그리스도를 위해서 기꺼이 죽을 준비가 되어 있거나 죽는 자이며, 또는 그리스도를 떠나기보다는 그의 목숨을 바치기로 결심하는 자다. 그리스도보다 자기의 목숨을 더 사랑하는 자는, 자신의 목숨보다 그리스도와 헤어지기를 원하는 자는 그리스도에 대한 진지한 사랑이 없다고 말하는 편이 더 나을 것이다. 왜냐하면 그리스도께서 그것을 말씀하시기 때문이다(마 10:37-38). 그리고 이것은 바울이 실제로 죽음을 당하기 이전의, 바울의 결심이었고 의향(意向)이었다. "바울이 대답하되 너희가 어찌하여 울어 내 마음을 상하게 하느냐 나는 주 예수의 이름을 위하여 결박받을 뿐 아니라 예루살렘에서 죽을 것도 각오하였노라 하니" (행 21:13).

8. 당신은 그리스도에 대한 필요성을 확신한 적이 없으면서도, 그리스도를 사랑하는가? 당신이 파멸하고 재산을 잃는데도, 그리스도를 사랑하는가? 그리스도가 없는 당신의 비참한 상황에 대해서 확신한 적이 없으면서도, 그리스도를 사랑하는가? 당신은 당신의 질병에 대해서 무지하면서도, 치료를 높이 평가할 수 있는가? 죄로 인해 먼저 상처를 인식한 영혼이 구원받아야 할 것을 요구해야 하는 것은 아닌가? 그리스도의 능력이라는 관점에서 볼 때, 그는 구원하실 수 있다. 그리스도의 자유라는 관점에서 볼 때, 그는, 영혼이 그를 사랑하도록, 그의 마음을 그에게 고정시키도록 기꺼이 도우실 수 있다.

"복되신 주님! 주님은 나를 도우셔서 나의 불행으로부터 건져내 주실 것이다. 아무도 구출할 수 없을 때, 주님은 어찌하실 것인가? 나는 망하였도다! 누가 나를 구조해 줄 것인가? 나는 잃은 자가 되었도다!

누가 나를 구원해 줄 것인가?' 그리스도가 말씀하신다. "왜, 그러냐? 가련한 죄인아, 내가 너를 불쌍히 여겨주겠다. 내가 너를 몹시 불쌍히 여긴다. 내가 너를 지켜 주겠다. 내가 너를 죄로부터, 지옥으로부터 구원해 낼 것이다." "사랑하는 주님, 그렇게 해 주시겠습니까? 내 마음을 가지실 것입니다. 나의 사랑이 주님을 향하게 될 것입니다."

9. 당신은 그리스도를 사랑하면서도, 그의 모든 직분을 인정하려 하지 않는가? 당신이 그리스도를 사랑한다고 말할 때, 당신은 그가 누구라고 생각하는가? 또는 당신은 그리스도를 어떻게 생각하는가? 당신의 죄를 위해서 죽으신 '제사장'(祭司長)으로만 생각하는가? 당신을 지옥에서 건져내시고, 당신의 본성이 싫어하는 고통으로부터 당신을 해방시킨 '예수'라고 생각하는가? 당신은 지옥과 그리스도에 대해서 들었지만, 그리스도를 위해서가 아니라 자기 자신을 위해서, 고통으로부터 구원을 받고자 하고 구원 받기를 갈망하는 술주정꾼, 욕쟁이, 가장 더럽게 타락한 죄인을 안 적이 있는가? 당신은 그 때문에 계속 공공연하게 죄를 범하는 이 사람이 그리스도를 사랑한다고 말할 것인가?

이렇게 한 가지 측면에서만 생각된 그리스도는, 복음에서 당신에게 가르치고 제시하는 그리스도가 아니다. 그리스도는 '예언자'이시며 '왕'이시기도 하다. 그런데 그분에 대한 당신의 사랑은 그를 갈라놓을 수 있는가? 당신의 이러한 사랑이 왕의 직분에서 그를 물러나게 할 수 있는가? 아니다. 그것은 그리스도에 대한 명백한 증오다. "그런데 그 백성이 저를 미워하여 사자를 뒤로 보내어 가로되 우리는 이 사람이 우리의 왕 됨을 원치 아니하노이다 하였더라" "그리고 나의 왕 됨을 원치 아니하던 저 원수들을 이리로 끌어다가 내 앞에서 죽이라 하였느니라"(눅 19:14, 27).

10. 당신은 그리스도를 사랑하면서도, 그가 결코 다시 오시지 않는 것처럼 관심을 갖지 않는가? 그렇다면, 당신이 세상에서 쾌락과 즐거움을 누리고자 한다면, 당신은 결코 세상을 떠나지 않게 되는 것을 기뻐할 수도 있을 것이다. 당신이 죽었을 때, 또는 심판 때에 그리스도가 당신에게 오신다는 것을 생각하면, 당신은 그것에 대해 갈망한 것은 아니지만 슬픔을 당하게 될 것이다. 한 여인이 여행을 떠난 남편을 사랑하면, 그가 되돌아온다는 기별은 그녀에게 슬픈 소식인가? 그리스도가 오시는 것을 사랑하는 사람은 그가 오실 때에 월계관을 받게 될 것이다.

"이제 후로는 나를 위하여 의의 면류관이 예비되었으므로 주 곧 의로우신 재판장이 그 날에 내게 주실 것이니 내게만 아니라 주의 나타나심을 사모하는 모든 자에게니라"(딤후 4:8). 그리고 사랑에 불타는 배우자는 사랑의 노래를 이러한 요청으로 마감한다. "나의 사랑하는 자야 너는 빨리 달리라 향기로운 산들에서 노루와도 같고 어린 사슴과도 같아여라"(아 8:14). 한 구절을 제외하고는, 하나님의 모든 책의 마지막 말씀에서, 그리스도는 그의 최후의 오심, 그리고 곧 오심을 약속하신다.

그리스도를 사랑하는 교회는 그의 입에서 나온 약속을 교리로 문답하고, 그것을 기도로 바꾸어 놓았다. "이것들을 증거하신 이가 가라사대 내가 진실로 속히 오리라 하시거늘 아멘 주 예수여 오시옵소서"(계 22:20) 그것은 그 사이에 당신의 마음속에 있는 위대한 사랑을 고백하는 것이다. 그러나 그리스도를 진정으로 사랑하는 사람이 가끔 그리스도의 오심에 대한 생각으로 두려움에 가득 차게 된다. 그것은 그가 그것을 사랑하거나 갈망하지 않기 때문이 아니라, 자신이 그의 오심에 아직 준비가 되어 있다고 생각하지 않기 때문이며, 그리스도가 오실 때에 그의 영광에 참여하는 데에 그가 부적합하며 준비가 안되어 있다는 것을 발견하시지 않도록 하기 위함이다. 그러나 그리스도가 그의 오심을 지체하시는 동안에, 사랑하는 영혼은 서둘러서 그것에 합당하기 위한 준비를 한다. 그것은, 구혼자(求婚者)가 온다는 말을 들은 여인이 괴로워하는 이유는 그가 오는 것 때문이 아니라, 그녀가 원하는 대로 치장하기 전에 그가 오게 되어 미처 준비를 다하지 못한 채 임을 만나게 될까 염려하기 때문이다.

당신은 이제 무엇이라고 말하겠는가? "그리스도를 사랑한다."라고 말하겠는가, 아니면 "그리스도를 사랑하지 않는다."라고 말하겠는가? 이러한 것들을 당신의 마음에 두고, 그것들로 당신의 마음을 시험해 보고, 성숙한 숙고(熟考) 끝에, 그리스도에 대한 당신의 사랑을 거기에서 발견한다고 말할 수 있는가? 나는 이 주제를 마감하면서 하나님 안에 있는 기쁨의 원인이 무엇인지, 현재를 위한 위로가 무엇인지, 그리고 미래를 위한 보다 더 좋고 보다 더 위대한 소망의 근거가 무엇인지를 제시할 것이다. 그리고 그리스도에 대한 이런 사랑이 영원히 당신에게 있을 것이다.

그러나 이것은 모두에게 해당되는 것이다. 나는 하나님도 그러실 것이라고 믿는다! 그리스도에 대한 사랑이 당신의 마음속에 있는가? 그것이 사실이기를 소망하지만, 그것이 사실이 아닐까봐 두려워하고 있다. 나는 당신들 가운데 그리스도를 사랑하는 사람이 있기를 희망하지만, 당신들 모두가 그렇게 되기를 희망할 수 있는가? 나는 과거에 어떤 이들은 무지하고, 어떤 이들은 세속적이기 때문에 어쩔 수 없이 그렇게 희망할 수 없었다. 그리고 현재에도 너무 많은 사람들이 사랑의 특성에 의해서 사랑의 은혜를 받는 것으로부터 배제된다.

오, 나 자신이 그리스도에 대한 사랑을 더 많이 가졌더라면, 찬양을 받으실 예수께서 당신들 가운데서 더 많은 사람들에 의해서 사랑을 받지 못하신다는 것을 더 슬퍼했을 터인데! 오, 예수를 위해 내가 영혼들에 대한 사랑을 더 많이 가졌더라면, 내가, 예수를 위해서나 지금까지 주 예수를 사랑하지 않은 당신 때문에, 많이 울었을 터인데! 그런데 어떻게 되는가? 당신이 그렇게 하지 않았다고? 선하신 주님, 용서해 주십시오. 당신이 그렇게 하지 않겠다고? 선하신 하나님, 막아 주십시오! 나는 어떻게 해야 하는가? 당신이 주 예수를 사랑하지 않는다는 것을 당연한 것으로 생각하라고? 좋습니다. 나는 당신이 주 예수를 사랑하지 않는다는 것을 입증했다. 그리고 오! 당신이 가장 사랑스런 예수를 사랑하지 않는다는 것을 생각하니 참으로 쓰라리다! 나는 당신이 예수를 사랑하지 않는다는 것을 당연하게 생각해야 하는가? 이것은 나의 마음이 돌이 아니라면, 그것을 깨부수는 것으로 충분하다. 내가 이러한 사랑이 없는 당신을 혼자 내버려두어야 하는가? 나는 감히 그렇게 할 수 없다. 내가 나에 대한 사랑이 아니라 주님에 대한 당신의 사랑을 얻고자 노력해야 하는가? 나는 당신이 거부할까 봐 두렵다. 나를 거부하라! 당신의 영혼의 영원한 중요성에 관한 이것을 다루는데, 내가 거부당하고 가야 하는가? 당신의 첫 번째 거부에서 나는 가지 않을 것이다. 나는 당신이 그에 대한 사랑을 갖든지, 아니면 그에 의해서 저주를 받아야 한다는 것을 알고 있다. 그런데 어떻게 내가 당신의 거부에 동의할 수 있는가?

나는 죄인이 자기의 사랑을 그리스도에게 드리기를 거부할 때, 그가 자신이 말하는 것을 알지 못한다는 것을 알고 있다. 그러므로 그 자신과 그의 영원한 유익을 위해서 무엇을 해야 하는지에 대한 더 좋은 이해에 도달할 수 있다는 희망에서, 죄인들의 동의를 얻어내어 그리스도를 사랑하게 하려는 시도에 대해 다음 장에서 논할 것이다. 그럼으로써 나는 하나님이 당신의 마음과 생각을 변화시켜 주실 것이라고 희망하고, 그리스도를 위해 당신의 사랑을 얻을 수 있으리라고 희망하며, 아직도 그를 사랑하지 않는 당신이 "그를 사랑하지 않겠다."라는 것을, 당신의 최종적인 해답으로 내놓지 않기를 희망한다.

제10장

죄인들의 동의를 얻어내어 그리스도를 사랑하게 하려는 시도—선한 성공을 위한 진지한 소원

오, 당신은 지옥의 저주를 피하려 하고, 천국의 행복을 얻고자 하며, 악마들의 형벌을 피하고, 좋은 상황에서 죽기를 바랄 만큼, 당신의 영혼을 사랑하고 있다는 것을 믿기 바란다. 오늘, 은혜의 구혼(求婚)에 관한 좋은 이야기를 들려 드리겠다. 그리하여 그리스도가 오실 때에 (마라나타), 저주를 받지(아나테마) 않기를 바란다. 그리스도가 당신에게 사랑을 받아야 하기 때문에, 그렇지 않으면 당신이 그에게 저주를 받아야 하기 때문에, 예수 그리스도에게 당신의 마음과 사랑을 두어야 한다는 것을 믿기 바란다.

아브라함은 그의 아들 이삭의 아내가 될 여인을 찾기 위해, 맹세를 받고, 이러한 규정과 함께 자기 종을 보냈다. "여자가 너를 좇아오고자 아니하면 나의 이 맹세가 너와 상관이 없나니"(창 24:1-19). 그 종은 이 메시지를 전달하기 위해 준비하고 기도한다. "우리 주인 아브라함의 하나님 여호와여 원컨대 오늘날 나로 순적히 만나게 하사 나의 주인 아브라함에게 은혜를 베푸시옵소서"(창 24:10-12). 그 종은 우물가에서 리브가를 만났다. 그는 그녀가 누구의 딸인지, 그리고 그녀의 아버지 집에 묵어갈 수 있는 방이 있는지를 물었다. 그는 그녀의 오라버니인 라반에게 초대를 받는다.

라반이 그에게 말했다. "여호와께 복을 받은 자여 들어오소서 어찌 밖에 섰나이까 내가 방과 약대의 처소를 예비하였나이다"(31절). 그에게 먹을 음식이 제공되었다. 그런데 노인이 말했다. "내가 내 일을 진술하기 전에는 먹지 아니하겠나이다 라반이 가로되 말하소서"(33절). 노인이 말했다. "나는 아브라함의 종이니이다 여호와께서 나의 주인에게 크게 복을 주어 창성케 하시되 우양과 은금과 노비와 약대와 나귀를 그에게 주셨고 나의 주인의 부인 사라가 노년에 나의 주인에게 아들을 낳으매 주인이 그 모든 소유를 그 아들에게 주었나이다 나의 주인이 나로 맹세하게 하여 가로되 너는 내 아들을 위하여 나 사는 땅 가나안 족속의 딸 중에서 아내를 택하지 말고 내 아비 집 내 족속에게로 가서 내 아들을 위하여 아내를 택하라 하시기로"(34-38절).

"이제 당신들이 인자와 진실로 나의 주인을 대접하려거든 내게 고하시고 그렇지 않을지라도 내게 고하여 나로 좌우간 행하게 하소서 라반과 브두엘이 대답하여 가로되 이 일이 여호와께로 말미암았으니 우리는 가부를 말할 수 없노라 리브가가 그대 앞에 있으니 데리고 가서 여호와의 명대로 그로 그대의 주인의 아들의 아내가 되게 하라" (49-51절). 종은 금은 패물과 옷가지들을 꺼내서 리브가에게 주었다. 그들이 리브가를 불러다 놓고서 물었다. "이 사람과 함께 가려느냐" 리브가가 대답했다. "가겠나이다"(53-58절).

오, 내가 오늘 영혼들에 대해서 그러한 성공을 거두게 되기를! 주님, 나의 주인께서 잃어버린 영혼들의 사랑과 동의를 얻어 그의 아들인 예수의 배우자로 삼기 위해 그들을 찾아 나서라고 나를 보내셨다. 이 의무를 이행하지 않는다면 나에게 화(禍)가 있을 것이다. 그러나 구제책도 주셨다. 만일 죄인들이 따라오려 하지 않고, 또한 제의도 받아들이지 않는다면, 나는 이 불행에서 해방될 수 있을 것이다. 나는, 요구되는 그러한 중대한 문제에 비해서는 다소 미약하지만 준비를 했고 기도했다. "주 하나님 오늘 일이 잘 되게 하여 주십시오." 그리고 나는 지금 생명의 우물가에 서 있다. 성(城) 사람들이 구원의 우물에서 물을 길러 왔다. 그리고 물어보니 나는 그들이 예수의 친족(親族)의 자녀라는 것을 알게 된다. 그러므로 "그 자녀들은 살과 피를 나눈 자들이며, 같은 것에 참여하고 있다."

 그들에게 나의 메시지는 매우 중요하므로 나는 나의 용건(用件)을 말하기 이전까지는 기꺼이 먹기를 금한다. 당신이 경청하는 가운데 말한다. 나는 주님의 종이다. 나는 다른 어떤 사람보다 위대하지도 않고 축복을 받은 것도 아니다. 왜냐하면 그분이 모든 것 위에 영원히 위대하시고 축복을 받으신 분이기 때문이다. 땅과 그 안에 있는 모든 것이 하나님의 것이다. 바다와 그 안에 있는 모든 것이 하나님의 것이다. 하늘과 그 안에 있는 모든 것이 하나님의 것이다. 그분에게는 한 아들, 독생자 예수가 있는데, 그가 가지고 있는 모든 것, 심지어는 하늘의 권세와 땅의 권세를 모두 아들에게 주었다. 그리고 모든 권세와 능력을 지배하는 그의 오른편에 그를 앉히시고, 이 세상에서만이 아니라 장차 올 세상에서도 권능과 지배권을 주셨고, 모든 이름 위에 뛰어나게 하셨으며, 모든 것을 그의 발아래 두시고, 만물의 우두머리, 온 세상의 심판자가 되게 하셨다. 그리고 위대하신 주님이 당신의 마음과 사랑을 간청하도록 하기 위해서, 그의 독생자와 굳은 혼약을 맺도록 하기 위해서 나를 보내셨다.

이제 당신이 나의 주인을 진심으로 대하기를 원한다면, 나에게 말하라. 원치 않는다면, 나에게 말하라. 오, 이제, 누가 말한다. "만물이 주님께 속해 있고, 모든 것이 그의 은혜와 자비로부터 나온다. 우리가 이 메시지를 반박할 수 없고, 거부할 수 없다." 그리고 당신이 "누가 이 예수를 모실 것인가?" "누가 이 예수를 사랑할 것인가?"라는 질문을 받게 될 때, 한 사람이 "나는 그렇게 하겠다."라고 말할 것이라고 생각한다. 다른 사람도 "나는 그렇게 하겠다."라고 말할 것이다. 한 사람과 다른 사람이라니! 더 이상은 없단 말인가? 나는 모든 사람이 "나는 그렇게 하겠다."라고 말할 것이라고 생각한다. 그러나 "나는 그렇게 하지 않겠다."라고 말할 다른 사람은 없으리라고 생각한다.

"다른 사람들로 하여금 그렇게 하겠다고 하게 하라, 그러나 나는 그렇게 하지 않겠다." 아니다! 왜? 당신의 동의를 얻기 위해서 보낸 종이 더 좋은 종이 아니기 때문에 그런가? 더 많은 열심과 기술도 없이 이 큰 문제를 다루려고 하기 때문에 그런가? 당신은 나의 연약함과 어리석음에 대한 용서를 위해서 기도하라. 그리고 나는 당신에게 좋은 제안이 제시될 때, 당신이 그것을 분별할 수 있는 더 많은 지혜를 갖도록 기도할 것이다. 그러나 당신이 나를 존중하든지, 나를 존중하지 않든지, 나는 상관하지 않겠다. 그러나 당신은 예수 그리스도와 당신 자신의 불멸의 영혼을 존중해야 한다. 당신이 나를 경멸하더라도, 나의 주인을 경멸하거나 그의 아들을 경멸해서는 안 된다. 내가 아브라함의 종처럼 그렇게 좋은 종은 아니지만, 나의 주님, 나의 주인은 아브라함보다 더 선하시고 무한하게 선하시며 훨씬 더 위대하시다. 나는 그분의 종이다. 나의 주인의 아들, 예수는 아브라함의 아들, 이삭보다 더 선하시고 그에 비교할 수 없을 만큼 더 선하시다. 그는 이삭이 리브가에게 잘 어울렸던 것보다 확실히 당신의 영혼에 훨씬 더 잘 어울린다.

그러므로 당신이 그의 사랑을 다시 거부하기 전에, 다시 한번 곰곰이 생각해 보라. 당신은 이미 너무 오랫동안 당신의 마음을 그리스도에게 쏟기를 거부해 왔는데, 여전히 그렇게 거부할 것인가? 당신의 사랑이 이제까지 피조물에게 허비되지 않았는가? 앞으로 계속 그렇게 해야 하는가? 당신은 아직도 세상을 사랑하는 일에 싫증이 나지 않는가? 당신의 마음을 허무한 것에 두는 일에 지치지도 않는가? 그것이 당신의 기대에 부응했는가? 당신이 처음으로 당신의 마음과 사랑을 쏟았던 피조물 속에서 당신이 찾던 달콤함을 발견했는가? 당신은 피조물에 대한 사랑의 본질이 무엇인지를 시험해 보았다. 이제 그리스도에 대한 사랑의 본질이 무엇인지를 시험해 보라. 당신이 이전에 사랑했던 모든 것보다 더 좋은 것을 발견하지 못한다면, 더 달콤한 것을 발견하지 못한다면, (당신이 그를 진지하게 사랑한다는 것을 조건으로 하여) 그것을 다시 돌려드리겠다.

보라, 내가 오늘 누구 때문에 간청하는 것인가? 그리스도를 위해서인가, 아니면 나 자신을 위해서인가? 누구를 위해서 내가 당신의 사랑을 구하는 것인가? 당신은 나를 경시해도 되지만, 그리스도를 경시해서는 안 된다. 나를 무시하라, 그러나 그리스도를 낮게 평가해서는 안 된다. 나를 당신의 사랑이나 주목을 받기에 무가치하다고 생각하라, 그러나 가장 영예로우신 하나님의 복되신 아들에 대해서는 그렇게 하지 말라. "나는 존중을 받기에 합당하지 못하다."라고 말하라. 나는 하나님의 은혜를 빈다. 나는 그것을 배웠다. 그러나 나는 당신에게 그리스도에 대해서 그렇게 말하지 않기를 간청한다. 당신이 원한다면, 나를 욕하고 미워하라. 당신이 원한다면 그렇게 하라. 하지만 당신을 위해서 사랑으로 죽으신 예수를 사랑하라. 그러나 당신이 그를 사랑한다면, 그때에 그는 확실히 당신을 구원해 주실 것이며, 영원한 영광으로, 영원히 행복으로 인도해 주실 것이다.

당신이 과거에 세상을 그렇게 많이 사랑했다면, 세상이 당신을 위해서 그렇게 많이 사랑할 수 있는가? 당신이 당신의 명예, 당신의 쾌락, 당신의 친척을 그렇게 많이 사랑했다면, 그들이 그리스도가 당신에게 복을 주시는 것같이 당신을 축복해 줄 수 있는가? 그러나, 당신이 그들을 사랑하면 할수록, 그들에 대한 사랑은 당신을 더욱 불행하게 만들 것이다. 내가 당신에게 세상을 사랑하라고 요청한다면, 당신은 그렇게 할 것이다. 당신의 쾌락, 자아, 죄를 사랑하라고 요청한다면, 당신은 그렇게 할 것이다. 그러나 내가, 또는 나보다 더 많은 기술을 가진 어떤 사람이 이런 것들에 대한 당신의 사랑을 버리라고 당신에게 요청한다면, 당신은 여전히 그들에 대한 사랑에 집착할 것이다.

무엇이라고요! 그리스도는 당신이 볼 때 사랑하지 못할 유일한 대상이라고요? 당신은 그리스도 이외에 어떤 것에서 사랑을 찾을 수 있는가? 당신이 싫어하는 것이 그리스도 안에 있다면, 그것은 무엇인가? 당신은 그리스도에게서 거슬리는 것이 있었는가? 그리스도를 사랑하라, 그렇지 않으면 당신이 그리스도를 사랑하지 않는 이유를 제시하라.

당신은 내가 끈질기다고 비난하는가? 나는 당신에게 긴박하게 요구하지 않았기 때문에, 당신이 거부했다고 생각한다. 당신은 간청을 받지 않는다면, 사랑하지 않을 것이다. 그것이 사실이라면, 당신은 사랑해 달라고 간청 받기를 원할 것이며, 많은 간청을 받은 후에야 그리스도를 사랑할 것이다. 그래서 나는, 내가 어떻게 당신에게 간청할 것인지, 그리스도를 향한 당신의 사랑을 얻기 위해서 어떤 주장을 사용할 것인지를 생각하면서 밤낮으로 연구했다.

그러나 당신은 왜 그렇게 기나긴 간청을 바라는가? 당신은 당신에게 간청하는 사람이 누구인지를 아는가? 나인가? 아니면 나를 통해서, 하나님이 간청하시는 것인가? 나는 당신에게 성경 한 구절을 읽어 보라고 간구한다. 당신에게 간청하지만, 당신의 응답을 더 이상 오랫동안 기다리지 않는다. 당신에게 더 이상 간청하지 않음을 탓하지 말라. 그 성경 구절은 어디에 있는가? 그것은 고린도후서 5장 20절이다. "이러므로 우리가 그리스도를 대신하여 사신이 되어 하나님이 우리로 너희를 권면하시는 것같이 그리스도를 대신하여 간구하노니 너희는 하나님과 화목하라"(고후 5:20).

당신은 이제 어떻게 말하는가? 나는 하나님의 말씀에 의지하여, 하나님은 나를 통해 당신에게 간청한다. 하나님의 목자는 그리스도를 대신하여 당신으로부터 사랑을 빌고, 간청하며, 간구하기 위해서 당신 가운데 서 있다. 만일 그리스도가 오늘 이 자리에 서셨다면, 그는 당신이 하나님과 화해해야 한다는 것을 설교하시고, 하나님과의 화해를 갈망하시고 명하셨을 것이다. 당신은 그를 사랑해야 한다. 하나님, 그리스도는 그의 종을 통해 그를 사랑할 것을 간구하고, 간청하며, 기도하게 하신다.

오, 이 얼마나 거룩하신 하나님의 놀라운 낮추심인가! 그분이 간청하시다니! 오, 이 얼마나 간청을 받지 않는 죄인의 미련함과 어리석음인가! 확실히 하나님과 인간 사이에는 무한한 거리가 있다. 하나님이 인간에게 사랑을 구하는 구혼자가 되신다는 것은 우리를 놀라게 한다. 이제 거기에는 하나님과 인간 사이가 그러한 것처럼, 하나님과 무(無) 사이의 거리만큼 그렇게 먼 거리가 없다. 아직도 그는 우리에게서 그에 대한 동의를 얻기 위해서 그렇게 자신을 낮추시기를 기뻐하신다. 그것은 지옥의 깊이에로 내던져질 수밖에 없는 우리가 높이 천국에로 올라가도록 하기 위한 것이다.

오, 이것이 무엇이란 말인가? 창조주가 피조물에게 사랑을 받기 위해서 찾아 나서야 하다니! 주님이 종에게 사랑을 받기 위해서 찾아 나서야 하다니! 성도들의 왕이 죄에 속한 신민들에게 사랑을 받기 위해서 찾아 나서야 하다니! 그것은 그가 우리의 마음과 사랑을 받기 위함이다! 우리가, 그에 대한 가장 엄격한 섬김이 우리의 최대 행복이 될 것이고, 그를 모시는 것이 우리의 유일한 행복이 될 것이며, 그를 잃는 것이 우리의 최대 불행이라는 것을 생각했다면, 그의 발아래 엎드리는 것, 그의 문 앞에 서서 기도와 눈물로, 슬픔과 탄식으로 그를 부르는 것이 우리의 관심사라는 것을 알아야 한다. 우리는 그것을 그에게 합당하도록 만들어야 하며, 그가 우리를 사랑하시고, 우리에게 그를 사랑할 마음을 허락해 주시도록 해야 한다.

인간이 먼저 하나님으로부터 멀리 떠나갔고, 하나님과 인간 사이에 처음부터 있었던 그 사랑을 제거해 놓았다. 하나님이 먼저 사랑의 갱신을 찾아 나서시지만, 인간은 그를 언제나 미워하고, 그를 사랑하려 하지 않았다. 그리고 하나님이 그의 사랑을 위해 인간을 찾아 나서지만 거부를 당한다는 것은 하늘에 있는 천사들에게 놀랄 일이 될 것이며, 지옥에 있는 악마들에게 어떤 기쁨을 느낄 수 있는 능력이 있다면, 그들에게는 기뻐할 일이 될 것이다. 그리스도를 사랑할 수 있지만 사랑하려고 하지 않는 사람들은 악마들처럼 비참하게 될 것이다. 악마들에게는 믿음, 소망, 사랑의 대상으로 제시되지 않는다.

그러나 당신이 그를 사랑하든지, 그를 사랑하지 않든지 간에, 하나님은 나와 다른 목사들에게 당신의 사랑을 추궁하도록 명령하셨다. 하나님은 당신이 그와 조화를 이룰 수 있도록 하기 위해서 그리스도와 당신 사이의 사랑을 제안하라는 사명을 우리에게 주셨다(마 22:2-4, 등). 그리고 하나님은 우리에게 화해의 말씀을 맡겨 주시고, 그의 아들에 대한 당신의 사랑을 구애하는 것, 그리고 당신의 동의를 얻도록 노력하는 것을 우리의 일로 삼도록 하셨다(고후 5:18-20). 그리고 당신이 그를 사랑한다면, 당신은 그리스도에게 정혼자가 될 것이다(고후 11:2). 이것이 나의 메시지다. 만일 내가 당신에게 간청하지 않는다면, 나는 내 영혼을 위태롭게 하는 것이다. 만일 당신이 거부한다면, 당신은 당신의 것을 잃게 된다. 그러므로 하나님은 내가 그렇게 간청하도록, 당신이 거부하지 않도록, 당신의 영혼과 내 영혼이 사랑을 받고 구원을 받도록 허락해 주셨다. 그리스도를 향한 당신의 사랑을 얻기 위해, 나는 질문 방식으로 제시된 이러한 주장들을 사용할 것이다. 그리고 당신이 그 질문들에 대해서 올바르게 대답할 때, 그리스도가 당신으로부터 좋은 대답을 듣게 되기를 나는 희망한다.

제11장

그리스도께서 당신 마음의 사랑을 받으셔야 하는 20가지 동기, 또는 간구

1. 당신은 그리스도보다 당신의 사랑을 더 많이 받을 만한 훌륭한 대상을 찾을 수 있는가?

하나님의 모든 피조물을 샅샅이 살펴본다고 해도, 그리스도와 같은 대상이 존재하는가? 당신이 그것이 무엇이라고 생각하든지 간에, 누가 감히 그런 대상이 있다고 말하겠는가? 당신이 사랑했던 부(富), 쾌락, 인간관계가 당신이 마땅히 사랑해야 하는 대상인 그리스도와 비교될 수 있는가? 사랑의 대상이 선한 것이어야 한다면, 가장 선한 것이 가장 좋은 대상이 아닌가? 당신은 선하지 못한 것을 사랑할 수 있는가? 보다 더 선한 것을 사랑하는 것은 아닌가? 그렇다. 당신은 모든 것 가운데서 가장 선한 것을 사랑하는 것은 아닌가?

피조물 가운데서 가장 선한 것이라고 해도 그리스도 안에 있는 선하심과 비교한다면, 그것은 바다에 대한 물 한 방울, 태양에 대한 촛불 하나, 산(山)에 대한 모래 한 톨에 지나지 않을 것이다. 그렇지 않은가? 다윗이 다른 수천의 사람들보다 가치가 있다고 하더라도(삼하 18:3), 그리스도보다 못하며, 모든 세상보다 더 좋은 것은 다윗의 주 님이 아닌가? 아 2:3, 5:6, 잠 3:14-15, 빌 3:8을 읽어 보라. 당신의 생 각이 흔들리는가? 아니면 아직도 머뭇거리는가?

1) 그리스도는 당신에게 가장 적합한(most suitable) 선(善)이 아 닌가?

포로가 된 사람에게는 자유가, 배고픈 사람에게는 떡이, 병든 사람 에게는 건강이, 고통 받는 사람에게는 고통 완화가 적합한 것과 같이, 그리스도는 죄인에게 적합하지 않은가? 나에게 말하라.

(1) 당신은 저주를 받게 될 위험에 처해 있는 자, 파멸한 자가 아닌 가?

그리스도가 당신의 구세주, 당신의 보호자와 회복자가 되실 것이 다. "인자의 온 것은 잃어버린 자를 찾아 구원하려 함이니라"(눅 19:10). "그러므로 자기를 힘입어 하나님께 나아가는 자들을 온전히 구원하실 수 있으니 이는 그가 항상 살아서 저희를 위하여 간구하심 이니라"(히 7:25). "그는 구원하기에 능한 자니라"(사 63:1).

(2) 당신은 무지하고 마음이 어두우며, 맹목이 아닌가?

당신은 천국과 영원한 행복에 이르는 길을 알지 못하며, 생명의 문 을 찾기에 지치지 않았는가? 당신은 온갖 고생을 했어도 그 문을 찾지 도 못하지 않는가? 그분이 당신의 교사와 당신의 안내자가 되어 주 실 것이며, 반드시 당신을 그리로 인도해 주실 것이다. 그분이 당신의 눈에 안약을 넣어 주시고, 당신이 지금까지 보지 못했던 것을 보게 해 주실 것이다(계 3:18). 당신이 태어날 때부터 장님은 아니지만, 그분 이 그의 안약을 당신의 눈에 넣어 주신다면, 당신은 시력을 찾게 될 것이다.

(3) 당신은 병들어 영적인 질병으로 가득 차 있는 사람이 아닌가?

당신에게는 영혼을 불안하게 하는 것들이 많은가? 당신은 죽을 병에 걸렸는가? 당신은 거의 영원한 죽음에 근접해 있는가? 그리스도가 당신의 의사가 되어 주실 것이다. 그리스도는 유능하고 기술이 좋아서 그가 치료를 착수하시면 그의 손에서는 결코 죽는 일이 없고, 아직까지 아무도 죽은 적이 없다. 그리스도가 의사가 되어 주신다면, 당신은 죽지 않게 될 것이다. 오히려 그가 자신의 피를 당신에게 조금 주셔서, 당신이 마시기만 한다면, 확실히 회복될 것이다. 그러므로 그리스도는 영혼의 의사가 되셨다. 그리스도가 세리와 죄인들과 대화를 나누신 이유는 바로 그들을 치료하시기 위해서였다(마 9:12).

(4) 당신은 빚진 사람이 아닌가?

당신은 하나님께 엄청나게 많은 빚을 지지 않았는가? 당신은 지불해야 할 돈을 조금이라도 갖고 있는가? 만일 하나님이 당신에게 보상을 요구하신다면, 그것은 당신에 대한 저주로 끝나지 않을까? 치안판사가 당신을 추적하여 체포한다면, 악마들이 당신의 영혼을 붙잡아서, 지옥의 감옥에 집어넣는다면, 당신은 마지막 한 푼을 지불할 때까지 거기에서 구출되지 못할 것이 아닌가? 당신이 그를 사랑하기만 한다면, 그리스도는 당신의 보석(保釋) 보증인이 될 것이며 인수자(引受者)가 되어 주셔서, 당신의 빚을 갚아주고 당신을 방면(放免)해 주실 것이다.

(5) 당신은 오염되고 부정한 사람이 아닌가?

당신의 이해력, 의지, 양심, 기억, 그리고 당신의 모든 감정에까지 온통 퍼진 죄의 문둥병에 걸렸는가? 그러므로 당신은 모든 곳을 더럽

히고, 피투성이가 되어 뒹굴며, 사람들의 강한 혐오로 쫓겨난다. 이렇게 더러운 경우에, 당신은 거룩한 하나님의 나라에 들어갈 수 있는가? 당신이 그에게 당신의 사랑을 쏟는다면, 그분은 당신의 더러운 누더기 옷을 벗겨주시고, 거룩한 예식에 입는 옷으로 바꿔 입혀 주실 것이다(슥 3:1-5). 당신이 믿음과 사랑으로 그에게 와서, "주여 원하시면 저를 깨끗케 하실 수 있나이다" 하고 말한다면, 그분은 사랑으로 당신에게 이렇게 말씀하실 것이다. "내가 원하노니 깨끗함을 받으라" (마 8:2-3). 그는 당신을 위해 그 자신의 피로 목욕시켜 주실 것이며, 예수의 피가 당신을 모든 죄에서 깨끗하게 해주실 것이다(요일 1:7). "너희 죄가 주홍 같을지라도 눈과 같이 희어질 것이요 진홍같이 붉을지라도 양털같이 되리라"(사 1:18).

(6) 당신은 사탄과 죄에 사로잡힌 사람이 아닌가?

당신은 죄에 대한 기분 나쁜 봉사를 꾸준히 하고 있는가? 당신의 속박이 그 옛날 이집트에서 이스라엘 사람들이 겪었던 속박보다 더 심한 것은 아닌가? 파라오와 그의 작업감독들보다 더 잔인하고 폭력적인 것이 사탄과 죄가 아닌가? 당신은 당신의 쇠사슬을 사랑하는가? 당신은 족쇄(足鎖)에 얽매어 있을 때 안정을 느끼는가? 당신이 해방될 수 있을까? 그리스도가 희생으로, 권능으로 당신의 구원자가 되어 주시고, 당신을 해방시켜 주실 것이다. 그때에 당신은 실제로 해방될 것이다.

(7) 당신은 하나님에 대해 적이 아닌가? 그렇게 태어났고, 그렇게 사는가? 당신은 그런 상태로 죽지 않도록 주의하라. 하나님과 당신의 영혼 사이에는 평화가 없고, 그 불화를 화해시키는 것도 없다. 그러나 이제 그리스도가 찬양을 받으실 평화를 이루는 분(peace-

maker)이며, 그분이 그의 십자가의 피로 당신과 하나님을 화해시켜 주실 것이다(골 1:20-21). 하나님께서는 그리스도 안에서, 그리고 그리스도를 통하지 않고서는, 당신과 결코 화해하지 않으실 것이다(고후 5:18-19).

(8) 당신은 영적으로 죽은 사람이 아닌가?

당신은 당신의 아름다움이었던 하나님의 거룩한 형상을 상실하지 않았는가? 당신이 죽을지라도, 그분이 당신을 소생시켜 주실 것이며, 당신에게 은혜와 영광의 생명을 주실 것이다(요일 5:12).

이제, 이것이 당신의 상황이라면, 그리고 그리스도가 모든 점에서 당신을 도우실 수 있고, 도우실 준비가 되어 있으며, 기꺼이 돕고자 하신다면, 그리스도가 당신에게 얼마나 적합한 분인가? 그리고 사랑의 기반이 되는 적합성, 게다가 그 동기가 있다. 어떤 주장이 여기에서 당신의 사랑을 얻을 수 있는가? 오, 그러면 이렇게 말하라. "나는 잃은 자가 되었지만, 그리스도가 나를 구원해 주실 것이다. 나는 무지하지만, 그리스도가 나를 가르쳐 주실 것이다. 나는 병들었지만, 그분이 나를 회복시켜 주실 것이다. 나는 빚진 자가 되었지만, 그분이 나를 위해서 보증인이 되어 주실 것이다. 나는 오염되었지만, 그분이 나를 깨끗하게 해주실 것이다. 나는 포로 된 자가 되었지만, 그분이 나를 구원해 주실 것이다. 나는 하나님께 원수가 되었지만, 그분이 나와 화해하실 것이다. 나는 죽었지만, 그분이 나를 소생시켜 주실 것이다. 오, 나는, 내게 그렇게 적합한 분을 발견한 적이 없었다. 이제, 이제라도, 그분은 내게 사랑을 받으실 것이다. 오, 그분은 나의 사랑을 받으실 가장 탁월한 대상이다. 그리고 나는 이제 더 이상 그로부터 나의 사랑을 억제하지 않을 것이다."

2) 그리스도는 가장 만족스러운(most satisfying) 선(善)이 아닌가?

당신이 궁핍하면, 그분이 공급해 주실 것이다. 당신이 텅 비어 있다면 그분이 채워 주실 것이다. 당신이 가난하다면 그분이 당신을 부유하게 해주실 것이다. 오, 그런 구세주에게 사랑을!

3) 그리스도는 가장 오래 지속되는 선(善)이 아닌가?

당신의 부(富)가 다 없어지고 당신의 쾌락, 명예, 그리고 당신의 친구들이 다 떠나갈 때, 그때에도 그리스도는 결코 당신을 실망시키는 일이 없을 것이다(시 73:26).

4) 그리스도는 특별한(a peculiar) 선(善)이 아닌가?

오직 특별한 백성에게만 특별한 사랑을 베푸시고, 특권을 주신다. 당신이 사랑하는 다른 모든 것은 선에 대해서는 물론, 악에 대해서도 통속적인 것이 아닌가? 마음과 손과 집이 세상에 속한 것으로 가득 차 있는 세속적인 사람은 이렇게 말할 것이다. "부(富)는 나의 것이다." 그러나 그는 "그리스도는 나의 것이다."라고 말할 수는 없다. 그로 하여금 특별한 사랑을 갖게 하라. 그리스도가 특별한 선이 될 것이다.

5) 그리스도는 가장 필요한(most necessary) 선(善)이 아닌가?

당신이 죄를 지었을 때 그리스도가 필요한 것과 같이, 당신이 배고플 때 음식이 그렇게 많이 필요하며, 당신이 감옥에 갇혔을 때 해방이 그렇게 절실히 필요하며, 당신이 상처를 입었을 때 연고제가 그렇게 필요한가? 다른 것들 없이도 당신은 행복하고, 용서를 받고, 화해되며, 영원히 구원을 받을 수 있다. 그러나 그리스도 없이, 이러한 것들 가운데 어떤 것 하나라도 당신의 것이 될 수 있는가? 당신이 살아 있는 동안에, 그리스도는 필요한 분이다. 왜냐하면 당신이 건강하더라도, 그분 없이는 당신의 영혼이 병들기 때문이다. 당신이 병에 걸린다면, 그분은 가장 잘 선택하여 가장 귀중한 강장제(强壯劑)를 주실 것이다. 당신이 죽을 때, 그분은 당신의 떠나가는 영혼을 안전하게 지켜 주실 것이다. 죽음 이후에, 그분은 당신의 친구가 되어 주실 것이다. 무덤에서 모든 사람이 당신을 떠나갈 때, 그분은 영원히 당신 곁에 계실 것이다.

6) 그리스도는 가장 유익한(most profitable) 선(善)이 아닌가?

왜냐하면 당신이 그리스도를 모실 때, 당신은 모든 것을 소유한 것이기 때문이다. 그때에 하나님이 당신의 것이며, 성령이 당신의 것이며, 그 약속들도 당신의 것이며, 계약의 특권들도 당신의 것이다. 그리고 천국도 영원히 당신의 것이 될 것이다.

7) 그리스도는 가장 즐거운(most delightful) 선(善)이 아닌가?

그들이 보는 것에서 약간의 즐거움, 그들이 듣는 것에서 약간의 즐거움, 그들이 맛보는 것에서 약간의 즐거움, 레크리에이션에서 약간의 즐거움을 취할 수 있지만, 그리스도의 즐거움은 그 모든 것을 능가한다.

8) 그리스도는 확실한(a sure) 선(善)이 아닌가?

하나님은 다른 것들을 주실 수 있고, 또 그것들을 다시 요구하실 수도 있다. "그러므로 그 시절에 내가 내 곡식을 도로 찾으며 그 시기에 내가 내 새 포도주를 도로 찾으며 또 저희 벌거벗은 몸을 가리울 내 양털과 내 삼을 빼앗으리라"(호 2:9). 그러나 하나님은 "내가 한 사람, 나의 그리스도를 주었다. 그러나 내가 나의 그리스도를 다시 빼앗겠다."라고 말씀하시지는 않는다. 그는 당신의 수중에서 부를 빼앗아 가실 수 있지만, 당신이 그분을 모신다면, 결코 당신의 마음에서 그리스도를 빼앗아 가지 않으실 것이다.

9) 당신이 그리스도를 사랑할 수 있도록 하기 위해서, 당신의 평가에서 그리스도를 높이기 위해서, 나는 무엇을 말해야 하는가?

그는 포괄적인(a comprehensive) 선(善)이 아닌가? 그는 모든 것에 뛰어난 분이 아닌가? 피조물 속에는 선한 것이 없다. 선함은 공식적으로, 그리고 실질적으로 그리스도 안에 있다. 피조물 속에 지혜가 있는가? 그리스도 안에는 더 많은 지혜가 있다. 피조물 속에 아름다움과 권능이 있는가? 그리스도 안에는 훨씬 더 많은 아름다움과 권능이 있다. "아버지께서는 모든 충만으로 예수 안에 거하게 하시고"(골 1:19), "은혜와 진리가 충만하더라"(요 1:14).

내가 당신의 사랑을 간청하는 대상이 바로 이분이다. 이분은 사랑스러운 동시에 바람직한 분이시다. 내가 당신에게 간청하는 것을, 이제 곰곰이 생각해 보라. 당신은 더 좋은 것을 제공받을 수 있는가? 당신은 당신의 영혼에 더 어울리는 것을 발견할 수 있는가? 당신이 지금까지 사랑해 온 대상들 모두, 또는 이 모든 것들 가운데서 어느 하나가, 절반 정도가 된다고 말할 수 있는가? 오, 그렇다면 이렇게 말하라. "나는 이전에 그리스도의 사랑스러움을 전혀 이해하지 못했다. 죄가 나를 얼마나 어리석게 만들었는가! 세상이 나를 얼마나 매혹했는가? 나의 어리석고 사악한 마음이 얼마나 나를 속였는가? 사랑해야 할 그리스도가 저기에 계시는데, 나는 나의 사랑을 피조물과 죄에게 아낌없이 주었구나! 그러한 그리스도께 사랑을 바쳐라! 그러한 선은 온 세상에서 발견되지 않는다! 이제 그분이 나의 사랑, 나의 마음, 나의 모든 것을 받으실 것이다."

2. 나에게 말하라. 그리스도가 당신의 사랑을 받을 가치가 없는가?

그리스도는 무엇 때문에 그를 사랑하는 사람들을 위해 고난을 받으시고, 행하시며, 주시고, 대속하시며, 약속하시고, 예비하셨는가? 그리스도가 당신을 위해서 받은 상처들을 보라! 당신에게 영광의 면류관을 씌워 주시기 위해서 그리스도가 머리에 쓰신 가시 면류관을 보라! 당신을 살리기 위해서 죽으시는 그리스도를 보라! 당신이 구원받도록 하기 위해서 고난을 당하시는 그리스도를 보라! 당신이 가장 좋고, 가장 안전하며, 가장 오래 지속되는 부로 부유하게 하기 위해서 가난하게 되신 그리스도를 보라! 당신이 사면되도록 하기 위해서 저주를 받으시는 그리스도를 보라! 복음의 조건에 따라 당신이 영광 속에서 안식하며 안정을 취하도록 하시기 위해서 고뇌하시는 그리스도를 보라! 당신이 저주를 받지 않도록 하기 위해서 십자가를 지시는 그리스도를 보고, 십자가가 그를 지는 것을 보라! 당신이 그리스도의 은혜의 대상이 되고, 그의 사랑의 대상이 되도록 하기 위해서 아버지의 진노를 몸소 담당하시는 그를 보라! 이제 나에게 말하라. 그리스도가 당신의 사랑을 받을 가치가 없는가? 당신은 그와 같으신 분이 아무도 없을 때, 그와 같은 분을 사랑해야 하지 않는가? 피조물의 작은 친절이 당신의 사랑을 끄는가? 당신을 향하고 있는 구세주 안에 있는 이 모든 것으로 그를 향한 사랑의 불을 붙여야 하지 않겠는가? 당신은 어떻게 그를 사랑하는 것을 금할 수 있는가?

3. 그리스도에 대한 사랑이 당신이 도달할 수 있는 최선의 사랑이 되지 않는가?

그분이 가장 좋은 사랑의 대상인 것과 같이, 그리스도를 찾아 나서는 사랑은 가장 좋은 사랑의 행동이다. 다른 대상이 당신의 우세한 사랑을 받으러 나서게 된다는 것은 실로 가련한 일이다.

1) 그리스도에 대한 사랑은 가장 달콤한 사랑(the sweetest love)이 될 것이다.

그리스도를 사랑하지 않고, 다른 것들을 사랑하는 사람은 허무(虛無)에 지나지 않는 무(無)를 사랑하는 것이다. 허무를 사랑하는 것은 원통함으로 판명될 것이다. 부를 사랑하는 사람은 그의 사랑, 애타는 두려움, 난처하고 통렬한 염려로 괴로운 슬픔을 당한다. 당신이 당신의 친척을 사랑할 때, 그들이 악하다면, 당신이 그들을 많이 사랑하면 할수록 당신은 더욱 많은 상처를 받게 된다. 그들이 선하다면, 더 큰 악이 그들에게 들이닥쳐서, 당신은 더 많은 슬픔을 당하게 된다. 그리스도에 대한 사랑이 없이는, 다른 것들에 대한 사랑이 있을 수 없다. 그러나 그리스도에 대한 사랑이 없는, 다른 것들에 대한 사랑은 혹독한 사랑이 될 것이다.

당신은 그 사랑을 후회한다. 아니면 그 사랑을 후회하지 않는다. 당신이 후회한다면, 당신은 과거에 당신이 기쁨을 발견했던 것보다 더 많은 슬픔, 더 많은 쓰라림을 경험하게 될 것이다. 그리고 이렇게 말한다. "오, 이제 내가 그렇게 행한 바, 세상을 사랑했던 것을 후회한다. 내가 그렇게 행한 바, 나의 즐거움, 나의 죄를 회개한다." 그러나 당신은 "내가 전에 그리스도를 사랑했던 것을 후회한다."라고 결코 말해서는 안 된다. 그러한 말이 그리스도를 진지하게 사랑하는 사람의 입에서 나와서는 안 된다. 만일 당신이 세상과 죄에 대한 당신의 사랑을 회개하지 않는다면, 그 사랑은 확실히 슬픔으로 끝날 것이며, 영혼의 쓰라림으로 성과 없이 지옥에서 탄식하게 될 것이다. 그리스도의 사랑 속에 어떤 내용, 만족, 기쁨, 위로, 즐거움이 있는지를 어느 누구도 그를 사랑하는 사람처럼 그렇게 잘 말할 수 없다.

2) 그리스도에 대한 사랑은 가장 안전한 사랑(the safest love)이 될 것이다. 이 사랑 속에는, 그 수준이 작다는 것을 제외하고서는 죄를 범하는 두려움이란 없다. 그러나 그것은 사랑 안에서 죄를 범하는 것이 아니라, 더 이상 사랑하지 않는 것이다. 당신은 다른 것들을 사랑하는 일을 두려워해야 하고 떨어야 한다. 그리고 이렇게 말해야 한다. "나는 이러한 죄를 범하지 않는가? 나의 사랑 속에는 죄가 없는가?"

3) 그리스도에 대한 사랑은 가장 확실한 사랑(the surest)이다.

다른 것들에 대한 사랑은 가끔 증오로 변한다. 오늘은 사랑하다가 내일에는 미워한다. 그리스도에 대한 사랑의 대상은 가장 확실한 대상이다. 사람들이나, 죽음이나, 악마들도 그 대상, 또는 이 사랑을 빼앗아갈 수 없다. 그것은 습관과 원칙에서 가장 확실한 것이다. 하나님의 능력, 그리스도에 대한 기도는 그 보존을 보장해 준다. 그것은 행동에서 가장 확실한 것이다. 우리가 조심한다면 우리 자신들이나, 사람들이나, 악마들도 이러한 사랑의 행동을 저지할 수 없다. 그들은 말씀을 듣는 것을 막을 수는 있지만, 그 인격을 사랑하는 것을 막을 수는 없다.

4) 그리스도에 대한 사랑은 가장 고귀한 사랑(the noblest)이다.

쾌락, 세상, 죄에 대한 사랑은 천박하고 오염된 사랑이지만, 그리스도에 대한 사랑은 가장 숭고하고 가장 높은 사랑이다. 그것은 가장 고귀하고 가장 높은 대상을 가지고 있고, 영혼을 그에 대한 생각과 명상으로 가장 높은 하늘까지 인도하며, 높은 수준의 자기만족으로 가장 높은 보상을 영원히 받게 될 것이다.

5) 그리스도에 대한 사랑은 가장 긴 사랑(the longest)이다.

그 사랑은 결코 다함이 없는 사랑이다. 당신은 이 세상을 사랑해 왔다. 심지어 당신은 세상을 가장 많이 사랑하고, 당신의 마음이 세상에 가장 많이 고정되어 있다. 지금 당신의 마음이 세상에 속한 것으로 가득 차 있고, 당신의 입도 세상에 속한 것으로 가득 차 있으며, 당신의 육신이 세상에서 썩고 있지만, 당신은 세상에 대한 사랑을 끝내야 할 것이다. 세상에서 당신의 생명을 끝나게 하는 죽음이, 세상에 대한 당신의 사랑을 끝나게 할 것이다. 당신은 당신의 친척을 사랑하는 것도 끝내야 할 것이다. 당신은 아버지와 어머니, 형제와 자매, 남편과 아내를 사랑하는 것도 끝내야 할 것이다.

그러나 은혜로운 영혼, 그리스도를 사랑하는 사람은 그리스도를 사랑하는 일을 결코 끝내지 않을 것이다. 그 사랑을 갖는 것은 달콤한 일이지만, 그가 항상 그 사랑을 갖게 될 것임을 생각하는 것은 더 달콤하다. 살아서 사랑하고, 죽을 때도 사랑하며, 죽음 이후에도 사랑한다. 오, 축복을 받은 사랑아, 그것은 결코 사라지지 않고, 영원히 지속될 것이다!

내가 이 문제를 명상할 동안에, 이 세상에서 그리스도를 사랑하지 않는 사람은 다음 세상에서도 그를 사랑할 수 없다는 생각이 떠올랐다. 그리고 나는 지옥에서 저주받은 영혼이 사랑할 수 있는 어떤 것이 있는지를 도무지 상상할 수 없었다(그것이 내가 이해하지 못하는 것이라면, 나는 그들의 영혼의 활동에 대해서 잘 알지 못하거나, 그들이 그렇게 하는 것처럼, 하나님이 허락하신 상태도 아니라고 말하지 않겠다). 나는 "그들이 하나님, 그리스도, 성령, 천사들, 성도들을 사랑할 수 있는가?"를 생각했다. 이 모든 대상들에 대한 그들의 증오는 지상에 있을 때보다도 더 과격해지고, 그들 안에 더 깊은 뿌리를 내리게 될 것이다.

  그들은 지옥이라는 장소를 사랑할 수 있는가? 그들은 그곳으로 가기를 결코 원하지 않는다. 그들이 지옥의 고통을 사랑할 수 있는가? 그들은 고통으로 슬퍼하고 신음하며, 그 고통을 견디기에 지쳐 있다. 그들이 지옥에서 악마들을 사랑할 수 있는가? 그들은 그 장소로 인도한, 죄를 짓도록 유혹한 악마들을 저주한다. 그들이 지옥에 있는 그들의 동료들을 사랑할 수 있는가? 그들은 서로의 불행을 더욱 악화시키는 사람들이다. 그들이 지옥에서 그들의 죄를 사랑할 수 있는가? 아아! 거기에서는 즐거웠던 모든 것이 사라지고, 고통과 찌르는 듯한 아픔만이 지배할 뿐이다. 그들이 지옥에서 그들의 존재를 사랑할 수 있는가? 그들은 살기보다는 차라리 죽기를 바라며, 거기에 계속 존재하기보다는 차라리 존재하기를 중단하기를 원한다. 나는 그들이 사랑할 수 있는 것이 무엇인지를 모르겠다.

  오, 어떤 사랑도 있을 수 없는 그곳은 얼마나 지긋지긋한 장소인가! 오, 사랑스러운 천국이여! 그곳에서는 사랑이 지배하며, 그곳에서는 사랑이 살아 있다! 그리고 그 안에 있는 사람들의 생활은 영원히 사랑의 생활이 될 것이다! 사랑이 결핍되어 있는 이 세상에서 그것은 마치 지옥처럼 보일 것이다. 그리스도에 대한 사랑, 최선의 사랑이 우세한 곳에서, 그것은 마치 천국처럼 보일 것이다. "사랑하는 주님! 나를 지옥에서 구원하여 주소서. 그곳에는 당신에 대한 사랑이 없고, 선한 것이 아무것도 없기 때문입니다. 사랑스러운 구세주여! 나를 천국에 이르는 당신의 길로 인도하시고, 나를 그곳으로 데려다 주소서. 그곳에서는 당신에 대한 사랑이 살아 있고, 또 영원히 지속되나이다."

4. 그리스도를 사랑하지 않고, 다른 것들을 사랑하는 것은 큰 어리석음이 아닌가?

왜냐하면 당신이 다른 것을 사랑하려 하기 때문이다. 당신의 마음 속에는 사랑과 같은 감정들이 있다. 다음 세상에서 그 감정이 저주를 받는 것이라고 할지라도, 이 세상에 대해서는 어떤 감정이 쏠린다. 이제 그리스도가 그것을 원치 않는다고 하더라도, 세상은 원할 것이다. 그리스도가 그것을 원치 않는다고 하더라도, 죄가 원할 것이다. 당신은 마치 그리스도에 대한 사랑을 거부하고 그것을 세상과 죄에 쏟는 이성(理性)을 타고난 사람들처럼, 이성적인 피조물로서 행동하는가? 전자를 후자에게 양도하라. 그리고 나에게 말하라.

1) 무한하게 더 좋은 것을 사랑하지 않고, 당신 자신보다 더 나쁜 것을 사랑하는 것은 큰 어리석음이 아닌가?

당신은 당신 자신보다 은(銀)이나 금(金)이 더 좋다고 생각하는가? 당신이 악한 것만큼, 당신의 집이나 토지를 당신보다 더 좋다고 생각하는가? 그러나 당신은 아직 그렇게 선하지도 않고, 아직 그렇게 악하지도 않지만, 나는 당신이 그리스도가 더 좋다고 말하고 인정하게 되기를 희망한다.

2) 당신이 그리스도를 사랑하지 않고, 당신을 다시 사랑할 수 없는 것을 사랑하는 것은 큰 어리석음이 아닌가?

당신은 금(金)을 사랑하지만, 금이 당신을 다시 사랑할 수 없다. 당신은 당신이 걸친 옷, 당신의 집에 있는 가구를 사랑하지만, 이런 것들은 당신의 사랑에 보답할 수 없다. 당신은 그들에게 당신의 사랑을 주지만, 당신은 그들로부터 사랑을 받지 못한다. 당신이 당신을 다시 사랑하지 않는 사람을 사랑할 때, 그 사랑에 대한 사랑을 되돌려 받지 못할 때, 당신은 마음이 아프지 않은가? 당신은 어찌하여 세속적인 것들에 당신의 사랑의 힘을 쓰면서 그렇게 즐거워하며, 그렇게 만족해 하는가? 세속적인 것들에서는 사랑의 보답이 실제적으로 이루어지지 않을 뿐만 아니라 불가능하지 않은가? 그러나 당신은 그리스도를 사랑하고자 한다. 당신이 전심을 다하여 당신이 사랑할 수 있는 최상의 사랑으로 그를 사랑하려고 노력한다면, 당신은 그로부터 당신이 사랑한 것보다 더 많은 사랑을 받게 될 것이다(요 14:21, 23, 잠 8:17).

3) 당신의 영혼을 영원히 만족시켜 주는 그리스도를 사랑하지 않고, 당신에게 결코 만족을 줄 수 없는 것들을 사랑하는 것은 큰 어리석음이 아닌가?

당신이 사랑하는 이런 것들이 당신의 갈망을 채워 주었는가? 그들이 당신에게 완전한 만족을 주었는가? 그들은 어떻게 해야 하는가? 하나님이 당신의 영혼을, 무한한 선을 향유할 수 있도록 만드셨는데, 어떻게 유한한 것이 당신의 영혼을 채울 수 있겠는가? 당신의 영혼을 만족시킬 수 있는 것은 유한한 것이 아니라 오직 무한한 것뿐이다.

모든 피조물들이라도 당신의 영혼을 채울 수 없다. 인간의 의지가 주관적으로 유한한 것이지만, 객관적으로는 무한한 것이다(이와 같은 장소에서 당신 앞에서 그런 문제들에 대해서 쉽고도 평이하게 설명하는 것이 가장 좋을 것이다. 왜냐하면 그렇게 하는 것이 당신에게 유익하고 교훈적이 될 것이기 때문이다). 의지 자체, 그 성격 자체가 피조물이기 때문에 유한하고 제한되어 있지만, 무한하며, 무제약이신 하나님을 으뜸가는 선으로 선택할 능력이 있다.

그리고 하나님은 영원한 선을 찾는 갈망을 인간들의 마음속에 심어 주셨다. 왜냐하면 그들이 영원하게 되기를 갈망하기 때문이다. 그러나 하나님은 이 영원한 선함을 이 세상에 속한 어느 것에, 이 세상의 모든 것에 심어 두시지 않았다. 왜냐하면 그들이 일시적인 것이기 때문이다. 그러므로 당신이 사랑하는 피조물 속에서 만족을 찾을 때, 당신은 하나님이 그들에게 심어 놓지 않은 것을 찾게 되는 격이다. 그리고 그 어떤 것도 피조물이 가진 것보다 더 많은 것을 줄 수 없으며, 하나님이 피조물에게 부여하신 것보다 많은 것을 가질 수 없다. 그러므로 하나님이 피조물을 창조하실 때 피조물에게 심어 놓으신 것보다 더 많은 것을 찾는 것은 괴로움을 가져다줄 뿐, 아무런 만족도 줄 수 없다. "은을 사랑하는 자는 은으로 만족함이 없고 풍부를 사랑하는 자는 소득으로 만족함이 없나니 이것도 헛되도다"(전 5:10).

4) 당신과 함께 영원히 기쁨을 누릴 그리스도를 사랑하지 않고, 당신이 곧 헤어져야 할 것들을 사랑하는 것은 큰 어리석음이 아닌가?

당신이 당신의 마음을 세속적인 다른 것들에 대한 사랑으로 가득 채웠지만, 당신은 저 세상으로 그것을 한줌도 가져가지 못할 것이다. "저가 모태에서 벌거벗고 나왔은즉 그 나온 대로 돌아가고 수고하여 얻은 것을 아무것도 손에 가지고 가지 못하리니"(전 5:15). "우리가 세상에 아무것도 가지고 온 것이 없으매 또한 아무것도 가지고 가지 못하리니"(딤전 6:7). 그러나 세상을 사랑하는 사람들을, 그들이 사랑하는 것들로부터 완전히 갈라놓는 죽음은 그리스도를 사랑하는 사람의 영혼을 그에게로 더 가까이 인도할 것이다. "내가 그 두 사이에 끼였으니 떠나서 그리스도와 함께 있을 욕망을 가진 이것이 더욱 좋으나"(빌 1:23). 그리스도를 사랑하는 영혼은, 그 영혼이 죽음에 의해서 육신을 벗어날 때, 주님과 함께 있게 될 것이다(고후 5:8).

5) 당신을 떠나지 않고 버리지도 않으시는 그리스도를 사랑하지 않

고, 당신이 살아 있는 동안에 당신을 떠나게 될 것을 사랑하는 것은 큰 어리석음이 아닌가?

당신이 사랑하는 이런 것들이 죽음 이후에 그 어떤 것도 당신의 것이 될 수 없다는 것을 확신하는 바와 같이, 당신이 살아 있는 동안에도 그들이 당신의 것이라는 것을 확신할 수 없다. 당신은 오늘은 부유하더라도 내일은 가난하게 될 수 있지 않은가? 오늘은 건강하더라도 내일은 병들 수 있지 않은가? 오늘은 명예 속에 있더라도 내일은 수치를 당할 수도 있지 않은가? 하만의 경우가 그렇지 않았는가?(에 6:10-11, 7:9-10) 당신이 부를 소유하고 그것을 사랑할 때, 당신은 그것을 가졌다고 확신할 수 없다. "네가 어찌 허무한 것에 주목하겠느냐 정녕히 재물은 날개를 내어 하늘에 나는 독수리처럼 날아가리라"(잠 23:5).

히브리어 성경본문은 이렇다. "너희는 너희 눈을 없어질 것을 향해 활짝 열려고 하느냐? 재물이 날아가고, 세속적인 사람의 마음과 사랑이 그들을 좇아 날아가 버린다." 그의 마음과 사랑이 재물을 따르는 그들의 동작을 바꾸지만, 재물이 때로는 재빠르게 날아가 버려서, 그들을 사랑하는 자는 그들을 따라잡을 수 없다. 죄의 향락, 세상의 유익은 잠시를 위한 것에 지나지 않는다(히 11:25). 시간이 지나면, 그들도 사라진다. 그러나 그리스도는 결코 당신을 떠나지 않으시고, 당신을 버리지 않으실 것이다(히 13:5).

6) 대속자이며 후원자이신 그리스도를 사랑하지 않고, 당신의 영원한 행복의 장애물로 드러나는 것들을 사랑하는 것은 큰 어리석음이 아닌가?

소유자들에게 자주 상처를 입히는 것을 사랑하는 것, 그리고 그것을 과도하게 사랑하는 사람들에게, 항상 상처를 입히는 것을 사랑하는 것이 좋은가, 아니면 그를 사랑하는 자들에게 해(害)를 끼치지 않는 그리스도를 사랑하지 않는 것이 좋은가? "내가 해 아래서 큰 폐단되는 것을 보았나니 곧 소유주가 재물을 자기에게 해 되도록 지키는 것이라"(전 5:13). 솔로몬은 이것을 경험했고, 많은 사람이 그것을 경험했다. 그러나 그리스도가 자기 자신을 위해 그를 모신 어떤 사람에게 해를 끼친다는 것은 결코 경험되지 않았다.

재물은 사람들의 마음에 짙은 진흙과 무거운 통나무와 같아서, 땅에 엎드리지만, 그들은 하늘로 올라갈 수 없고, 그들이 살아 있는 동안에도 그리 높이 올라가지 못한다. 또한 그들의 육신이 죽을 때 그들의 영혼을 들어올리지도 못한다. 그들은 구원을 너무 어렵게 만든다. "예수께서 제자들에게 이르시되 내가 진실로 너희에게 이르노니 부자는 천국에 들어가기가 어려우니라 다시 너희에게 말하노니 약대가 바늘귀로 들어가는 것이 부자가 하나님의 나라에 들어가는 것보다 쉬우니라 하신대"(마 19:23-24). 그리스도를 사랑하지 않고 부를 사랑하는 것은, 사람이 그렇게 하는 동안에, 구원을 어렵게 만드는 것이 아니라, 불가능하게 만든다. 그러나 그리스도에 대한 사랑은 구원을 가능하게 할 뿐만 아니라, 확실하고도 쉽게 만든다.

7) 그리스도를 사랑하지 않고, 죽을 때 당신을 위로할 수 없는 것들을 사랑하는 것은 큰 어리석음이 아닌가? 누가 이 둘을 동시에 사랑할 수 있고, 또 사랑할 것인가?

당신은 그리스도 이외의 것을 사랑하고 그리스도를 사랑하지 않는데, 그것은 당신의 떠나가는 영혼을 멈추게 할 수 없다. 당신이 죽을 때에 위로를 위해서 무엇을 바라볼 것인가. 당신의 부(富)를 바라볼 것인가? 왜, 당신은 그들에 대한 사랑으로 가득 찬 마음을 갖고서 그들로부터 떠나가는가? 그들을 사랑하지만, 이제 그들을 떠나야 한다는 것, 그들을 사랑하는 가운데 그들을 떠나는 것은 당신에게 후원과 위로가 아니라, 고통과 원한이 될 것이다. 당신이 사랑했던 즐거운 것들에서 위로를 받을 것인가? 당신이 죽을 때, 그들은 도망치고, 지나가며, 사라져 간다. 당신의 친구들에게서 위로를 받을 것인가? 당신이 죽을 때, 당신은 그들과의 마지막 결별을 맞이하게 될 것이다. 그리스도에게서 위로를 받을 것인가? 아아! 당신은 그분을 사랑한 적이 없다. 그것에 대한 생각은 죽음의 찌르는 가시보다 더 아픈 가시가 될 것이다.

5. 당신은 어떤 것을 그리스도를 사랑하는 것보다 덜 사랑할 수 있는가? 아니면 그보다 어떤 것을 더 사랑할 수 있는가?

당신이 가지고 있는 위대한 모든 것들보다 그리스도가 당신의 사랑을 받으셔야 한다는 것, 그리고 그리스도로 말미암아 당신이 사랑을 받으리라는 희망을 갖는다는 것은 사소한 일이 아닌가? 하지만, 그리스도는 당신의 사랑을 모든 것 가운데서 가장 큰 것이라고 보신다. 사랑이 없는 모든 것은 아무것도 아니다. 그리스도가 자신을 위해 당신의 목숨을 내어놓으라고 요구하셨다면, 그가 당신을 위해서 행하신 것보다 당신에게 더 많은 것을 요구하셨을 것이다. 그가 당신의 육신을 그를 위해 불사르라고 요구하신다면, 당신은 그것을 실행해야 하지 않는가? "너희 마음을 나를 향한 사랑으로 불타오르게 하라."라고 말씀하실 때, 그 불은 고통스러운 것이 아니라 즐거운 것이다!

나아만이 그의 나병(癩病)을 고치기 위해 예언자에게 갔을 때, 요단

강에 가서 몸을 씻으라는 말을 듣고, 화가 나서 발길을 돌렸다. 그러나 그의 종이 그에게 와서 이렇게 말했다. "내 아버지여 선지자가 당신을 명하여 큰 일을 행하라 하였더면 행치 아니하였으리이까 하물며 당신에게 이르기를 씻어 깨끗하게 하라 함이리이까"(왕하 5:13). 당신이 큰 고통을 피하도록 하기 위해서, 그리고 위대한 구원의 참여자가 되도록 하기 위해서, 그리스도가 어떤 큰일을 요구하셨다면, 당신은 그것을 실행하지 않았을 것인가? "나를 사랑하라, 그리고 구원을 받아라."라고 말씀하실 때, 그것이 그렇게 큰일인가? 당신이 어떤 친구로부터 큰 친절을 받았고, 그에게 보답할 수 없을 때, 당신은 "나는 그를 사랑하는 것 이외에 할 일이 별로 없다."라고 말할 것이다. 그러나 이 작은 일이 그리스도가 보시기에는 사랑 없는 모든 것보다도 더 큰 일이다.

당신은 그리스도에게 기도하지만, 그를 사랑하는 것이 더 소중한 것이다. 사랑으로 가득 차 있는 마음은, 사랑 없이 가장 유창한 표현으로 드리는 수천 번의 기도보다 그리스도에게 더 소중한 것이다. 당신은 그리스도의 말씀을 듣지만, 그를 사랑하는 것이 더 소중한 것이다. 당신이 그리스도를 위해서 고난을 받겠지만, 그를 향한 사랑을 갖는 것이 더 소중한 것이다. 당신은 당신이 가진 좋은 모든 것을 가난한 사람들에게 주고, 그를 위해 당신의 몸을 불사른다고 해도, 당신의 마음을 그에게 드리고 그를 사랑하는 것이 훨씬 더 소중한 것이다. 그리고 실제로 사랑에서 나오는 것을 제외하고서는, 사랑을 수반하는 것을 제외하고서는, 그 모든 것이 그리스도를 기쁘시게 하지 못하며, 당신의 구원에도 아무런 유익이 없는 것이다(고전 13:1-3).

6. 당신은 한번도 과도한 사랑을 쏟아 그리스도를 사랑하기보다는, 너무 쉽게 사랑할 수 있는 것을 사랑할 것인가?

당신은 당신의 부, 당신의 친척, 당신의 쾌락, 당신 자신, 당신의 자유, 당신의 생명 등을 너무 많이 사랑할 수 있다. 여기에서 당신의 사랑은 곧 그 한계를 넘어서고, 벗어난다. 그 한계를 넘지 않기가 어렵고, 그 한계를 지키기가 어렵다. 그리고 실제로, 그리스도에 대한 것보다 이들에 대해서 쏟는 사랑이 그렇게 큰 것만큼 너무 큰 것이다. 그러나 당신이 하늘에 있는 모든 성도들이 그를 사랑하는 것만큼 그렇게 큰 사랑으로 그리스도를 사랑할 수 있다면, 당신이 그것을 감당할 수 있다면, 그것은 너무 큰일은 아닐 것이다. 많은 사람들이 자신들이 그리스도를 너무 적게 사랑했다고 한탄했지만, 자신들이 그리스도를 너무 많이 사랑했다고 말하는 사람은 없었다. 하나님은 아래에 있는 것들에 대한 당신의 사랑을 인하여, 당신을 책망하시고, 양심도 당신을 고발한다. 그러나 하나님도, 양심도, 그리스도에 대한 사랑을 인하여, 그리고 위에 있는 것들에 대한 사랑을 인하여, 책망하거나 고발하지 않는다.

7. 당신은 당신 자신을 진실로 사랑하면서도, 주 예수를 진지하게 사랑하지 않을 수 있는가?

그리스도에 대한 사랑과 모순이 되는 자애(自愛, self-love)가 있다. 그리스도를 사랑하는 자 이외에는 어느 누구도 가질 수 없는 최선의 자애가 있다. 자기 자신을 실제로 사랑하면서도, 누가 자기 영혼의 구원에 관심갖지 않는가? 누가 자기 자신을 파멸로 이끌고, 자기 자신을 저주하며, 자기 자신을 천국에서 쫓겨나게 하는가? 자기 자신을 실제로 사랑하면서도, 누가 하나님의 진노에, 지옥의 저주에 자신을 드러내고, 복되신 주님의 영광스러운 면전에서 추방을 당하는가? 그 모든 것은 예수 그리스도에 대한 사랑의 결핍 때문에 스스로 초래한 것이다. 당신이 진실로 당신 자신을 사랑하고자 한다면, 당신은 그리스도를 진지하게 사랑해야 한다.

8. 당신은 그리스도에 대한 사랑의 결핍 때문에 종교의 모든 의무들이 당신에게 지겨운 것이 아닌가?

당신은 기도하는 것이 부담이라고 생각하는가? 하나님의 말씀을 듣고, 하나님의 말씀을 읽는 것이 부담이 되는가? 하나님과 그리스도, 그리고 위에 있는 것들을 명상하는 것이 당신에게 부담이 되는가? 그것은 모두가 그리스도에 대한 사랑의 결핍 때문이다. 사랑은 어려운 것들을 쉽게 만들고, 중노동을 가벼운 것으로 만든다.

9. 당신은 그리스도를 사랑하기보다, 어떤 것이 당신을 더 하나님같이 만드는가?

이 점에서 당신은 가장 하나님을 많이 닮지 않았는가? 당신은 그리스도를 믿는가? 하나님은 그렇게 하시지 않는다. 당신은 생명과 구원을 위해 그리스도를 신뢰하는가? 하나님은 그렇게 하시지 않는다. 당신은 그리스도의 계명에 복종하는가? 하나님께는 그에게 명령하는 상급자가 없다. 그러나 당신은 그리스도를 사랑하는가? 하나님은 그렇게 하신다. "아버지께서 아들을 사랑하사 만물을 다 그 손에 주셨으니"(요 3:35; 5:20).

10. 당신은 사랑 안에서 하나님과 그리스도께 은혜는 은혜로 보답해야 하지 않겠는가?

하나님이 당신을 향해서 사랑을 주신 것 같이, 당신도 하나님을 향하여 똑같이 처신해야 하지 않겠는가? 하나님이 당신에게 진노하신다면, 당신도 하나님께 화를 내야 하는가? 하나님이 당신에게 위로를 빼앗아 가신다면, 당신은 하나님으로부터 의무를 보류해야 하겠는가? 하나님이 당신을 책망하신다면, 당신도 그를 책망해야 하겠는가? 하나님이 당신을 불쾌하게 여기신다면, 당신도 그를 불쾌하게 여겨야 하겠는가? 이 모든 것이 당신의 죄, 그를 향한 마음의 뒤틀어짐이 되지 않겠는가? 그러나 하나님이 당신을 사랑한다면, 당신은 그를 사랑할 수 있고, 또 그를 사랑해야 한다. 그가 그분의 마음을 당신에게 정해 두셨다면, 당신의 의무는 당신의 마음을 그에게 정해 두는 것이다.

11. 당신은 그리스도에 대한 진지한 애정 없이, 그로 말미암아 얻게 되는 구원을 희망할 수 있는가? 또는 누가 그런 것을 희망하라고 명령하는가?

당신은 그리스도에 의해서, 그리스도로부터, 그리스도를 통해서 얻게 되는 당신의 모든 죄의 용서, 천국의 행복과 같은 그런 위대한 일들을 기대하면서도, 그를 사랑하지 않을 수 있는가? 당신은 그리스도에 의한 영원한 생명을 희망하는가? 나는 당신이 그렇게 하는 것을 알고 있다. 당신이 그리스도에 의한 생명을 기대할 때, 그리스도가 당신에게서 사랑을 기대할 수 있지 않은가? 당신이 그리스도로 말미암아 생명을 얻게 되는 바와 같이, 그리스도가 당신으로부터 사랑을 받게 하라. 그렇지 않으면 생명에 대한 당신의 기대는 좌절될 것이며, 종말이 없는 죽음으로 끝나게 될 것이다.

12. 당신은 감히 그리스도에 대한 사랑 없이 죽는가?

당신이 그리스도를 사랑하지 않는다면, 당신은 감히 고요한 마음으로 이 세상을 떠날 수 있는가? 아니다, 당신이 태어날 때처럼 맹목으로 죽지 않고서는 확실히 그럴 수 없다. 당신이 병들게 되었을 때, 당신이 죽게 되었을 때, 당신은 무엇을 생각하는가? "나는 스무 살, 마흔 살까지 살았지만, 그리스도를 사랑한 적이 없다."라고 생각하는 것이 당신의 마음에 어울리는 것이 아니겠는가? 이제 나는 한 번도 사랑한 적이 없는 그분 앞에 나서야 한다. 당신은 건강이 사라지고, 병들었을 때, 그리고 죽음이 오는 것처럼 그렇게 빠르게 생명이 사라질 때, 그를 사랑하기를 원하는 것과 마찬가지로, 왜 당신은 건강하게 살아 있는 동안에 그를 사랑하지 않았는가?

13. 당신의 사랑은 당연히 그리스도께 주어야 하는 것이 아닌가?

당신은 그에게 사랑의 빚을 지고 있지 않은가? 그것은 창조(創造)에 의해서 그에게 합당한 것이 아닌가? 그분께서 당신에게 당신의 존재를 주시지 않았는가? 구속(救贖)에 의해서, 당신이 무(無)보다도 악한 존재였을 때, 그분은 당신의 속량을 위한 대가(代價)로서 그의 영혼, 그의 생명, 그의 피를 내어주시지 않았는가? 보존(保存)에 의해서, 그리스도는 오늘까지 무덤과 지옥으로부터 당신을 지켜 주시지 않았는가? 오래 전에, 정의가 당신을 넘어뜨리고, 진노가 당신을 저주했을 것이다. 그리스도가 아니고서는 누가 당신에게 집행 유예를 가져다 주었겠는가? 당신이 과거에 기도하지 않고, 말씀을 듣지 않고, 소망을 갖지 않았는데, 저주받는 자들의 고통을 받게 되지 않는다면, 그 모든 것은 오랫동안 당신을 위한 그리스도의 돌보심을 통해서 이뤄진 것이다. 그리스도가 당신을 위해 마련하신 예비(豫備)에 의해서, 당신은 누더기 옷을 걸치지 않았고, 굶지도 않았으며, 잠을 못 자지도 않았다. 그리스도가 사시지 않았다면, 당신은 그런 것들을 가지지 못했을 것이다. 당신이 가진 것은 그리스도가 구매(購買)에 의해서 당신을 위해 예비한 것이다. 당신의 사랑은 명령(命令)에 의해서 그리스도에게 마땅히 돌려야 하는 것이다. 그 명령에 따라 당신은 그에게 당신의 사랑을 바칠 의무가 있다. 당신이 그것을 보류한다면, 당신은 범법자, 큰 범법자라고 여기게 될 것이다.

그것이 여러모로 합당한 것이라면, 그가 마땅히 받아야 할 것을 그리스도께 거부하는 것은 당신에게 어떤 불의가 될 것인가? 당신은 각자에게 그들 자신의 것을 돌려주려고 노력하지 않는가? 당신이 부자가 아니라도, 각자에게 그들이 마땅히 받아야 하는 것을 돌려준다는 것은 당신의 마음을 편하게 하지 않는가? 당신은 그들 자신의 것을 돌려주기 위해 거래하고, 일하며, 고민하고, 염려하지 않는가? 그런데, 그리스도는 당신이 부당하게 대해야 하는 유일한 사람이 되어야 한다는 말인가? 당신이 당신의 모든 채권자들에게 만족하지 않는다고 할지라도, 당신은 사랑하고 더욱 존경하는 그분에 대해서 이렇게 말한다. "그것이 하나님을 기쁘시게 한다면, 그런 것이 나로 인해 하나라도 잃을 것이 없을 것이다." 가련한 죄인아! 당신은 이렇게 말할 것이다. "나는 내가 해야 하는 것을 할 수 없지만, 그리스도는 나의 마음과 사랑을 받지 않았다고 해서, 나로 인해 손실자가 되지는 않을 것이다." 그러나 그가 그렇게 하시지 않는 것을 보라. 만일 그가 그렇게 하신다면, 당신은 당신의 영혼을 잃게 될 것이다. 그렇게 된다면, 누가 손실자가 될 것인가?

14. 그리스도가 친절하게 당신의 사랑을 받아들이는 것은 그리스도 안에 있는 위대한 겸양(謙讓)이 아닌가?

그렇게 위대하신 분이 이렇게 미천한 자의 사랑을 받아들이는가? 그렇게 거룩하신 분이 이렇게 죄가 많은 자의 사랑을 받아들이는가? 그렇게 영광스러우신 분이 이렇게 타락한 자의 사랑을 받아들이는가? 위대한 사람들이 거지들의 사랑을 높이 평가하는가? 아니면, 왕자들이 농민들의 사랑을 높이 평가하는가? 가문이 좋고 재산이 많은 사람이 누더기 옷을 입은 사람과 결혼을 하기 위한 사랑을 허락하겠는가? 아니면, 그가 그 인격과 그녀의 사랑을 모두 경멸하고 거부하지 않겠는가? 그리스도가 어떤 분이며, 당신이 어떤 존재인지를 생각한다면, 당신은 "그리스도가 나를 허락해 주신다면, 나는 그분을 사랑할 것이다."하고 말해야 한다. 당신에게 허락해 주시다니! 그렇게 하실 뿐만이 아니라, 당신에게 명령을 주신다. 그것은 영원한 저주의 고통과 위험에 관한 것이다. 당신이 그렇게 하지 않는다면, 당신은 당신에게 그를 사랑해야 하는 것을 허락하시고, 책임을 맡기실 것이다. 그러나 그분에 대한 사랑 없이 사는 것은 허락하시지 않는다. 하지만, 당신의 오랜 거부로 그분은 정당하게 그에 대한 사랑 없이 사는 것을 당신에게 허락하실 것이다.

15. 당신은 그리스도에 대한 당신의 사랑 때문에 부끄러워할 어떤 까닭이나 이유를 가져야 하는가?

탐욕스러운 사람들이 그들이 세상을 사랑한 것을 부끄러워하고, 육감적인 사람들이 그들의 쾌락을 사랑한 것을 부끄러워하고, 야심가들이 그들의 명예를 사랑한 것을 부끄러워할 시간이 오고 그런 날이 빨리 오지 않겠는가? 은혜로운 영혼이 예수 그리스도에 대한 진지한 사랑 때문에 부끄러움을 당할 시간이 결코 오지 않고, 그런 날이 결코 오지 않을 것이다. 그 희망에 대해서 말한 것이 사랑에 대해서도 마찬가지로 적용된다. "소망이 부끄럽게 아니함은 우리에게 주신 성령으로 말미암아 하나님의 사랑이 우리 마음에 부은 바 됨이니"(롬 5:5).

그러나 모든 죄는 부끄러움에 속하는 일이다. "너희가 그때에 무슨 열매를 얻었느뇨 이제는 너희가 그 일을 부끄러워하나니 이는 그 마지막이 사망임이니라"(롬 6:21). 그러므로 특히 죄를 사랑하는 사람들은 그들이 그리스도를 사랑하지 않은 것을 부끄러워해야 할 것이다. 합리적인 피조물이 가장 지긋지긋한 죄를 사랑하고, 가장 사랑스러운 그리스도를 사랑하지 않는 그런 주정뱅이가 되어야 한다는 것은 끔찍한 부끄러움이 아닌가? 추한 것을 사랑하고 아름다운 것을 사랑하지 않는 것은 끔찍한 부끄러움이 아닌가? 생각과 모양과 화장으로 그럴듯한 선을 가장한 실제의 악을 사랑하고, 조금이라도 악의 모양을 갖고 있지 않는, 참되신 선(善)이신 그리스도를 사랑하지 않는 것은 끔찍한 부끄러움이 아닌가?

오, 부끄럽고, 부끄럽다! 나는 죄가 그런 평가를 받아야 하고, 그리스도가 그렇게 큰 멸시를 받아야 한다는 것을 부끄럽게 여긴다. 그러나 부끄러움이 머지않아 부끄러워할 줄 모르는 이 죄인들을 당황하게 만들 것이다. 그때에 그들은 이렇게 울부짖을 것이다. "우리는 우리가 그리스도를 사랑하지 않고 이익을 사랑한 것을 부끄러워한다.

우리는 그리스도를 사랑하지 않고, 집, 토지, 욕망을 사랑한 것을 부끄러워한다. 이것은 우리의 얼굴의 혼동이며, 부끄러움이 우리를 뒤덮는다. 우리는 너무 어리석고, 너무 맹목적이어서, 가장 위대하고 가장 사랑스러운 선(善)과 가장 크고 가장 증오할 죄 사이를 구별하는 감각과 이성을 가지지 못했다."

16. 그리스도에 대한 사랑만큼 그렇게 유익한 사랑이 있는가?

이익이 사랑을 끌어내린다. 예수 그리스도보다 다른 것들을 사랑함으로써, 당신은 당신이 얻는 것보다 더 많은 것을 잃게 될 것이다. 그런 사랑 때문에 하나님, 그리스도, 천국, 당신 자신의 영혼이 영원히 상실될 것이다. 이 세상의 이득이 세상에 대한 당신의 사랑에 비례해야 할 것이다. 그렇다. 그것을 초과해야 할 것이다. 사람들이 온 세상을 얻고자 하지만, 아무도 그것을 달성하지는 못했다. 당신의 이득은 당신의 상실로 판명될 것이다. 그리고 당신이 죽었을 때, 또는 심판을 받을 때, 당신은 하나님의 면전과 은총에서 상당히 멀리 떨어져 있는 당신 자신을 발견하게 될 것이다. "사람이 만일 온 천하를 얻고도 제 목숨을 잃으면 무엇이 유익하리요 사람이 무엇을 주고 제 목숨을 바꾸겠느냐"(마 16:26). 그러나 당신은 그리스도를 사랑함으로써 어떤 사람도 그 가치를 알 수 없는 것, 어떤 사람도 평가할 수 없는 것, 어떤 수학자도 그의 모든 수치와 기호로 계산할 수 없는 것을 얻게 될 것이다. 수없이 많은 죄의 용서, 무한하신 하나님의 은총, 상상할 수 없는 고통으로부터의 구원, 무한한 생명의 소유, 그리고 나, 또는 다른 어떤 사람이 묘사하고 이해할 수 있는 것보다 더 많은 것을 얻게 될 것이다.

17. 그리스도의 사랑만큼 그렇게 보편적으로 필요한 어떤 사랑이 있는가?

한 사람은 한 가지 것을 사랑하며, 두 번째 사람은 다른 하나를 사랑하며, 세 번째 사람도 다른 하나를 사랑하지만, 거기에는 모든 사람이 그리스도 이외에 어떤 것을 사랑해야 한다는 필연성은 없다. 그것들은 우리가 소유하고 향유하는 것과 관련된 것들이다. 그리스도에 대한 사랑은 가난한 사람들과 부자들에게 필요하고, 위대한 사람들과 보잘것없는 사람들에게 필요하며, 고귀한 사람들과 신분이 천한 사람들에게 필요하고, 학식이 많은 사람들과 배우지 못한 사람들에게 필요하며, 갇힌 자들과 자유한 자들에게 필요하다. 오, 그런데 대부분의 사람들에게만이 아니라 모든 사람들에게 필요한 이 사랑이 어찌하여 대부분의 사람들에게 소홀히 되며, 비교적 거의 모든 사람들에 의해서 소홀히 되어야 하는가?

18. 당신이 그리스도에 대한 사랑을 회피하면서도, 사탄의 유혹을 막을 수 있는 큰 도움을 받기를 원하는 것은 아닌가?

사탄이 당신의 적인가? 당신의 마음이 사탄에게 굴복하지 않는가? 당신이 죽을 만하다고 생각하면서, 당신이 사탄에게 굴복한다면, 사탄에게 저항할 관심이 없는 것은 아닌가? 그러나 그리스도가 당신의 마음의 요새(要塞)가 될 것이고, 당신의 영혼을 지켜줄 것이며, 당신에게 사탄의 모든 포대(砲隊)와 죄의 공격을 막을 수 있는 용기와 결심을 줄 것이고, 세상의 유혹과 매복(埋伏)에 대해서 경계하게 해 줄 것이다. 그리고 당신은 이렇게 말해야 할 것이다. "내가 가장 사랑하는 나의 주님을 적대해야 하는가? 나에게 그러한 선, 그렇게 영원한 선으로 나를 즐겁게 대해 주시는 그분을 싫어해야 하는가? 오! 어떻게 내가 이러저러한 큰 악을 행할 수 있으며, 내가 사랑하는 그분을 거역하여 죄를 범할 수 있단 말인가!" 당신은 사랑이, 당신이 전적으로 사랑하는 그분을 슬프게 하거나, 적대하거나, 나쁜 짓을 하는 것을 금지하며, 과도하게 억제한다는 것을 알지 못하는가?

19. 그리스도에 대한 진지한 사랑이 없이, 그리스도에 대한 당신의 고백을 유지할 수 있겠는가?

시험이 올 때, 그리스도에 대한 사랑이 없는 사람들은 그에게 등을 돌리게 될 것이 아닌가? 부, 안락함, 자유, 명예, 생명, 또는 그 어떤 것을 그리스도보다 더 사랑하는 사람들이 그리스도를 위해 이런 것들을 버리고, 잃고, 내어줄 것인가? 당신은 당신이 가장 사랑하는 것을 가장 오래 간직하려고 노력하지 않겠는가? 이것들이 보호되어야 하지만, 그리스도는 포기되어야 할 것이다(마 19:21-22). 그러나 만일 당신이 지상에서 그리스도를 위한 고난에서 당신을 확고하게, 끊임없이 지켜주는 사랑을 가지고 있지 않다면, 당신은 그 사랑의 결핍 때문에 지옥에서 영원히 고난을 받게 될 것이다.

20. 당신의 사랑을 그리스도께 고정시키는 것이 당신에게 불가능한 일인가? 그것은 도달할 수 없는 것인가?

악마들은 그리스도를 사랑할 수 없지만, 당신은 사랑할 수 있다. 저주받은 영혼들은 그리스도를 사랑할 수 없지만, 당신은 사랑하려고 한다면, 사랑할 수 있다. 당신은 그를 사랑할 수 있도록 당신을 돕는 수단들을 가지고 있지 않은가? 그분이 당신에게 말씀을 전하시지 않는가? 성령께서 당신을 얻고자 노력하고 계시지 않는가? 당신은 사랑하려고 하지만, 그를 사랑할 수 없다고 말하려는가? 나는, 당신이 실제로 그리스도를 사랑하고자 하지만 그를 사랑할 수 없다는 것을 전적으로 부인한다.

당신이 진실하게 그리스도를 사랑하려는 의지를 가지고 있다면, 당신은 그를 사랑할 것이다. 사랑하는 것이 아니고서는 의지하는 것이 무엇이란 말인가? 그것은 사랑하는 것을 방해하는 것이다. 그것은 그리스도를 사랑하려는 의지가 아니다. 당신이 능력을 결핍하고 있다고 말할 것인가? 당신이 말하는 능력은 어떤 의미를 갖고 있는가? 천부적인 능력인가, 아니면 의지력인가? 그것을 당신은 가지고 있다. 당신은 어떻게 어떤 일을 하겠다고 의지하는가? 당신은 그리스도를 사랑할 의지력이 결여되어 있다고 말할 것인가? 그것은 당신이 그리스도를 사랑하지 않겠다는 말이 아니라면, 무엇인가?

당신이 사랑할 수 없다면, 당신이 의지하지 않기 때문이며, 할 수 없다는 당신의 무능력(your cannot)을 내세우면 내세울수록, 하지 않겠다는 당신의 의지(your will not)를 더욱 가중시키는 것이다. 하나님이 당신에게 주신 천부적인 능력이 바로 의지다. 당신이 도덕적인 무기력 때문에 거짓말을 한다면, 그것은 당신의 죄다. 이러한 도덕적인 무능력(moral cannot), 또는 무기력은 그리스도에 대한 의지의 혐오가 아닌가? 그러므로, 하나님의 성령과 은혜의 강력한 역사(役事) 없이는 당신이 그리스도를 사랑할 수 없지만, 이러한 무능력은 사랑하지 않겠다는 당신의 의지다. 하나님의 은혜에 의해서 당신이 의지할 수 있게 되었다면, 당신은 할 수 있다.

당신이 과거에는 기꺼이 사랑하려고 하지 않았지만 지금은 달라진 사람들과 같이 기꺼이 그리스도를 사랑하려고 한다면, 당신은 그들처럼 그를 사랑할 수 있다. 왜 당신은 멀리 서서 "내게 그리스도를 사랑하는 것이 가능하다면, 나는 그렇게 하겠다."라고 말해야 하는가? 어떻게! 가능하다! 무엇이라고! 당신과 악마 사이에 아무런 차이가 없는가? 당신과 지옥에 있는 저주받은 자들 사이에 아무런 차이가 없는가? 당신은 세상을 사랑할 수 있다. 당신이 그것을 할 수 있다고? 당신은 당신 자신을 사랑할 수 있다. 당신이 그것을 할 수 있다고? 그렇다. 그리고 나는, 당신이 죄도 지을 수 있다고 생각한다. 그럴 수 없는가? 우리는 그것이 우리의 슬픔이자 당신의 부끄러움이라고 생각한다. 그러나 왜 당신은 세상, 자아, 죄를 사랑할 수 있는가? 그것은 당신이 의지하기 때문이 아닌가? 당신은 당신의 의지에 반대해서 그렇게 하는가? 나는 당신이 그렇게 하기를 바란다. 그리고 당신이 그리스도를 사랑한다는 것을 확신할 수 있는 더 많은 희망이 있게 되기를 바란다. 당신이 의지하기 때문에 죄를 짓고, 죄를 사랑할 수 있는 것이다.

그러나 세상과 죄만큼 그리스도를 사랑하려는 큰 자발성(自發性)이 있다면, 당신이 그리스도를 사랑할 수 있을 뿐만 아니라, 실제로도 그리스도를 사랑한다고 말할 수 있을 것이다. 하지만, 내가 초자연적인 것에서의 의지의 자유와 능력을 주장하는 사람이 아니며, 죄인으로 하여금 그리스도를 사랑하게 하기 위해, 성령의 역사(役事)의 필요성을 반대하는 사람은 아니지만, 당신의 비자발성이 그러한 사랑의 장애물이 되며, 이러한 비자발성이 당신의 약함이 된다는 것은 가장 명백하다. 당신의 비자발성이(확실히 은혜로 말미암아) 제거되어야 당신의 사랑이 가능해진다. 그러므로 그것이 실제적인 것이 될 때까지 자발성은 중단되지 말아야 한다.

　당신은 드디어 그리스도에 대한 사랑의 필요성을 확신했는가? 그리고 당신은 드디어 그것을 추구하기로 결심하고, 기꺼이 그에게 사랑을 바치기로 결심했는가? 나는 다음으로 계속해서 당신이 은혜를 통해서 예수 그리스도와 사랑에 빠지는 방향들을 다룰 것이다.

제12장

그리스도에 대한 사랑의 길을 보여주며, 그리스도에 대한 진지한 사랑을 얻을 수 있는 10가지 방향

 1. 마음과 사랑을 예수 그리스도께 두기 전에, 죄의 판결, 죄의 시각, 죄의 감정으로 인하여 생긴 당신의 잃어버린 상태와 비참한 상황, 그리고 그것 때문에 생긴 우리의 잃어버린 상태를 분명하게 이해하고 철저하게 확신하라. 그러나 하나님은 그의 아들에 대한 동의와 사랑을 일으키고 얻는 데에서, 모든 죄인들을 무차별하게 대하시지 않는다. 사람들마다 판결의 정도가 다르다. 하나님은, 어떤 사람은 부드럽게 대하고, 어떤 사람은 더욱 거칠게 대하신다. 어떤 사람은 밀랍(蜜蠟)처럼 녹이고, 어떤 사람은 매듭이 많은 나무처럼 베어버리신다. 어떤 사람은 지옥의 문으로 인도하고, 어떤 사람은 천국의 문으로 인도하신다. 어떤 사람은 그리스도에게로 인도하고, 약간의 공포가 있는 하늘로 인도하신다.

 그리스도에 대한 당신의 사랑을 얻기 위해, 그는 특별히 매우 큰 저주를 경고하신다. 그것은 완전하게 표현될 수 없다. 그러나 죄인들로 하여금 그가 동의하고 사랑하든지, 아니면 그가 저주를 받아야 한다는 것을 알게 하라. 그는 마음을 밝히 하여 영혼들로 하여금 그리스도에 대한 동의에 의해서 천국으로 가기보다는, 지옥의 암흑을 모면할 길이 없다는 것을 보게 하신다. 그리고 그리스도는 그가 그의 사랑을 얻고자 노력한 죄인의 양심을 호되게 추궁하신다.

"가련한 죄인아! 너는 무엇을 하려고 하느냐? 너의 구세주를 위해 나를 사랑하기보다는 차라리 저주를 받겠느냐? 나, 주와 함께 천국으로 가기보다는 차라리 너의 욕망과 함께 지옥으로 가겠느냐? 너는 어떻게 하려느냐? 내가 너의 사랑을 받을 수 있느냐, 아니면 너의 사랑을 받지 못하느냐? 너는 마침내 동의할 것이냐, 아니면 계속 거부하겠느냐? 나와 네가 헤어지고 지옥과 네가 만나야 한다면, 나는 쉽게 너에게 말하겠다. 나는 오랫동안 간청하고, 오랫동안 기다려 왔지만, 이제 헤어져야 할 지점, 마감의 순간에 이르렀다. 이 시간은 너에게 결심해야 할 시간이다. 이 상황이 바로 그런 상황이다. 네가 내 말을 경청하지 않으면, 너는 지옥에서 울부짖게 될 것이다. 내가 너를 떠나면, 하나님도 너를 떠날 것이고, 자비도 너를 떠날 것이며, 모든 불행이 너에게 닥쳐올 것이다. 가련한 죄인아! 나에 대한 너의 최종적인 거부, 나에 대한 너의 사랑의 거부의 문제를 생각하라."

 1) 당신의 존재가 극단(極端)의 고통 속으로 던져질 것이 아닌가? 그리고 당신은 그것을 어떻게 감당하겠느냐?

 하나님이 그의 손가락을 당신에게 대기만 하신다면, 당신은 탄식하고 흐느껴 울며, 당신은 울부짖고 큰소리를 지를 것이며, 편히 쉴 수가 없을 것이다. 하나님이 그의 전능한 팔로 타격을 가하실 때, 당신은 어떻게 편히 쉴 수 있겠는가? 당신의 두통, 심장병, 복통(腹痛)이 당신을 미친 사람처럼 울부짖게 한다면, 당신은 그리스도를 거부하는 죄인들에 대한 분노를 보여 주시려는 목적으로 예비하신 장소에서 하나님의 진노를 어떻게 감당할 수 있겠는가? 이 생에서의 가장 쓰라린 아픔도 저주받은 자들의 고통에 비한다면, 바늘에 찔리는 것에 지나지 않겠는가? 저주받은 자들의 고통은 마치 칼로 몸을 관통 당하는 것과 같은 것이다.

2) 그것은 무한한 영원과 결합된 불행이 될 것이 아닌가? 당신은 거기에서 당신을 구원해 줄 그리스도를 사랑하기보다는 극단의 영원한 고통을 감당하겠는가?

작은 아픔이 하루 또는 하룻밤을 그렇게 길게 느끼는 것처럼 만드는데, 그 고통이 중하다면, 훨씬 더 길게 느끼지 않겠는가? 그 밤에 당신은 "지금이 낮인가?"라고 질문할 것이다. 당신은 시계를 보고, 시간을 헤아릴 것이며, 시간이 가지만, 늦게 간다고 생각할 것이다. 새벽녘이 되면, 내가 일어나리라! 그러나 창조와 세상의 해체 사이의 모든 시간은 영원에 비하여 한 순간에 지나지 않을 것이다. 거기에는 시간을 알리는 종소리도 없고, 시간을 알려주는 일도 없으며, 밤낮이 교차되는 것도 없으며, 낮은 없고 항상 밤만 있을 뿐이다. 새벽녘이란 결코 있을 수 없다. 수천 년이 지나가겠지만, 그보다 장차 올 시간은 그보다 결코 더 적은 것이 아닐 것이다. 지나가는 것도 없고 올 것도 없지만, 이미 지나간 것보다 앞으로 올 것이 더 많다. 이제, 희망이 있지만, 당신은 당신의 사랑과 마음을 그에게 주려고 하지 않는다. 그때에는 당신의 마음을 일깨워줄 희망이 없게 될 것이다. 게다가,

3) 그것은 보편적인 고통이 될 것이 아닌가?

여기에서, 당신의 머리가 아프다고 할지라도, 당신의 마음은 아프

지 않을 수도 있다. 더 많이 아프다고 할지라도, 전부 아프지 않을 수도 있다. 그러나 그때에 전체가 고통을 받게 될 것이다. 당신이 잃어버린 하나님, 천국, 행복, 그분에 대한 사랑의 결핍 때문에 생긴 모든 것, 그리고 당신이 발견하는 불행을 알게 될 때, 당신의 이해가 당신을 괴롭힐 것이다. 그들의 기억은 지상에서의 기회를 환기시키면서 당신의 마음의 괴로움을 증가시킬 것이다.

내가 얼마나 큰 자비로 당신에게 간청했고, 얼마나 큰 은혜로 당신에게 구애(求愛)했으며, 내가 얼마나 당신의 사랑을 요구하고, 나의 성령이 당신의 사랑을 얻기 위해서 얼마나 노력했으며, 얼마나 오랫동안 인내로 기다렸는가? 그러나 나는 당신에게서 그 사랑을 얻을 수 없었다. 당신의 양심이 이렇게 말하면서, 당신을 자극하며 괴롭힐 것이다. "내가 너의 거부의 종말이 이렇게 되리라고 말하지 않았는가? 내가 너에게 미리 경고하지 않았는가? 너의 가장 현명하고 유일한 길이 그리스도의 말씀을 경청하고, 너의 사랑을 그에게 쏟는 길이라고 말하지 않았는가? 그러나 너는 내 목소리를 들으려 하지 않았고 듣지도 않았으며, 너의 사랑을 간청하시는 그리스도의 음성을 경청하지도 않았다."

그리고 부활할 때에, 당신의 몸은 영혼과 함께 형벌의 공유자(共有者)가 될 것이고, 당신의 모든 감각은 고난을 받는 대상들과 함께 고통을 당할 것이다. 당신의 귀는 슬픈 탄식소리를 듣게 될 것이다. 당신의 눈은 저주받은 피조물들로 이루어진 저주를 받는 무리를 보게 될 것이다. 당신의 후각(嗅覺)은 불타는 유황의 악취로 괴로움을 당할 것이다. 당신의 미각(味覺)은 자비의 혼합이 없는 쓴맛으로 가득한 진노의 잔을 계속 맛보게 될 것이다. 당신의 촉각(觸覺)은 타오르지만, 결코 꺼지지 않는 불을 느끼게 될 것이다. 떨기가 타올랐지만, 지상에서 꺼지지 않는 것이 모세에게는 놀라운 것이었다. 그리고 이 떨기가 지옥에서도 불타오르게 되고 결코 꺼지지 않을 것이다. 그것은 더 큰 놀라움이 될 것이다.

이제 나에게 말하라. 그리스도가 말씀하신다. "가련한 죄인아! 너의 대답이 무엇이냐? 너는 나를 사랑하기보다는 차라리 이 모든 것을 견디겠느냐? 너는 차라리 세상과 너의 현재의 쾌락을 사랑하겠느냐? 나를 사랑하고, 그들로부터 구출되기보다는 차라리 향후에 이러한 극단의, 영원한, 보편적인 고통 속에 처하겠는가? 이 가운데 하나가 선택되어야 한다. 그러므로 지혜롭게 선택하라."

그리스도가 당신의 사랑을 얻기 위해 이러한 과정을 취하시는 것과 같이, 당신도 그분께 당신의 사랑을 바칠 수 있다는 당신 자신의 확신을 위해서 진지한 숙고에 의해서 그리스도와 결합해야 한다. 당신 자신을 설득하고 마음을 움직여라. 당신은 하나님의 저주와 경고 아래 있다. 하나님의 저주는 참되고, 무서운 것이며, 참을 수 없고 영원한 것이다. 당신은 이 생에서와 장차 올 생에서 하나님에 의해서 가장 무서운 형벌, 재앙, 심판으로 경고를 받는 사람이다. 당신이 그리스도에 대한 당신의 사랑을 최종적으로 거부한다면, 당신은 율법과 복음이 저주하는 그런 사람이 될 것이다. 하나님의 진노 아래 놓이게 된다는 것을 진지하게 생각해 보라. 하나님의 진노는 큰 분노다(렘 21:5). 하나님의 진노는 분노를 모아두는 창고와 같고(롬 2:5), 지속되는 분노(요 3:36)다. 하나님의 진노는 찢고 파괴하는 진노(암 1:11; 시 50:22; 겔 43:8)이고, 참을 수 없는 진노(나 1:6)이며, 대부분 장차 올 진노(마 3:7)이고, 영원한 진노(계 14:10-11)다.

당신의 마음을 얻고자 노력했지만, 당신은 그리스도를 사랑하지 않기 때문에, 당신은 천국에 들어갈 자격이 없고, 구원을 기대할 아무런 실제적인 희망도 없고, 약속도 없으며, 서약이나 진심도 없고, 어떤 탄원이나 관심이나 보증도 없다. 지옥이 당신에게 합당하며, 고통을 받아야 마땅하다. 지옥이 당신이 기거하고 저주하는 장소로 마련되어 있다. 그 장소가 준비되어 있고, 불이 켜져 있으며, 악마들이 기다리고 있다. 모든 지옥이 당신을 맞이하려고 분주하다. 오, 지옥의 분위기가 어떤지를 생각해 보라. 당신은 매 순간 그 위기 속에 있다. 그 곳은 뜨겁고, 길고, 거대하며, 어둡고, 깊고, 안식이 없으며, 치료가 없는 지옥이다. 당신이 죄의 시각과 감정에 사로잡혀 있다면, 당신은 스스로 잃은 자가 될 것이다.

2. 하나님의 모든 피조물들 중에서 어떤 단순한 피조물에게서는 당신을 위한 도움이 없다는 것을 생각하라.

그런 것들은 아무것도 당신의 저주를 막을 수 없고, 당신에게 하나님의 은총을 줄 수도 없으며, 당신을 하나님의 나라로 인도할 수도 없다. 당신이 위를 향해 쳐다본다고 해도, 천사들도 그렇게 할 수 없다. 당신이 아래를 향해 본다고 해도, 악마들도 그렇게 할 수 없다. 주위를 돌아보라. 모든 피조물이 이렇게 말한다. "우리에게는 아무런 도움도 없다. 진노가 완화될 수 없다. 정의가 충족될 때까지 진노가 누그러질 수 없다. 어떤 단순한 피조물이 무한하게 성난 정의를 충족시킬 수 있는가? 눈물, 기도, 개혁도 하나님을 만족하시게 할 수 없다." 그러므로 다른 모든 피조물이 당신에게 구제책이 될 수가 없다. 그러므로 당신이 당신 자신을 도울 수도 없다.

3. 당신 자신의 죽을 운명을 진지하게 생각하고, 심판, 천국, 지옥에 대해서 숙고하라. 죽음의 확실성과 죽음의 임박(臨迫)함을 곰곰이 생각하라.

당신은 내년이 오기 전, 올해 죽을 수도 있다. 다음이 오기 전, 이번 주, 오늘, 이 시간에 죽을 수도 있다. 그리고 이렇게 말하라. 오, 그때에 나는 어떻게 될 것인가? 나는 그때에 어디에 있게 될 것인가? 나는 어떻게 해야 하는가? 그때에 나는 고난을 당할 것인가? 나는 저주를 받게 되며, 내 뒤에 죽음이 있는가? 하나님이 나에게 분노하시고, 죽음이 나를 뒤쫓아 오는가? 내가 천국에 들어갈 자격도 없고, 그것을 희망할 이유도 없으며, 죽음이 얼마나 빨리 오게 될지도 모르지 않는가? 나는 지옥의 위험 속에 있지 않은가? 나는 주중의 어떤 날, 하루 중의 어떤 시간에 지옥에 떨어질 수도 있지 않은가? 오, 나는 비참한 처지에 빠져 있구나! 진노가 내 머리 위에 있고, 지옥이 내 발 아래에 있다. 진노가 나에게 떨어지려 하고, 나는 지옥에 떨어질 위기에 처해 있다! 과거에 나는 사랑의 결핍 때문에 내 마음이 그렇게 악하고, 내 위험이 그렇게 크며, 내 영혼이 그렇게 검으며, 나 자신이 지옥의 고통에 그렇게 가까운지를 생각해 보지도 못했다! 슬프다, 내가 사랑했던 내 인생이 모두 혐오스러운 죄였구나! 마치 괴물과도 같았구나! 심지어는 하나님의 위엄에 대한 도전, 하나님의 뜻에 대한 반박, 하나님의 본성에 대한 거역, 하나님의 아들에 대한 거부, 하나님의 성령에 대한 원한, 나 자신의 영혼에 대한 저주와 같은 죄도 범했다. 확실히 이 사랑은 맹목적인 것이었다.

오! 하나님은 그의 아들을 그렇게 경솔히 대한 것을 참으실 것인가? 그의 은혜를 그렇게 남용한 것을 참으실 것인가? 슬프다! 나는 생명

없이 살아갈 수 있는가? 오, 나는 어떻게 해야 하는가? 그리고 나는 어디에서 도움을 받아야 하는가? 나는 누구에 의해서 구제되고, 회복되고, 구원을 받을 수 있는가? 오, 나는 이러한 고민 속에 빠져 있다. 나를 구제하고 구원해 주실 수 있고, 구원해 주시고자 하는 자의 음성을 들을 수만 있다면, 저주를 제거하고 나에게 축복을 주시며, 하나님의 진노를 쫓아버리고 그분과 화해시킬 수 있는 자의 음성을 들을 수만 있다면, 그분이 나를 지옥에서 구원해 주시고, 나를 천국으로 인도해 주실 것이 아닌가? 그런데 어찌 되었는가, 고민에 빠져 있는 영혼아! 오 그렇다면, 내가 그를 사랑할 터인데. 사랑하라! 그렇다. 나의 마음을 다하여, 나의 영혼을 다하여, 내가 그렇게 해야 할 까닭을 가진 만큼 확실하게 그를 사랑하라! 내가 내 영혼에 귀중한 이름이 되는 그런 분을 알지 않았는가. 그 이름이 내 마음에 새겨져야 할 것이다. 나는 그런 분을 결코 충분히 사랑할 수 없다고 생각했다. 죄인아, 너는 그렇게 말하는가?

나는, 그와 같은 분이 한 분, 오직 한 분이 계시다는 것을 너에게 말하겠다. 그분은 너를 도우실 수 있고 도우시기에 넉넉하며, 너를 도우시고, 네가 빠져 있는 고민에서 너를 구조하고 구원해 주시기에 적합하며, 자유로우신 분이다. 오, 내가 그에게 전념하고, 그에게 나의 모든 사랑을 바칠 수 있는 그의 이름이 무엇인가? 그의 이름은 주 예수 그리스도다. 주 예수 그리스도!

오, 찬양을 받으실 주님! 오, 가장 친절한 예수! 오, 사랑스럽고도 사랑스러운 그리스도! 그의 이름의 소리가 내 귀에 멜로디, 내 입맛에 꿀, 내 눈에 빛, 고귀한 연고의 감미로운 향기라고 생각한다. 그것은 상처를 입은 내 양심에 효모(酵母)이며, 가라앉은 내 정신에, 쇠약해져 가는 내 영혼에 소생시키는 강장제(强壯劑)다. 나는 그의 이름이 내 마음 속에 떠오른다고 말해야 한다고 생각한다. 나는 내 입으로, 내 혀로 그 이름을(사랑과 존경으로) 사랑한다. 주 예수 그리스도는 나를 도우실 것이다. 주 예수 그리스도는, 내가 그를 사랑한다면, 나를 구원해 주실 것이다. 내가 주님이시자, 예수이시자, 그리스도이신 그를 사랑한다면, 나를 구원해 주실 것이다. 오, 그의 이름을 듣는 것이 이러한 희망을 가져다준다면, 기꺼이 나는 그에 대해서 더 많은 것을 알고자 할 것이다. 확실히 내가 그에 대해서 알면 알수록, 나의 사랑은 더욱 더 그에게 쏠릴 것이다. 오, 어떤 사람이 그가 누구인지를, 그리고 내가 그를 사랑하기 위해 내가 무엇을 해야 하는지를 나에게 더 자세히 말해 줄 수 있는가! 그것은 다음과 같다.

4. 그리스도에 대해, 그가 누구인지, 그가 당신에게 어떤 분인지에 대한 지식을 소유하라. 당신의 마음이 그에 대한 사랑 속에서 불타오르는 것을 발견할 때까지, 그런 생각에 머물라. 그리고 이러한 목적을 위해 다음을 생각하라.

1) 그의 이름, 주, 예수, 그리스도.
2) 인간을 위해 주셨지만, 하나님에 대한 그의 관계.
3) 당신을 위한 그의 탁월성과 과업.
4) 그의 애정, 그리고 그는 당신에게 마음에 드는 분.
5) 당신에게 주시고자 하는 그의 은혜.

1) 그의 이름에 대한 고찰은, 그 안에 당신의 사랑을 끌어내고 사로잡을 수 있는 많은 것들이 들어 있다.

(1) 주님(Lord).

하나님은 만주(萬主)의 주, 만왕(萬王)의 왕, 찬양을 받으실 분, 오직 한 분이신 통치자이시다(딤전 6:15). 하나님은 창조에 의해서 주님이 되신다. 하나님은 당신에게 존재를 주셨다. 무(無)로부터 당신을 생기게 하셨고, 당신을 인간으로 지으셨다. 그는 당신에게 이해력, 의지력, 그리고 여러 가지 감정을 주셨다. 이제 당신은 당신의 아버지와 어머니를 사랑하면서도, 당신을 지으신 분을 사랑하지 않으려 하는가? 하나님은 구속(救贖)의 권리에 의해서 주님이 되신다. 당신이 무(無)보다 더 악한 죄 가운데에 있었을 때, 사탄과 죄에 얽매어 있었을 때, 그가 자신의 피로써(행 20:28), 당신을 위하여 자기 영혼을 내어 주심으로써(사 53:10), 당신을 위하여 자기 영혼을 내어 주심으로써(마 20:28), 당신을 위하여 자기 자신을 내어 주심으로써(딤전 2:6) 당신을 대속하셨다.

그가 당신의 유익을 위해 당신의 사랑을 이끌어 내기 위해 얼마나 값비싼 희생을 치렀는지를 생각하라. 그는 아버지에 의해서 주어진 보편적인 권한에 의해서 주님이 되신다. "하늘과 땅의 모든 권세를 내게 주셨으니"(마 28:18). "아버지께서 아무도 심판하지 아니하시고 심판을 다 아들에게 맡기셨으니" "또 인자됨을 인하여 심판하는 권세를 주셨느니라"(요 5:22, 27). "아버지께서 아들에게 주신 모든 자에게 영생을 주게 하시려고 만민을 다스리는 권세를 아들에게 주셨음이로소이다"(요 17:2). "그리스도께서 죽었다가 다시 살으셨으니 곧 죽은 자와 산 자의 주가 되려 하심이니라"(롬 14:9). 보라, 이와 같은 주님이 없다. 그분은 심판하고 처형할 능력, 저주하고 구원하는 능력을 가지셨다.

(2) 예수(Jesus).

은혜로우신 이름, 구세주. "이름을 예수라 하라 이는 그가 자기 백성을 저희 죄에서 구원할 자이심이라 하니라"(마 1:21). 그의 이름이, 당신이 그에게서 기대할 수 있는 것을 말해 준다. 예수! 은혜로우신 이름이다. "이러므로 하나님이 그를 지극히 높여 모든 이름 위에 뛰어난 이름을 주사 하늘에 있는 자들과 땅에 있는 자들과 땅 아래 있는 자들로 모든 무릎을 예수의 이름에 꿇게 하시고"(빌 2:9-10), 모든 사람이 그에게 복종할 것이다. 예수! 고귀한 이름! 이 이름은 달콤한 향기이며, 모든 고귀한 연고보다 더 향기롭다(아 1:3). 이 이름으로 앉은뱅이가 걷게 되고, 맹인이 보게 되며, 귀머거리가 듣게 되고, 죄인이 의롭다함을 받게 되며, 오염된 자들이 깨끗하게 되고, 이질적인 사람들이 화해를 맺게 되며, 죄인들이 구원을 받게 된다(행 3:6).

(3) 기름부음을 받은 자(Anointed).

"하나님 곧 왕의 하나님이 즐거움의 기름으로 왕에게 부어 왕의 동류보다 승하게 하셨나이다"(시 45:7). "주 여호와의 신이 내게 임하셨으니 이는 여호와께서 내게 기름을 부으사 가난한 자에게 아름다운 소식을 전하게 하려 하심이라 나를 보내사 마음이 상한 자를 고치며 포로된 자에게 자유를, 갇힌 자에게 놓임을 전파하며"(사 61:1), 그가 잃어버린 죄인들의 구세주가 되시기 위해 기름부음을 받으셨다면, 이것은 당신의 사랑을 이끌어 들이는 것이 되지 않는가?

2) 그리스도에 대한 당신의 사랑을 얻기 위해, 당신을 위해서 그를 주셨지만, 아버지에 대한 그의 관계를 생각해 보라.

모든 존재들이 하나님과 일정한 관계를 가지고 있지만, 그 어떤 것도 그리스도보다 하나님께 더 가깝지 않다. 그는 하나님의 아들이며,

그런 의미에서 창조에 의해서 하나님의 아들들인 모든 천사들을 능가하시는 분이다(욥 38:7). 신자들은 양자(養子)로 삼으시는 것에 의해서 하나님의 자녀가 되지만(요 1:12; 갈 3:26), 그리스도는 영원한 출산에 의해서 하나님의 아들이 되신다(시 2:7). 그리스도는 하나님의 독생자이시다. 그가 그러한 그리스도를 독생자로 두셨지만, 이 독생자를 당신을 위해서 주시지 않았는가?

오, 당신의 사랑이 어디에 있는가? 그리스도는 하나님이 아끼시는 아들, 그의 매우 사랑하는 자, 그의 날마다의 즐거움(잠 8:30), 그의 사랑하는 아들(골 1:13)이다. 그리고 그가 당신의 사랑의 대상이 되어야 하지 않겠는가? 보라, 그의 사랑의 아들이 진노의 자녀들을 위해서 오셨다. 그 이유로, 바로 그러한 이유 때문에 그가 사랑을 받으셔야 하지 않겠는가? 사람들은 군주(君主)들의 아들들을 사랑한다. 당신은 하나님의 아들을 사랑하지 않겠는가? 당신은, 당신의 자녀, 당신의 아들들과 딸들을 사랑하지 않는가? 당신은 하나님의 아들을 사랑하지 않겠는가? 그는 이렇게 말씀하지 않았다. "아버지. 나는 당신의 아들입니다. 그런데 왜 내가 당신의 원수들을 위해 고난을 받고 죽어야 합니까? 아버지, 나는 당신의 독생자입니다. 당신에게는 하늘이나 땅에 저와 같은 다른 아들이 없습니다. 그런데 왜 내가 죄인들이 영광의 면류관을 쓰도록 하기 위해, 가시 면류관을 써야 합니까?" 그러나 이 독생자는 반역자들을 위해 죽으셨다. 하나님의 품속에 계신 아들은 지상의 품안에 누우셨다. "사랑하는 주님! 당신은 모든 사람의 가슴속 사랑을 받을 가치가 있습니다."

3) 당신의 사랑을 끌고 이끌어내기 위해, 그리스도가 그 스스로, 그리고 당신을 위해서 하신 일에서 얼마나 기묘하신 분인가를 생각해

보라. 그리고 놀라운 사랑으로 그를 사랑하라.

당신이 그를 사랑하지 않는다면, 그것은 놀라운 일이 될 것이다. "그의 이름은 '기묘자' 라고 불릴 것이다"(사 9:6).

(1) 그리스도는 그의 잉태와 출생에서 기묘하신 분이었다. "보라 처녀가 잉태하여 아들을 낳을 것이요 그 이름을 임마누엘이라 하리라"(사 7:14). "성령이 네게 임하시고 지극히 높으신 이의 능력이 너를 덮으시리니 이러므로 나실 바 거룩한 자는 하나님의 아들이라 일컬으리라"(눅 1:35). 보라, 마리아는 어머니였지만, 처녀였다. 기묘하다! 예수를 낳은 마리아는 죄인이었지만, 그녀가 낳은 예수는 죄나 흠이 없는 분이었다. 기묘하다!

(2) 그리스도는 그의 인격에서 기묘하신 분이었다. 그는 인간이었지만, 동시에 그는 하나님이었다. 그는 하나님이었지만, 동시에 그는 인간이었다(딤전 3:16). 기묘하다!

(3) 그리스도는 그의 업적과 활동에서 기묘하신 분이었다. 그는 약도 없이 병자들을 치유하셨다. 그는 나면서부터 눈먼 자의 눈을 진흙과 침으로 눈뜨게 하셨다(요 9:1, 6-7). 한 마디 말씀으로 악마들을 쫓아내셨다. 격노하는 바다를 잠잠하게 하셨다(마 8:26-27). 모든 것이 기묘하다!

(4) 그리스도는 그의 죽음과 수난에서 기묘하신 분이었다. "예수께서 다시 크게 소리지르시고 영혼이 떠나시다 이에 성소 휘장이 위로부터 아래까지 찢어져 둘이 되고 땅이 진동하며 바위가 터지고 무덤들이 열리며 자던 성도의 몸이 많이 일어나되"(마 27:50-52). 그리고 그 이전에는, "제 육 시로부터 온 땅에 어두움이 임하여 제 구 시까지 계속하더니"(45절). 모든 것이 기묘하다!

(5) 그리스도는 그의 부활에서 기묘하신 분이었다. 죽은 자들이 그리스도에 의해서 일어나고, 죽은 그리스도가 그 자신에 의해서 일어난다(요 10:18).

(6) 그리스도는 그의 승천(昇天)에서 기묘하신 분이었다. 제자들은 하늘로 올라가는 그리스도를 응시하고, 바라보고, 놀라워하며 서 있었다(행 1:9-11).

이제, 이 놀라우신 예수는 기묘한 방식으로 태어나셨고, 기적을 행하면서 사셨으며, 기적으로 죽으셨다. 그는 기적으로 부활하셨고, 놀랍게도 영광 중에 승천하셨다. 이 모든 것은 잃어버린 죄인들의 구원을 위한 것이었다. 당신이 그를 사랑하지 않는다면, 그것은 천사들이 놀랄 일이고, 악마들이 놀랄 일이며, 하나님의 모든 피조물이 놀랄 일이 아닌가? 그가 오실 때에, 천사들이 당신을 보고 놀라고, 악마들이 당신을 보고 놀라며, 하나님의 성도들이 당신을 보고 놀랄 것이 아닌가? 보라, 당신이 이 놀라우신 그리스도를 사랑하지 않으려 하는데, 그들은 최후의 심판 날에 세상의 놀라운 일이 될 것이다.

(7) 더욱이, 그는 영원 전부터 신(神, the Ancient of Days)이었다(요 8:58, 17:5, 잠 8:22, 31). 그러나 이제 당신을 위해 한 아기가 되셨다.

(8) 그리스도는 존엄으로 옷을 입으셨다(히 1:3). 그러나 당신을 위해 스스로 최대의 모욕을 받으셨다(사 1:6).

(9) 그리스도는 모든 사람들보다 탁월하게 멋지신 분이셨다(시 45:2). 그러나 당신을 위해 그리스도의 모습은 다른 사람의 모습보다 더 많이 상했다(사52:14).

(10) 그리스도는 권능에서 막강한 분이었다. 그리스도는 말씀으로

악마들에게 명령했고, 바다를 잠잠케 하셨으며, 세상을 유지했지만, 당신을 위해서 나약한 인간처럼 죽으셨다.

(11) 그리스도는 거룩함에서 완전하신 분이었다. 그에게는 흠이나 교활함이 없었다. 그러나 당신의 자리에 서서 신성모독이라는 비난을 받으셨다.

(12) 그리스도는 지혜로 충만한 분이었다(골 2:3). 그러나 당신을 위해서 조롱을 당하고 비웃음을 당하셨다.

(13) 그리스도는 온 세상의 심판자다. 그러나 당신을 위해서, 당신의 죄를 지시기 위해서, 인간의 법정에서 유죄 판결을 받으셨다. 당신이 그리스도를 사랑한다면, 당신은 하나님의 심판대에서 유죄 판결을 받지 않을 것이다. 이 모든 것은 놀라운 것이다. 그러나 그렇게 놀라우신 인물이 그렇게 놀랍게도 자기를 낮추셨다. 결국 이분이 당신에게 사랑을 받지 못한다는 것은 놀라운 수치이며, 놀라운 부끄러움이 될 것이다.

4) 그리스도에 대한 당신의 사랑을 이끌어내기 위해, 그가 당신에게 마음에 드는 분인지를 생각해 보라.

왜냐하면 관계가 애정을 만들어내기 때문이다. 당신을 향한 그리스도의 사랑은 당신에게서 그리스도에 대한 사랑을 낳는다. 당신이 그리스도를 사랑한다면, 그는 당신의 마음에 드는 분이 되어 주실 것이다! 그리스도는 당신의 신랑과 당신의 남편이 되실 것이다. 당신에게 제안하고 몸짓으로 신호하는 가장 어울리는 짝이 될 것이다. 그리스도는 당신의 목자가 될 것이다. 그리고 당신을 그의 양떼에게로 인도하고, 파괴적인 늑대로부터 당신을 구해 주실 것이다. 그리스도는 당신의 구원자가 되어 주실 것이다. 대가를 치름으로써 복수하는 정의의 손에서 당신을 구원하고, 권능으로 으르렁거리는 사자의 입으로부터 당신을 구출해 주실 것이다. 그리스도는 당신의 제사장과 보증인이 되어주실 것이다. 그리하여 당신의 빚을 청산해 주고, 하나님과 당신을 화해시켜 주실 것이다.

그리스도는 당신의 변호자가 되어 주실 것이다. 그리하여 당신의 고소인(告訴人)인 사탄에 대해서 당신의 송사(訟事)를 변호해 주시고, 당신을 위해 아버지 앞에 지속적으로 나타나실 것이다(요일 2:1). 그리스도는 당신의 왕과 대장이 되어 주실 것이다. 그리하여 당신의 원수들을 정복하고, 그들을 짓밟으실 것이다. 당신의 사랑을 얻을 수 있는 것, 찬양을 받으실 이 예수에 대한 당신의 마음을 얻을 수 있는 것이, 이 모든 것 속에 아무것도 없단 말인가? 당신은 어떻게 그를 부정할 수 있는가? 당신은 오늘 이 자리에서 나가서, 당신의 진실을 맹세해야 하지 않겠는가? 당신의 사랑을 그에게 바쳐야 하지 않겠는가? 오, 이렇게 말하라. "이분이 바로 내가 사랑해야 할 그분이다!"

5) 더욱이, 이 말로 하여금 그리스도에 대한 당신의 사랑을 강력하게 이끌어내게 하라.

악으로부터의 구원이라는 점에서, 당신은 그에게 어떤 은혜를 받게 되는가? 그리스도는 죄의식과 죄의 권세로부터(마 1:21), 사탄의 폭정으로부터(눅 11:22, 히 2:14), 율법의 저주로부터(갈 4:4), 장차 올 진노로부터(살전 1:10, 롬 5:10), 죽음의 찌르는 가시와 지옥의 저주로부터(고전 15:54-56) 당신을 구원해 주실 것이다. 선(善)의 협력이라는 점에서, 그리스도는 당신을 하나님과 화해하게 하시고, 당신을 자녀가 되게 하는 입양(入養)으로 인도하실 것이다. 당신의 마음을 깨끗하게 해주고, 당신의 인격을 의롭다고 해주실 것이며, 당신의 기도를 들어주실 것이고, 죽을 때에 당신 곁에서 지켜주실 것이며, 당신을 영원히 구원해 주실 것이다.

"이제, 가련한 죄인아! 너는 너의 애정을 얻기 위해 몸짓으로 신호하시는 주 예수 그리스도에 대해서 어떻게 생각하느냐?" 하나님 앞에서와 같이 나에게 말하라. 세상과 죄에게 당신의 사랑을 쏟는 것보다 이 그리스도에게 쏟는 것이 더 낫지 않는가? 당신은 감히 당신의 입으로 달리 말하지 않을 것이다. 오, 당신의 마음속에서 솔직하게 말하라. 그리고 당신이 말하는 것과 같이 그에게 사랑을 바쳐라. 그리고 나는 나의 설교의 결말에서 이 사랑스러운 예수를 당신에게 제시한다. 그리스도는 당신을 위해서 죽음이라는 결과를 가져오실 것이다. 당신은 말씀을 들음으로써 그 선함을 얻게 될 것이다. 그것은 당신이 이 문으로 들어 왔을 때 당신의 마음속으로 얻고자 했던 것은 아니다. 그리스도를 경시하는 자는 오고, 그리스도를 사랑하는 자는 간다. 당신은 세상과 죄에 대한 사랑을 그리워하는 마음으로 집에서 나왔지만, 죄에 대한 사랑을 내보내고, 그리스도에 대한 사랑을 당신의 마음속으로 들여보내고서 집으로 돌아간다. 그것은 당신에게 이렇게 말하게 할 것이다.

"오 축복을 받을 만한 변화로다! 나의 옛 사랑보다 이 새로운 사랑이 얼마나 더 좋은가! 오, 복되신 말씀이로다! 그 말씀이 내 귀에 들렸고, 하나님이 그 말씀을 내 마음에 심어 주셨다! 오, 축복 받은 날이로다! 나는 이 날을 기록해 둘 것이다. 왜냐하면 이 날이 그리스도와 내가 사랑으로 연합한 날이기 때문이다." 어떤 사람들은 설교를 들으러 오지만, 방황하는 눈과 배회하는 마음으로 피조물에 대한 사랑에 빠져 있다. 그러나 나는 그 이유(why)와 방법(how)을 모른다고 고백한다. 하나님은 자비 안에서 나의 마음과 사랑을 변화시키는 것을 즐거워하셨다. 그것은 내가 경험한 가장 좋은 변화였다. 이것은 내가 발견한 것 중에서 가장 달콤한 사랑이다. 그러나 그것이 다른 사람들에게는 행복한 상황이 되지 않을 수도 있다. 그러므로 그런 사람들에게 덧붙여 말하겠다.

5. 당신이 그리스도에 대한 이러한 지식을 가질 때, 기꺼이 그를 모시고, 복음에서 제시된 바와 같이 진심으로 그를 영접하며, 그에게 자신을 맡길 것이다. 그가 당신에게서 소유권을 가지실 때, 당신도 그에게서 소유권을 갖게 되며, 당신의 마음속에서 그에 대한 사랑이 일어날 것이다. 믿음은 뿌리이며, 사랑은 그 위에서 자라나는 꽃이다. 이와 같이 심은 믿음은 사랑으로 신속하게 역사할 것이다(갈 5:6). 믿음으로, 그가 당신의 그리스도, 당신의 주와 구세주가 되실 때, 그는 확실히 당신의 영혼의 사랑을 받는 자가 될 것이다. 사랑의 대상인 인격과의 관계에서 사랑의 토대가 마련된다. 소유권과 관심이 사랑을 낳는다. 당신은 당신의 것을 사랑한다. 그것이 당신의 소유이기 때문이다. 당신은 다른 모든 것보다도 당신의 자녀, 당신의 아내, 당신의 남편을 사랑한다. "나의 사랑하는 자는 내게 속하였고 나는 그에게 속하였구나"(아 2:16). 그러나 지금 당신에게 높이 평가를 받고 있는 다른 모든 것들은 쓰레기처럼 여길 것이다. "또한 모든 것을 해로 여김은 내 주 그리스도 예수를 아는 지식이 가장 고상함을 인함이라 내가 그를 위하여 모든 것을 잃어버리고 배설물로 여김은 그리스도를 얻고"(빌 3:8).

6. 당신의 마음속에 그리스도에 대한 이 사랑을 불러 일으키기 위해서 하나님께 많이 기도하라. 그것은 성령의 열매이며, 그로 말미암아 열매를 맺는 것이다. 그것은 당신의 의무이지만, 하나님의 은사(恩賜)다. 그것은 당신의 행동으로 이뤄지는 것이지만, 하나님의 역사(役事)다. "아버지 하나님과 주 예수 그리스도에게로부터 평안과 믿음을 겸한 사랑이 형제들에게 있을지어다"(엡 6:23). 평화의 하나님이신 하나님으로부터 평화만 오는 것이 아니다. 믿음을 일으키시는 분이신 그에게서 믿음도 오고, 사랑의 하나님이신 하나님으로부터 사랑도 온다. 그리스도에 대한 사랑은 하나님과 그리스도께로부터 나와야 한다. 그렇지 않으면 당신은 결코 그 사랑을 가질 수 없다. 이것을 위해서, 사도들은 다른 사람들을 위해서 기도했다. "주께서 너희 마음을 인도하여 하나님의 사랑과 그리스도의 인내에 들어가게 하시기를 원하노라"(살후 3:5). 그리고 당신은 이것을 갈구하도록 더욱 많은 격려를 받을 것이다. 왜냐하면 그러한 간구가 하나님을 기쁘시게 하기 때문에, 이 세상에서의 부(富), 명예, 장수(長壽)를 위한 것보다는 그의 아들을 사랑하는 마음을 간구한다. 그것은 지혜를 구하는 솔로몬의 간구와도 같다(왕상 3:9-10). 그리고 당신의 기도에서 당신의 삶을 위한 것보다는 그리스도에 대한 사랑을 열심히 구하라. 왜냐하면 그리스도에 대한 사랑이 당신의 영원한 생명이 될 것이기 때문이다. 그 약속을 붙잡고, 그것을 기도로 바꾸어라. 그리하면 아마도 가장 효과적인 기도가 될 것이다. "네 하나님 여호와께서 네 마음과 네 자손의 마음에 할례를 베푸사 너로 마음을 다하며 성품을 다하여 네 하나님 여호와를 사랑하게 하사 너로 생명을 얻게 하실 것이며"(신 30:6).

7. 예수 그리스도에 대한 사랑을 증진시키기 위해 자애(自愛, self-love)의 원리를 활용하라.

그리고 이렇게 말하라. "내가 나 자신을 사랑하지 않는가? 나는 내 영혼이 영원히 잘 되기를 바라면서, 나 자신의 영혼에 대해서 그렇게 많이 사랑하지 않는가? 나는 스스로 영원히 불행하게 되고 저주를 받게 되기를 원하는가? 내가 병에 걸린다면, 나는 건강을 갈망할 만큼 나 자신을 사랑하지 않는가? 내가 고통 중에 있다면, 그 고통이 진정되기를 갈망하지 않는가? 내가 궁핍 가운데 있다면, 공급해 주실 것을 구하지 않는가? 그리스도에 의하지 않고서, 내가 선(善), 영원한 선을 얻을 수 있는 어떤 길이 있는가? 나는, 죄가 많은 쾌락을 즐기기 위해 나 자신을 사랑할 수 있지만, 그리스도를 사랑하지 않고서는, 나 자신을 파괴하고 나 자신을 저주하게 될 것이다. 그러나 그러한 자애(自愛)는 마침내 자기 증오(self-hatred)로 드러날 것이다. 그것이 내가 나 자신을 위해 가졌던 최선의 사랑인가? 확실히 내가 그리스도를 사랑하지 않는다면, 나는 나 자신을 미워하게 될 것이다."

8. 당신에게서 예수 그리스도에 대한 사랑을 일으키기 위해서, 자연적이며, 친구다운 사랑의 감정을 이용하라.

당신은 친구를 사랑하는 중에 일종의 부드러움과 기쁨의 경험을 했을 것이다. 오, 그렇다면, 그리스도에 대한 사랑의 기쁨은 어떠할 것인가! 당신은 당신의 부모를 사랑하는 것, 당신의 자녀, 당신의 아내, 당신의 남편을 사랑하는 것이 어떤 것인지를 느끼고 있다. 당신이 문제에 부딪치게 되면, 사랑이 문제를 푸는 실마리가 될 것이다. 피조물의 사랑 속에 그렇게 많은 감미로움이 있는가? 구세주의 사랑 속에 훨씬 더 많은 감미로움이 있는 것이 아닌가? 물줄기가 달콤하다면, 그 원천(源泉)은 훨씬 더 달콤할 것이 아닌가? 나는 친척에 대한 사랑에서 위로와 즐거움을 발견했다. 나는 이제 그리스도에 대한 사랑에서 발견되는 것을 보여주겠다.

9. 그리스도에 대한 사랑을 일으키고 증진시키기 위해서, 피조물의 허무함과 탄식, 그들의 모든 절망과 고통을 활용하라.

당신은 세상에 대해 당신의 사랑을 쏟았는데, 그것이 어떻게 입증되었는가? 그것이 당신에게 무엇을 주었는가? 당신은 그것이 지루하고 공허한 세상이라는 것을 발견하지 못했는가? 근심과 슬픔과 고통으로 가득 찬 세상이 아닌가? 당신은 안락함을 찾았지만, 보라, 괴로움뿐이다. 만족을 구했지만, 보라 탄식뿐이다. 충족을 구했지만, 보라 허무함뿐이다. 이러한 세상이 그리스도보다 더 많은 사랑을 받아야 하겠는가? 그 달콤함이 결국에는 쓴 것이 아닌가? 그 환희(歡喜)가 결국에는 슬픔이 아닌가? 그 부(富)가 결국에는 가난이 아닌가? 오, 그렇다면 나는 그리스도를 사랑해야 한다. 그렇지 않다면 허무와 속임 이외에는 사랑할 것이 아무것도 없다.

이 사랑이 말씀으로 이루어지지 않을 때, 하나님은 막대기로 그것을 이루실 것이다. 당신이 하나님의 모든 가르침에 대해서 귀머거리가 될 때, 하나님은 어떤 고통으로 당신의 귀와 마음을 열게 하고, 당신을 잡아 흔들 것이다. 그럼으로써 그는 당신의 마음으로부터 세상과 죄에 대한 사랑을 쫓아버리게 할 것이다. 질병으로 당신에게 경고함으로써, 당신은 세상에 대한 여지(餘地)를 더 이상 가질 수 없게 될 것이며, 당신의 마음속에 그리스도에 대한 사랑의 여지가 만들어질 것이다. 영혼과 육신이 분리되는 죽음으로 경고함으로써, 그리스도는 당신의 영혼과 사랑을 죄로부터 분리시키실 것이다.

어떤 질병으로, 그리스도는 당신을 무덤가로 인도하셔서, 당신이 머물렀던 곳을 보게 하신다. 그리고 지옥의 경계선에 인도하여, 그의 아들의 말씀을 경청하지 않는다면 당신이 처하게 될 장소를 보게 하신다. 그는 당신을 따분한 침대에 눕히시고, 저 세상의 광경과 당신이 그곳에 가까움을 당신에게 보여 주신다. 그리고 당신의 죄가 당신의 영혼으로부터 분리되기 위해, 당신의 영혼이 그의 아들을 사랑하고 그와 혼인을 맺도록 하기 위해, 영혼과 육신의 분리를 경고하신다. 어떤 사람들은 그런 좋은 경험을 가진 바 있다. 그들은 이렇게 말한다. "이것은 건강을 가져다주는 병, 회복시키는 약함이었다. 죽음을 전망하는 것, 그것은 사랑과 생명에 이르는 수단이다. 내가 병들지 않았더라면, 나는 회복될 수 없었을 것이다. 하나님이 나에게 죽음을 보여 주시지 않았더라면, 나는 결코 생명을 볼 수 없었을 것이다. 내가 이러한 두려움으로 채워져 있지 않았더라면, 나는 나에게 주어진 날들을 희망 없이 보냈을 것이다. 내가 이러한 곤경에 처하지 않았더라면, 나는 결코 자유를 맛보지 못했을 것이다. 내가 가난하지 않았더라면, 나는 결코 부유한 사람이 되지 못했을 것이다. 내가 비워지지 않았더라면, 나는 결코 채워지지 않았을 것이다. 내가 탕자가 되어 쥐엄 열매를 먹지 않았더라면, 나는 결코 내 아버지의 집에서 열리는 잔치에 참여하지 못했을 것이다. 내가 피조물에 대한 사랑에서 혹독함을 발견하지 못했더라면, 나는 결코 그리스도의 사랑의 달콤함을 맛보지 못했을 것이다."

10. 당신이 하나님으로부터 받은 모든 자비를 활용하고, 그 자비를 당신의 사랑을 얻기 위해서 보내신 사랑의 증표(love-tokens)로 간주하라.

사랑의 증표는 자주 우리의 사랑을 취한다. 그런 조용한 선물이 매우 웅변적인 것이다. 당신이 걸친 옷, 당신의 음식과 음료, 당신의 침대, 당신의 건강, 당신의 고통으로부터의 진정은 그리스도를 향한 당신의 마음의 사랑을 말해 주고 있다. 죄로 인해, 당신은 빵을 먹지 못하고, 잠을 자지 못하게 된다. 당신의 침대는 가시로 덮여 있고, 당신의 몸은 질병에 걸리게 되고, 당신의 양심은 공포로, 당신의 마음은 두려움으로 가득 차게 되며, 당신의 영혼은 슬픔으로, 당신의 삶은 혹독함으로 가득 차게 된다. 그러나 그리스도는 그의 피로 당신을 위해서 좋은 것들을 사시고, 그의 관대하심으로부터 그 좋은 것들을 당신에게 주셨다. 이 모든 것들에 의해서, 그리스도는 당신에게 그에 대한 당신의 사랑을 거부하지 말 것을 간청하신다. 그리스도는 당신에게 이렇게 친절하신 분이시다.

그렇기는 하나, 당신의 존재가 하나님의 지구 위에 있다는 것, 그의 대기 속에서 당신이 호흡한다는 것, 당신의 몸이 지상 위에 있고, 당신의 영혼이 지옥 이 편에 있다는 것, 당신이 죽은 자들 가운데서 침묵을 지키지 않고, 저주받은 자들 가운데서 울부짖지도 않는 것, 그것 자체가 실로 위대한 사랑의 증표다. 왜냐하면 정의가 오래 전에 당신을 넘어뜨렸을 것이기 때문이다. 스무 살, 마흔 살, 예순 살을 살 동안 죄가 당신을 지옥으로 보내라고 외쳐 왔다. 악마들은 그 날이 저주의 날로 드러나기를 희망하면서 당신이 죽는 날을 오랫동안 고대해 왔다. 그러나 이 날, 이 시간까지, 오랜 세월 동안 당신에게 간청해 온 이것이 바로 당신에 대한 그리스도의 사랑이었다. 당신이나 나, 그 밖의 어떤 사람에게 알려진 것보다 훨씬 더 오랫동안 그는 당신을 위해서 간청하실 것이다.

당신에게 이 모든 선한 것을 주신 까닭이 바로 그리스도 안에 있는 사랑 때문이 아닌가? 그리스도로부터 당신에게 주어진 이 모든 선한 것의 열매와 그에 대한 보답은 바로 당신 안에서 나오는 그리스도에 대한 사랑이 아닌가? 하나님의 선하심과 오랫동안 고난을 받으심이 우리를 죄에 대한 회개에로 인도하는 바와 같이, 그것은 또한 그의 아들에 대한 사랑에로 인도한다. 한 사람이 다른 사람에게 보인 친절은 그 친절을 받는 사람으로부터 사랑을 낳지 않겠는가? 하나님이 그리스도를 위해 당신에게 보여 주신 것은 인간의 친절함을 훨씬 능가하는 친절이 아닌가? 그 친절이 그에 대한 당신의 사랑을 이끌어내지 않는가?

당신은, "나는 어떻게, 하나님의 정의를 이루시기 위해서, 나에게 구원이 가능하도록 하기 위해서 돌아가신 그리스도께로 돌아가야 하는가."라고 질문하는가? 나는 대답한다. 그것은 사랑이다. 그리고 자비, 은혜의 선물로 나에게 주어진 것은 무엇인가? 나는 대답한다. 그것은 사랑이다. 그리고 내가 죽거나 저주받지 않도록, 나를 참으시는 그의 인내에 대해 내가 무엇을 보답해야 하는가? 나는 대답한다. 그것은 사랑이다. 사랑, 사랑이다. 천국, 또는 영원한 행복에 대한 나의 희망을 위해 내가 그리스도께 무엇을 보답해야 하는가? 또는, 내가 근거가 충분한 실제적인 희망을 가지지 않았더라도, 나는 희망을 버리지 않고 희망 속에서 살아갈 수 있을 것이다. 나는 어떤 수단을 사용하여, 썩지 않을 면류관에 대한 생동적인 희망을 가지고 살 수 있을 것인가? 나는 여전히 대답하겠다. 그것은 사랑이다. 솔직한 사랑, 진지하고 진심 어린 사랑이다. 이와 같이 사랑이 먼저이고, 그 다음이 희망이다. 강력하게 사랑하라. 그리하면 당신의 희망이 생동적인 것이 될 것이다. 그리스도를 이렇게 사랑하라. 그리고 나는 다음의, 마지막 용법으로 이러한 사랑이 당신의 마음속에 가져다주는 위로와 기쁨이 어떤 것인지를 말할 것이다.

L·O·V·E·T·O·C·H·R·I·S·T

제13장

그리스도를 사랑하는 사람들의 마음속으로 흘러 들어가는 10가지 영적 위로의 원천

당신은 주 예수를 사랑하는가? 축복 받은 영혼이여! 당신은 그리스도를 사랑하는가? 행복한 사람이여! 주님이시고, 예수이시며, 그리스도이신 그를 사랑하는가? 당신의 사랑 안에서 즐거워하라. 쾌락을 사랑하는 자들과 그리스도를 사랑하는 사람들 사이에는 큰 차이가 있다. 세상을 사랑하는 자들과 그리스도를 사랑하는 사람들 사이에는 큰 차이가 있다. 죄를 사랑하는 자들과 그리스도를 사랑하는 사람들 사이에는 큰 차이가 있다. 죄를 사랑하는 자들은 그들의 쾌락이 사라질 때, 고통으로 가득 차게 될 것이다. 그러나 그리스도를 사랑하는 사람들은 그렇지 않을 것이다. 왜냐하면, 그리스도에 대한 그들의 영원한 사랑이 그들에게 영원한 기쁨이 될 것이기 때문이다.

세상을 사랑하는 자들은 그들이 사랑하는 모든 것을 잃게 될 것이다. 비록 그들이 잃기 위해 사랑하는 것은 아니지만, 그들은 그들이 사랑하는 모든 것을 확실히 잃게 될 것이다. 그러나 그리스도를 사랑하는 사람들은 그렇지 않을 것이다. 왜냐하면 그들이 그리스도를 사랑하고 보기를 갈망하기 때문이다. 그들은 그리스도를 영원히 보면서, 영원히 그를 모시고 사랑하게 될 것이다.

죄를 사랑하는 자들은 그들의 사랑 때문에 저주를 받게 될 것이다. 지옥에 있는 그들의 거처로 가야 한다. 그곳에서는 사랑이 이방인(異邦人)이다. 그러나 그리스도를 사랑하는 사람들은 그렇지 않을 것이다. 그들은 천국에 있는 그들의 큰집으로 들려 올라가서 영원히 빛과 생명과 사랑 속에서 거하게 될 것이다. 그들의 생활은 빛의 사랑이 될 것이며, 사랑이 빛나게 비출 것이며, 항상 빛과 생명 속에서 빤짝일 것이다. 지금 그리스도를 보거나 모시지도 않았지만, 우리는 믿는다. 왜냐하면 우리가 봄으로써가 아니라, 믿음으로써 걸어가기 때문이다. 우리가 그리스도를 본 적은 없지만, 믿음으로 우리는 그를 사랑한다. 보지 않고도 믿고 사랑하는 것은 말로 다 표현할 수 없는, 영광으로 가득 찬 기쁨을 가져다준다. 믿는 것이 보는 것으로 바뀌게 될 때, 우리가 믿고 사랑하지는 않지만, 보고 사랑할 때, 그 기쁨은 어떻게 될 것인가! 이제 믿음과 사랑에서 나오는 기쁨은 말로 다 표현할 수 없는 기쁨이 된다. 그러나 보고 믿는 것에서 나오는 기쁨은 상상할 수 없는 기쁨이다. "예수를 너희가 보지 못하였으나 사랑하는도다 이제도 보지 못하나 믿고 말할 수 없는 영광스러운 즐거움으로 기뻐하니"(벧전 1:8).

나는 그리스도에 대한 사랑이 당신에게 가져다줄 위로와 축복과 기쁨을 당신에게 제시하겠다고 약속했다. 그러나 나는 쩔쩔매고 있다고 솔직하게 고백한다. 그것은 나의 얕은 이해력을 넘어서는 것이다. 여기에는 내가 그 수심(水深)을 측량할 수 없는 깊이가 있다. 여기에는 내가 거기에 다다를 수 없는 높이가 있다. 여기에는 내가 측량할 수 없는 길이와 넓이가 있다. 믿는 영혼에 대한 그리스도의 사랑에서 그러한 바와 같이, 믿는 영혼의 그리스도에 대한 사랑으로부터 나오는 사랑과 기쁨에서도 그렇다. 전자는 측량할 수 없는 것이며, 후자는 나의 측량을 넘어서는 것이다. 내가 말로 다 표현할 수 없는 것을 어떻게 말해야 하고, 형언할 수 없는 것을 어떻게 표현해야 할 것인가? 당신은 내가 목적으로 내세운 것을 말하지 않는다면, 당신은 나를 용서할 것인가? 그리고 당신은 내가 약속한 것을 이행하려는 시도에서 내 능력을 넘어서는 것이라고 한다면, 나의 약속에서 나를 풀어줄 것인가? 그렇지 않다면 내가 할 수 없는 것을 내가 약속했기 때문에, 나를 속박하려 할 것인가? 그렇다면, 내가 부족한 곳에서 당신이 나의 결점을 보충해 줄 수 있는 길을 당신에게 말한다면, 당신은 나의 연약함을 용서해 줄 것인가?

즉 당신은 그렇게 믿고, 사랑한다. 당신은 내가 말할 수 없는 것을 느낄 수 있을 것이다. 당신은 말로 표현될 수 없는 것을 경험으로 알게 된다. 그리고 내가 내 혀로 설명할 수 없는 것을 당신 스스로 맛을 본다. 혀는 언어의 도구인 것과 마찬가지로 미각의 도구다. 당신이 꿀의 달콤함을 알고자 한다면, 내 말을 듣는 것보다는 당신 자신의 혀로 맛을 보는 것이 더 좋을 것이다. 그러나 당신은 내가 능력이 없는 곳에서 시도해 보려는 나의 의지를 볼 수 있을 것이다. 나는 말로 다 표현할 수 없는 이런 것들에 대해서 침묵을 지키려 하지 않을 것이다. 우리가 지식을 초월하는(엡 3:19) 그리스도의 사랑을 알려고 노력하는 바와 같이, 우리는 말로 다 표현할 수 없는 것들을 설명하려고 노력할 수도 있다. 말로 다 표현할 수 없는 것들을 말하는 것은 불가능한 일이다. 그러나 말로 다 표현할 수 없는 것에 관해서 또는 그에 관한 어떤 것을 말하는 것은 있음직한 일이다(이 점에서 나는 동의해야 한다). 그러나 나는 말로 다 표현할 수 없는 이런 것들에 관해서 말할 수 있는 모든 것을 당신에게 제시하려고 하지는 않겠다. 다만 다음과 같은 몇 가지만 제시하고자 한다.

1. 사랑은 당신의 마음의 진지성의 증거이며, 당신의 회심이 진실하다는 증거다.

세상을 사랑하는 자는 세속적인 사람이다. 자기의 쾌락을 가장 사랑하는 자는 육욕(肉慾)에 빠진 사람이다. 압도적인 사랑으로 그리스도를 사랑하는 사람은 은혜롭고 솔직한 사람이다. '당신에게 솔직한 사랑' (아 1:4)이다. 두 번째 아담에 대한 그러한 사랑은 첫 번째 아담의 낡은 줄기에서 자라나는 어떤 사람에게서는 발견되지 않는다. 그리스도에 대한 이 사랑은 우리에게서 생겨난 것이 아니었다. 그러나 우리가 다시 태어날 때, 우리 안에서 역사하는 것이다. 이러한 새로운 사랑은 오직 새로운 피조물 안에 있다. 그리스도에 대한 사랑은 그리스도에 대한 당신의 관심의 증거다. 예수 그리스도에 대한 그러한 압도적인 사랑은 너무 영적인 사랑이므로 육감적인 마음속에서는 결코 발견될 수 없다. 그러므로 이러한 압도적인 애정의 증거는 당신의 영적인 혁신의 증거가 될 것이다. 사탄에 의해서 시험을 받고 베드로가 넘어진 이후에, 진지성에 대해서 베드로를 엄밀하게 조사한 그리스도는 그에게 그의 사랑을 요구하신다(요 21:15-17, 롬 8:28).

2. 은혜의 계약의 모든 약속은 주 예수를 진지하게 사랑하는 모든

사람들에게 유익을 가져다줄 것이다.

  이 약속들은 그리스도를 사랑하는 사람들에게 많고도, 위대하며, 고귀하고, 확실한 약속이다. 하나님은 계약에서 그가 당신의 하나님이 되어 주신다고 약속하셨다. 그 약속에 포함되어 있는 모든 것은 말로 다 표현할 수 없는 것들이다. 왜냐하면, 그것이 당신의 친구, 당신의 아버지, 당신의 관대하신 후원자가 되신다는 것보다 더 큰 것이기 때문이다. 그러나 해설적인 말씀들 속에는 내가 설명할 수 있는 것보다 더 많은 설명이 들어 있다(히 8:10). 하나님은 죄의 용서를 약속하셨다(히 8:12). 그는 우리를 의롭다고 하실 것이다(겔 36:25). 그는 옛 마음을 없애고, 새로운 마음을 주신다. 돌 같이 굳은 마음을 없애고, 살갗처럼 부드러운 마음을 주신다. 그 마음은 육욕에 속하는 마음이 되어서는 안 될 것이다(26절).

  그는 당신을 돕고, 활기를 주며, 지도하고, 위로하는 성령을 주실 것이다(27절). 그는 인내하는 은혜를 주실 것이다. "내가 그들에게 복을 주기 위하여 그들을 떠나지 아니하리라 하는 영영한 언약을 그들에게 세우고 나를 경외함을 그들의 마음에 두어 나를 떠나지 않게 하고"(렘 32:40). 하나님이 그의 신실한 백성에게서 등을 돌리시지 않는다면, 그들도 하나님에게서 등을 돌리지 않을 것이며, 그들의 보존은 확실하다. 어느 누구도 그렇게 되지 않는다는 것이 하나님의 약속에 의해서 보장을 받는다. 이제 이 약속들은 하나님과 그리스도를 사랑하는 사람들에 대해서 관심을 나타낸다. 그들에게 이 약속이 이뤄질 것이다. "가로되 하늘의 하나님 여호와 크고 두려우신 하나님이여 주를 사랑하고 주의 계명을 지키는 자에게 언약을 지키시며 긍휼을 베푸시는 주여 간구하나이다"(느 1:5). 이와 같은 말씀이 다니엘 9장

4절에도 나온다.

하나님과 그리스도를 사랑하는 자들에게 주는 약속들이 있다. 그리고 그러한 약속의 이행(履行)을 위한 약속도 있다. "그런즉 너는 알라 오직 네 하나님 여호와는 하나님이시요 신실하신 하나님이시라 그를 사랑하고 그 계명을 지키는 자에게는 천 대까지 그 언약을 이행하시며 인애를 베푸시되"(신 7:9). 그는 그 약속을 이행하셨으며, 또 이행하시지만, 얼마나 오랫동안 그렇게 이행하실 것인가? "천 대에 이르기까지" 이행하신다. 그러나 그를 미워하는 자들에게는 어떻게 하실 것인가? 하나님과 그리스도를 증오하는 자들은 말씀을 읽고 전율해야 한다. "그를 미워하는 자에게는 당장에 보응하여 멸하시나니 여호와는 자기를 미워하는 자에게 지체하지 아니하시고 당장에 그에게 보응하시느니라"(10절). 주께서는 당신을 미워하는 자에게는 느슨하게 대하시지 않는다. 주께서는 그들을 눈앞에서 징벌하실 것이다.

3. 그리스도에 대한 압도적인 진지한 사랑은 당신에 대한 하나님의 특별하고도 특수한 사랑의 증거다.

당신은, 하나님이 당신을 사랑하시고, 그리스도가 당신을 사랑하신다는 것을 얼마나 알고 싶어 하는가? 그런데 당신은 세상에서 사악한 사람들이 모두 당신을 미워한다고 해도 걱정하지 않겠다고 말한다. 그리고 하나님이 나를 사랑하셨다는 것을 내가 알게 된다면, 내 의심이 풀리고, 내 두려움이 없어질 것이며, 내 짐이 가벼워지고, 내 자비가 달콤해질 것이다. 그것은 십자가 아래에서 나를 즐겁게 하며, 병중에 있는 나에게 강장제가 될 것이며, 죽음의 문턱에 있는 나에게 생명이 될 것이다.

당신은 당신의 가장 사랑하는 그리스도를 입증할 수 있는가? 나는 하나님과 그리스도가 모두 당신을 사랑하신다는 것을 입증할 수 있다. 왜냐하면 하나님과 그리스도에 대한 당신의 사랑은 당신을 향한 하나님과 그리스도의 사랑의 열매이자 결과이기 때문이다. 하나님이 먼저 사랑하신다. 그렇지 않으면 당신은 결코 사랑을 받지 못했을 것이다. 하나님은 앞서가는 사랑(a preventing love)으로 우리를 사랑하신다. 우리는 다음과 같은 사랑으로 사랑한다. "나를 사랑하는 자들이 나의 사랑을 입으며 나를 간절히 찾는 자가 나를 만날 것이니라"(잠 8:17).

"나의 계명을 가지고 지키는 자라야 나를 사랑하는 자니 나를 사랑하는 자는 내 아버지께 사랑을 받을 것이요 나도 그를 사랑하여 그에게 나를 나타내리라." "예수께서 대답하여 가라사대 사람이 나를 사랑하면 내 말을 지키리니 내 아버지께서 저를 사랑하실 것이요 우리가 저에게 와서 거처를 저와 함께 하리라"(요 14:21, 23). "우리가 사랑함은 그가 먼저 우리를 사랑하셨음이라"(요일 4:19). 그리고 이제, 이 얼마나 큰 영적인 위로인가! 이 얼마나 큰 하늘의 기쁨인가! 이 얼마나 황홀하게 하는 즐거움인가! 그리스도를 사랑하는 사람은 그의 사랑이 모든 표현을 능가하고, 모든 개념을 초월하며, 모든 비교를 넘어서는 그런 것이기 때문에, 하나님과 그리스도가 그에게 사랑을 받는 분이라는 것을 수용할 수 있지 않은가? "능히 모든 성도와 함께 지식에 넘치는 그리스도의 사랑을 알아 그 넓이와 길이와 높이와 깊이가 어떠함을 깨달아 하나님의 모든 충만하신 것으로 너희에게 충만하게 하시기를 구하노라"(엡 3:18-19). 이러한 사랑의 소유는 당신에게 넘치는 기쁨을 가져다 줄 것이다.

1) 그리스도는 자유로운 사랑으로 그를 사랑하는 자들을 사랑하신다.

당신에게는 그리스도, 그의 아름다움, 그의 지혜, 그의 충만하심을 사랑해야 할 동기들이 있다. 당신이 그에 대해서 느끼는 필요성, 당신이 그에게 기대하는 선(善)은 그에 대한 당신의 사랑을 이끄는 것들이다. 그러나 당신이 추하게 되고, 오염되고, 죄를 짓고, 유죄 판결을 받고, 가난하게 되고, 연속적인 괴로움으로 가득 차서, 피를 흘리며 나뒹굴 때, 그리스도를 움직여 당신을 사랑하게 한 것은 무엇인가? "내가 네 곁으로 지나갈 때에 네가 피투성이가 되어 발짓하는 것을 보고 네게 이르기를 너는 피투성이라도 살라 다시 이르기를 너는 피투성이라도 살라 하고"(겔 16:6). 그때에 내가 네 곁으로 지나가다가, 너를 보니, 너의 때를 보니, 질색해야 하는 때였는데도, 사랑의 때였다(8절). 그가 자비를 베풀고자 의지하시기 때문에, 자비를 베푸시는 것이다. 그가 사랑하시고자 의지하시기 때문에, 그렇게 사랑하시는 것이다. "여호와께서 너희를 기뻐하시고 너희를 택하심은 너희가 다른 민족보다 수효가 많은 연고가 아니라…… 여호와께서 다만 너희를 사랑하심을 인하여……"(신 7:7-8).

2) 그리스도는 순수한 사랑으로 그를 사랑하는 자들을 사랑하신다.

대부분의 사랑은 이기적인 사랑이며, 자기 자신의 목적을 위해서 다른 사람들을 사랑하는 것이다. 실제로 당신이 사랑하는 그리스도 안에 자아와 같은 것이 있지만, 당신은 그리스도에 의해서 용서를 받고, 그리스도에 의해서 의롭다함을 받고, 구원을 받는다. 그러나 그리스도가 당신을 사랑함으로써 얻으실 수 있는 것은 무엇인가? 그에게 어떤 혜택이 되돌아갈 것인가? 또는, 그가 그것 때문에 어떤 이득을 얻는가?

  3) 그리스도는 견줄 바 없는 사랑으로, 비교될 수 없는 사랑으로 그를 사랑하는 자들을 사랑하신다.

  요나단과 다윗의 사랑은 위대했고, 자녀들에 대한 자상한 부모들의 사랑은 위대하다. 그러나 그리스도의 사랑은 그 모든 것보다 위대한 사랑이다. "사람이 친구를 위하여 자기 목숨을 버리면 이에서 더 큰 사랑이 없나니"(요 15:13).

  4) 그리스도는 끊임없고 오래 지속되는 사랑으로 그를 사랑하는 자들을 사랑하신다.

  왜냐하면 그 사랑이 영원하고 불변하는 것이기 때문이다. 피조물의 사랑은 변덕스러운 사랑이며, 흔들리는 사랑이다. 때로는 그들이 살아 있는 동안에 시들어지고 실패한다. 또는 그들이 죽을 때 그들과 함께 죽는다. 우리가 죽을 때, 우리에 대한 그들의 사랑도 죽는다. 적어도, 그들은 그 관계에서처럼 우리를 사랑하지 않는다. 왜냐하면 죽음이 그 관계를 폐지했기 때문이다. 그러나 그리스도의 사랑은 다함이 없는 것이다. 그리스도는 영원히 살아 계시고, 영원히 사랑하신다. 그리스도에 대한 우리의 사랑이나 우리에 대한 그리스도의 사랑도 우리가 죽을 때 죽지 않는다. 그러나 죽음 이후에 우리는 이전보다 그를 더욱 더 사랑한다. 그는 우리를 향한 그의 사랑을 이전보다 더욱 더 많이 나타내신다. "내가 무궁한 사랑으로 너를 사랑하는 고로 인자함으로 너를 인도하였다 하였노라"(렘 31:3).

  4. 그리스도는 그를 사랑하는 사람들의 마음을 그의 특별한 거주의 자리와 장소로 삼으신다.

사랑하는 사람들은 함께 살기 위해 사랑한다. 그리고 그리스도는 우리를 위해 우리가 장차 그와 함께 거할 수 있는 집을 예비하셨다. 그러나 그리스도는 그의 사랑의 위대성을 통해, 우리가 하늘에서 그와 함께 있게 될 때까지 너무 오랫동안 기다릴 수 없어서, 우리의 마음을 자신을 위한 집으로 삼으시고, 우리가 영광 중에 그와 함께 거하게 될 때까지 지상에서 우리와 함께 거하신다. "예수께서 대답하여 가라사대 사람이 나를 사랑하면 내 말을 지키리니 내 아버지께서 저를 사랑하실 것이요 우리가 저에게 와서 거처를 저와 함께 하리라" (요 14:23). 오, 축복을 받을 변화로다!

당신이 그리스도를 사랑하지 않을 때, 사탄, 세상, 주권을 잡은 죄가 당신 안에 그들의 거처를 둔다. 이들이 당신의 마음속에 거주하는 자들이며, 당신의 애정 속에서 가장 좋은 방과 으뜸의 자리를 차지한다. 당신이 세상 속에 있고, 그리스도 안에 있지 않는 동안에, 그리스도가 아니라, 세상이 당신 안에 있게 된다. 당신이 죄 가운데에 있는 동안에, 당신의 죄가 주인과 통치자로 당신 안에 있게 된다. 그러나 이제 당신의 사랑을 바꾼다면, 당신은 거주자만 바꾸는 것이 아니라 지배자와 통치자도 바꾸는 것이다. 이제 아버지가 오시고, 아들이 오시고, 성령이 오셔서, 그들의 거처를 당신 안에 둘 것이다. 하나님이 흙으로 변할 육체 속에 거하실 것인가? 그렇다. 그에 대한 사랑이 거기에 거한다면, 그렇다.

5. 그리스도는 그를 사랑하는 사람들에게 자신을 나타내신다.

그리스도는 당신이 있을 수 있는 최악의 상황에서도 그의 사랑을 찾으실 것이다. 당신이 번영 속에 있는 동안에는, 많은 사람들이 당신에게 많은 사랑을 나타낼 것이다. 그러나 당신이 고난을 당하고, 불행을 당하여, 그들의 도움과 사랑을 가장 많이 필요로 할 때, 당신에게서 그 사랑을 보류할 것이다. "나의 형제들로 나를 멀리 떠나게 하시니 나를 아는 모든 사람이 내게 외인이 되었구나 내 친척은 나를 버리며 가까운 친구는 나를 잊었구나 내 집에 우거한 자와 내 계집종들은 나를 외인으로 여기니 내가 그들 앞에서 타국 사람이 되었구나 내가 내 종을 불러도 대답지 아니하니 내 입으로 그에게 청하여야 하겠구나 내 숨을 내 아내가 싫어하며 내 동포들도 혐의하는구나 나의 가까운 친구들이 나를 미워하며 나의 사랑하는 사람들이 돌이켜 나의 대적이 되었구나"(욥 19: 13-17, 19).

그러나 그를 사랑하는 사람들의 마음속에 거하시는 그리스도는 그들에게 품속의 친구가 되어 주시고, 가장 큰 환난과 불행의 시간을, 그의 사랑을 발견하게 하고 표현하는 시간으로 삼으신다. "그들의 모든 환난에 동참하사 자기 앞의 사자로 그들을 구원하시며 그 사랑과 그 긍휼로 그들을 구속하시고 옛적 모든 날에 그들을 드시며 안으셨으나"(사 63:9). 그가 뒤로 물러서고, 잠시 그의 사랑을 숨기신다면, 가장 열심히 그를 찾게 하시려는 것이며, 나중에 그들에게 그의 사랑을 보다 더 충만하게 발견하게 하시려는 것이다(아 3:1-3).

6. 하나님과 예수 그리스도를 사랑하는 자들의 유익을 위해 모든 것이 협력할 것이다. 그들에게 좋지 않은 일이 아무것도 생기지 않을 것이다.

처음으로 또는 마지막으로 천국에 이르는 그들의 길을 더 진척시키고, 그들에게 혜택을 주실 것이다. 많은 것들이 당신의 뜻에 반대되는 것으로 여기지만, 모든 것이 당신을 위해서 역사할 것이다. 당신이 정의를 위해서 감옥에 들어가 있다면, 당신의 마음은 더욱 더 넓어질 것이다. 당신이 세상에 속한 것들을 잃어버린다면, 당신의 마음은 하늘에 속한 것들에로 더욱 더 쏠릴 것이다. 당신이 병들고 약해진다면, 그것은 당신을 소생시키고, 당신을 움직여서 서둘러서 천국을 향하는 기회를 잡게 할 것이다. 당신이 세상에서 가난하게 된다면, 그것은 은혜 속에서의 당신의 부유함을 촉진시킬 것이다. 세상에서 짊어지는 십자가가 어떤 것일지라도, 그것은 당신의 면류관의 무게를 증가시켜 줄 것이다. "우리가 알거니와 하나님을 사랑하는 자 곧 그 뜻대로 부르심을 입은 자들에게는 모든 것이 합력하여 선을 이루느니라"(롬 8:28).

7. 그리스도에 대한 진지한 사랑은 배신(背信)을 막는 강력한 도움이다.

어떤 사람이 그리스도보다 세상을 더 사랑하는 자, 세상의 교수가 되고, 그리스도보다 쾌락을 더 사랑하는 자, 쾌락의 교수가 되고, 그리스도보다 자신의 안락함과 생명을 더 사랑하는 사람이 될 수도 있다. 이것들이 위험에 처하게 될 때, 그것들을 보존하기 위해, 그는 그리스도와 헤어진다. 그러나 무엇보다도 그리스도를 사랑하는 사람은 그리스도와 굳게 결합하기 위해 그 모든 것과 헤어질 것이다. 그리스도에 대한 사랑은 그의 백성들을 엄청난 환난과 위험을 견디어 내게 했다. 그들은 그리스도에 대한 사랑으로부터 유혹을 받았고 이 세상의 공포로 조롱을 받았으며, 수치와 비난을 받았고, 매질과 투옥, 구속과 속박, 그리고 죽음을 견디어 냈다. "누가 우리를 그리스도의 사랑에서 끊으리요"(롬 8:35). (그것이 능동적으로 이해되든, 수동적으로 이해되든, 즉 그 사랑으로 우리가 그리스도를 사랑하는 것이냐, 아니면 그 사랑 때문에 우리가 그리스도에 의해서 사랑을 받느냐는 것이 중요한 것은 아니다. 우리는 그 둘 모두에 대해서 질문해야 한다.) "환난이나 곤고나 핍박이나 기근이나 적신이나 위험이나 칼이랴 그러나 이 모든 일에 우리를 사랑하시는 이로 말미암아 우리가 넉넉히 이기느니라 내가 확신하노니 사망이나 생명이나 천사들이나 권세자들이나 현재 일이나 장래 일이나 능력이나 높음이나 깊음이나 다른 아무 피조물이라도 우리를 우리 주 그리스도 예수 안에 있는 하나님의 사랑에서 끊을 수 없으리라"(롬 8:37-39). 어떤 사람이 그리스도를 떠나간다면, 그것은 사랑의 결핍 때문이다. 사랑이 우세하다면, 우리는 그를 위한 가장 큰 환난과 고난 속에서도 그와 결합하게 될 것이다.

8. 그리스도의 사랑하는 자들은 항상 선한 것을 눈앞에 둔다.

그리스도는 그들에게 자비를 보이시기 위해서 그들을 관찰하실 것이다. 그리스도는 관찰과 분노의 눈으로, 세상과 죄를 사랑하는 사람들을 관찰하신다. 그는 그들의 죄스러운 사랑을 보시고 주목하신다. 그는 그러한 사랑을 하는 그들을 보시고 분노하신다. 그러나 자비의 눈으로 그를 사랑하는 사람들을 보시고, 불쌍히 여기시며 그들에게 자비를 베푸신다. "주의 이름을 사랑하는 자에게 베푸시던 대로 내게 돌이키사 나를 긍휼히 여기소서"(시 119:132). 하나님은 늘 그렇게 하신다. 그것이 하나님의 길이고, 그의 방식이며 그를 사랑하는 사람들을 대하는 관습이다. 그것은 하나님께 이상한 것이 아니며, 가끔 행하시는 일도 아니다. 그를 사랑하는 사람들을 보시고, 그들에게 자비를 보이시는 것은 그의 일상의 관습이시다. "여호와께서 자기를 사랑하는 자는 다 보호하시고 악인은 다 멸하시리로다"(시 145:20).

9. 그리스도를 사랑하는 사람들은 저 세상에서의 그들의 행복을 위해서 하나님이 예비하신 것들을 차지하게 된다.

세상, 죄, 허무한 것을 사랑하는 모든 자들에게는 진노와 지옥이 준비되어 있다. 그러나 그리스도를 사랑하는 사람들을 위해서는, 가장 순수한 마음으로도 이해하기 힘들고, 가장 유창한 말로도 표현할 수 없으며, 가장 유능한 문필가라도 글로 표현할 수 없는 그러한 것들이 준비되어 있다. "기록된 바 하나님이 자기를 사랑하는 자들을 위하여 예비하신 모든 것은 눈으로 보지 못하고 귀로도 듣지 못하고 사람의 마음으로도 생각지 못하였다 함과 같으니라"(고전 2:9).

1) 인간의 눈은 진주, 해안(海岸), 황금 광산(鑛山), 국가 유적지, 왕궁(王宮), 값비싼 의복과 같은 감탄할 만한 것들을 보지만, 그 눈은 하나님이 그를 사랑하는 사람들을 위해서 예비하신 그런 것들은 결코 보지 못한다.

2) 귀는, 눈이 보는 것보다 더 많은 것을 듣는다. 눈은 결코 보지 못하지만, 많은 귀가 천국의 기쁨에서 나오는 소리를 듣는다.

3) 인간의 마음은 눈이 보고, 귀가 듣는 것보다 더 많은 것을 이해할 수 있다. 인간의 마음은, 모든 자갈이 진주라고, 흙이 돈 무더기라고, 바다가 액체 황금이라고, 대기가 투명한 수정(水晶)이라고, 모든 별이 태양이라고, 상상할 수 있다. 이 모든 것이 그렇다고 하더라도, 하나님과 그리스도를 사랑하는 사람들을 위해서 준비하신 것들에 비한다

면, 그들은 산에서의 모래 한 톨, 태양에서의 한 줄기 광선, 대양(大洋)에서의 물 한 방울, 황금 광산에서의 티끌 하나에 지나지 않을 것이다. 그러한 것들이 너무 커서, 그들은 측량할 수 없다. 그러한 것들이 너무 많아서, 그들은 헤아릴 수 없다. 그러한 것들이 너무 고귀해서 그들은 그 가치를 평가할 수 없다. 그러한 것들이 너무 길고 오래 지속되는 것이어서, 그들은 결코 끝나지 않을 것이다. 그들은 우리의 믿음을 능가하는 것이고, 우리의 희망을 초월하는 것이며, 우리의 갈망을 넘어서는 것이다. 그들은 장차 소유되는 것이지만, 여기에서는 이해될 수 없다. 왜냐하면 그들이 장엄함을 이해할 수 없고, 그 초월성을 설명할 수 없으며, 그 영광을 말로 다 표현할 수 없고, 그 달콤함을 파악할 수 없으며, 그 확실성은 의심할 수 없고, 그 충만함을 측량할 수 없으며, 그 견고성을 움직일 수 없고, 그 지속성을 바꿀 수 없기 때문이다.

(1) 하나님은 그를 사랑하는 사람들을 위해 하나님의 나라를 예비하시고 약속해 주셨다. "내 사랑하는 형제들아 들을지어다 하나님이 세상에 대하여는 가난한 자를 택하사 믿음에 부요하게 하시고 또 자기를 사랑하는 자들에게 약속하신 나라를 유업으로 받게 아니하셨느냐"(약 2:5). 그 나라는 세상 영광의 정상(頂上)이다. 그리고 그리스도를 사랑하는 사람들이 천국에 있게 될 때, 그들은 다른 모든 나라를 훨씬 능가하는 그 나라에 들어가게 될 것이다. 왜냐하면 그 나라가 하나님의 나라이기 때문이다(마 6:33, 고전 6:9-10). 다른 나라들은 사람들의 나라에 지나지 않는다. 그러나 그들의 나라는 하늘나라다. 다른 나라들은 가장 좋은 나라라도 이 세상 나라에 지나지 않는다(딤후 4:18). 그러나 그들의 나라는 영원한 나라다(벧후 1:11). 다른 나라들

은 아무리 크게 번창해도 곧 시들며, 아무리 오래 지속되어도 종말에 이를 것이다.

(2) 하나님은 그를 사랑하는 사람들을 위해 생명의 면류관을 준비해 두셨다. "시험을 참는 자는 복이 있도다 이것에 옳다 인정하심을 받은 후에 주께서 자기를 사랑하는 자들에게 약속하신 생명의 면류관을 얻을 것임이니라"(약 1:12). 하나님은 영광의 면류관을 준비해 두셨고(벧전 5:4), 의의 월계관을 준비해 두셨다. "이제 후로는 나를 위하여 의의 면류관이 예비되었으므로 주 곧 의로우신 재판장이 그 날에 내게 주실 것이니 내게만 아니라 주의 나타나심을 사모하는 모든 자에게니라"(딤후 4:8).

(3) 진지한 사랑을 가지고 있는 사람들은 상속(相續)에 대한 생동적인 희망을 갖는다. 그리스도를 사랑하는 사람들은 모두 상속자들이다. 그들의 상속은 썩을 것이 아니며, 그 끝도 없다. 그들은 영원히 그것을 누리며 살 것이다. 그것은 더럽게 되거나 흠이 생기거나 얼룩이 지지 않는다. 어떤 죄나 어떤 슬픔도, 어떤 비탄이나 어떤 탄식도, 어떤 환난이나 어떤 공포도 그들을 괴롭히거나 방해할 수 없다. 그것은 시들지 않고, 항상 꽃 피울 것이다. 그것은 항상 꽃을 피운다. 거기에는 여름은 있고 겨울은 없다. 거기에는 봄은 있고 가을은 없다. 그것은 그 자체로서 안전하고, 안전한 손에, 하나님의 보호로 보존된다. 그것은 하나님의 권능으로 보호를 받는 우리에게 확실한 것이며, 그 상속은 우리를 위해서 마련된 것이다. 우리는 하나님에 의해서 보존되며, 어떤 무력이나 어떤 기만행위도 그를 진지하게 사랑하는 사람들에게 그 상속을 미치지 않게 할 수 없다. 그것은 하늘에 있다. 상속이 이뤄지는 장소가 그 가치를 더해 준다. 하늘과 같은 장소는 없다.

하늘에 있는 것과 같은 상속이란 없다.

(4) 하나님은 그의 아들을 사랑하는 자들을 위해서 영광을 준비해 두셨다. 현재 그 영광은 신비이지만, 장차 밝혀질 것이다(롬 8:18). 그 영광은 영원한 영광(벧전 5:10)이며, 영원한 가치가 있는 영광(고후 4:13)이다.

10. 하나님의 은혜가 그리스도를 진지하게 사랑하는 사람들에게 주어질 것이다.

은혜는 때로는 하나님의 은총을 의미하며, 때로는 그의 은혜와 은총으로부터 나오는 선한 것들을 의미한다. 그러므로 하나님의 선한 의지와 인자하심과, 하나님의 특별한 은총의 열매인 모든 형태의 선(善)이 모두 은혜와 은총의 삶에 필요한 것이며, 그리스도를 사랑하는 사람들에게 주어질 것이다. "우리 주 예수 그리스도를 변함 없이 사랑하는 모든 자에게 은혜가 있을지어다"(엡 6:24).

제14장

결론

　내가 이 주제에 대해서 말하고 당신이 들은 모든 것의 논점은 무엇인가? 내가 그리스도에 대한 당신의 사랑을 얻었는가? 그렇지 않으면, 당신은 여전히 세상에 대한 사랑에 빠져 있고, 그것으로부터 오는 쾌락, 이익, 명예에 대한 사랑에 빠져 있는가? 당신은 가장 많은 찬양을 받으실 하나님의 복되신 그리스도께 바쳐야 할 당신의 마음과 진심 어린 사랑을 위한 은총과 자비의 모든 주장과 간청에도 불구하고, 그리스도와의 사랑보다는 죄와 자아와의 사랑에 빠져 있는가? 당신은 죄를 사랑해 왔다. 그런데 여전히 죄를 사랑하려는가?

　당신은 세상을 사랑해 왔다. 그런데 여전히 세상을 사랑하려는가? 당신은 그리스도를 사랑하지 않았다. 그런데 지금도 그리스도를 사랑하지 않고, 앞으로도 여전히 그를 사랑하지 않으려는가? 이것이 나를 보내신 그분에게 내가 돌려드려야 하는 응답이란 말인가? "주님, 저는 당신의 아들에 대한 저들의 사랑을 얻을 수 없습니다. 그렇게 하고 싶지만, 저는 그렇게 할 수 없습니다. 저들에게 당신의 이름으로 요구했지만, 저들은 그렇게 하려고 하지 않습니다. 저는 이 목적을 위해 연구하고, 이 목적을 위해 기도하고 설교했지만, 헛되이 공부했습니다. 그렇게 많은 저의 노력은 헛된 일이 되었습니다. 저는 메시지를 전했지만, 그들은 경청하려 하지 않습니다. 저는 저 자신을 위한 것이 아니라 당신의 아들을 위해서 그들의 사랑을 간청했습니다. 그러나 많은 사람들이 동의하려 하지 않습니다."

왜 당신은 자아, 죄, 세상에 대한 사랑으로 가득 차 있는가? 결국 나는 당신을 그렇게 떠나가야 하는가? 나는 당신이 그리스도의 사랑을 피하는 것을 발견했다. 그런데 나는 당신을 그렇게 떠나가야 하는가? 그런데 나는 왜 설교하고, 당신은 왜 그 설교를 들었는가? 내가 당신이 중요하게 여기는 것을 말한다면, 당신은 실행하겠다고 날마다 결심하지 않았는가? 당신 앞에 제시된, 찬양을 받으실 예수님이 당신에게 이렇게 멸시를 당하고, 무시당해야 하겠는가? 나는 당신에게 임할 아나테마(저주)를 발견했다. 그런데 마라나타(주님이 오실 때)까지 그것을 당신에게 남겨 두어야 하는가? 하나님이 이렇게 말씀하신다면 어떻게 할 것인가?

"그리스도를 사랑하라는 이 모든 간청, 요청, 초대에도 불구하고, 세상을 사랑하는 자, 그로 하여금 세상을 사랑하게 하라. 죄를 사랑하는 자, 그로 하여금 그의 죄를 사랑하게 하라. 그로 하여금 그의 쾌락을 사랑하게 하라. 그로 하여금 그의 의지를 사랑하게 하라. 왜냐하면 그가 마땅히 사랑해야 할 그리스도를 사랑하기로 결심하지 않았기 때문이다." 오, 무시무시한 저주로다! 오 엄청난 진노로다! 오, 그리스도가 오실 때에 그런 영혼들에게 영원하게 임하게 될 저주의 슬픈 전조(前兆)를 보라!

그러므로 당신의 마음속에서 말하라. "죄인아, 너의 응답을 되돌리라." 마지막 시간에 당신에게 이렇게 질문하겠다. 당신은 그리스도께 사랑을 바치겠는가, 아니면 그렇게 하지 않겠는가? 당신은 이 자리에서 움직이기 전에 모든 것보다, 모든 것을 초월해서, 무엇보다도 그리스도를 사랑하기로 동의하고 약속하겠는가? 아니면 그러한 사랑을 거부하고, 당신이 사랑하는 죄 많은 옛 대상들을 유지하고, 사랑을 거기에 두겠는가? 당신은 그렇게 말하는가? 무엇이라고요! 나는 슬프게도 내가 시작했을 때와 같이 끝내야 하는가? 나는 당신의 사랑에 대한 동의 속에서 당신의 새로운 사랑, 비길 데 없는 기쁨을 당신에게 주기를 희망했고, 찬양을 받으실 이 예수를 당신의 주님과 남편으로 받아들이기를 희망했다.

그러나 당신이 그렇게 하지 않겠다면, 나는 내가 원치 않는 것을 말해야 한다. "주님, 저는 그것을 말하기가 싫습니다. 그러나 그것은 당신께서 말씀하신 것입니다. 그리고 저는 그것을 변경할 수 없습니다. 그러나 제가 그것을 말해야 한다면, 마음 아프고 슬픈 심정으로 그렇게 하게 하소서. 제가 당신의 명령으로 선포해야 할 때, 제 입에서 그 말씀이 떨어질 때, 저의 두 눈은 많은 눈물을 흘리게 하소서." "만일 누구든지 주를 사랑하지 아니하거든 저주를 받을지어다 주께서 임하시느니라."

그러나 이것은 이 본문의 서두에 나타나 있는, 예수 그리스도를 사랑하지 않는 모든 사람에게 내가 남겨야 할 유죄 판결이 되어야 할 것이 아닌가? 무엇이라고요! 당신들 가운데서 "내가 전에는 나의 쾌락을 사랑했습니다. 그러나 이제는 그리스도를 사랑합니다. 나는 내 죄를 사랑했습니다. 그러나 이제는 나의 주님, 나의 구세주를 사랑합니다."라고 말할 사람이 한 사람도 없는가? 나의 사랑이 다른 방향으로 바뀌었는가? 내가 나의 사랑을 위한 다른 대상을 발견했는가? 내가 그리스도에 대한 진지한 사랑을 갖기 전에, 세상에 속한 수천 가지의 것들을 위해 죽고자 하지 않았는가? 한 사람이 아니라 당신들 가운데서 많은 사람이 그렇게 말할 수 있다. 그렇지 않다면 당신은 비열하게 하나님과 이 회중(會衆)을 모른 체 하는 것이다. 주 예수 그리스도를 사랑하지 않은 당신들 가운데서 많은 사람이 이제 그렇게 할 것이다. 그렇지 않으면 당신이 이 설교를 듣는 사람이었지만, 당신은 사악한 위선자가 될 것이다. 지금까지도 그리스도가 아니라 다른 것들을 사랑하면서, 날마다, 하루에도 열 번 또는 스무 번, 당신의 과거의 죄를 당신이 제출한 목록에서 낱낱이 인정하는 것은 무엇을 의미하는가? 당신은 왜, 이전에 그리스도를 사랑해야 할 필요성을 확신한 적이 없다고 말하는가?

   나는 당신에게 간청한다. 왜, 당신은 예수를 위해서라도 그렇게 많이, 그렇게 자주 열성적인 요청으로, 마치 우리가 당신의 영혼을 위해서 어떤 사랑을 가지고 있는 것처럼, 나와 회중에게 끈질긴 간청으로, 하나님이 당신에게 그러한 마음을 주어서, 당신이 주 예수 그리스도를 무엇보다도, 최상급의 사랑으로, 압도적인 사랑으로, 당신의 마음을 다하고, 영혼을 다하여 사랑할 수 있도록, 주님이 오실 때(마라나타)에 당신이 저주를 받지(아나테마) 않도록 해달라고 요구하는지 모르겠다. 이것이 당신 자신의 말인가? 회중이 그 말씀을 봉독한 것을 듣지 않았는가? 내가 집에서 당신의 보고서(報告書)를 살펴보았을 때, 나는 이런 말을 발견할 수 없었다.

당신은 이것으로 당신의 영혼의 이전의 상황과 현재의 갈망을 표현한 것이 아닌가? 그렇다면 나에게 말하라. 당신은 주 예수를 사랑할 수 있도록 해달라는 간절한 기도에서 정말 진지했는가? 아니면 하나님과 사람들을 조롱했는가? 그렇다면 당신의 위선을 회개하라. 당신의 속임수를 탄식하라. 그렇게 저주받을 가식(假飾)을 몹시 애통해 하라. 당신이 진지했다면, 당신의 손은 물론 당신의 마음도 당신의 펜으로 하여금 그러한 갈망을 글로 쓰도록 했을 것이며, 실제로 당신의 사랑을 바꾸었을 것이다. 그렇지 않다면, 하나님이 당신의 사랑을 죄로부터 그의 아들에게로, 세상으로부터 그 자신에게로 돌려놓으셨을 것이다. 내가 설교하고 당신이 들은 것, 이 주제에 관해서 말한 것으로 나는 하나님께 찬양을 돌려야 할 까닭이 있다. 당신은 나의 기쁨, 나의 면류관이며, 현재와 그리스도가 오실 미래에 모두 즐거워할 것이다.

그렇게 늦게 당신의 마음속에서 역사하는, 이 사랑을 가진 당신에게, 그리고 이전에 그에 대한 사랑을 가진 모든 사람에게, 나는 사도 바울의 기도에 포함되어 있는 모든 축복이 임하기를 바란다. 사도 바울은 그의 서신을 이 축복으로 마감하지만, 나는 이 주제를 이 축복으로 결론을 맺는다. "우리 주 예수 그리스도를 변함 없이 사랑하는 모든 자에게 은혜가 있을지어다" (엡 6:24).

그리스도를 사랑하는 사람들에게 주어지는 축복

시편이 찬송으로 불릴 때, 모든 사람들은 항상 그렇듯이 기립한다. 나는 평소보다 오랫동안 앉아 있었다. 그것은 당신의 시선을 나에게로 더 끌기 위한 것이었다. 그런데 나는 일어서서 말했다. 왜 당신은 응시하며 서 있는가? 왜 당신의 눈은 나를 응시하는가? 내가 무엇을 더 말할 수 있는가? 당신이 더 기대하는 것은 무엇인가? 축복인가? 무엇이라고요! 당신들 모두에게? 무엇이라고요! 당신이 그리스도를 사랑하든지, 사랑하지 않든지? 아아! 하나님이 저주하신다면, 내가 어떻게 축복할 수 있는가? 나는 당신 앞에 삶과 죽음, 축복과 저주를 제시했다. 그리고 그것이 당신 자신의 선택에 따라 당신에게 주어져야 하는 것이 아닌가? 당신이 실제로 축복을 받고자 한다면, 그리스도를 사랑해야 한다. 그리스도를 사랑하지 않는다면, 지금 여기에서 축복을 기다린다고 하더라도, 축복이 아닌 저주가 당신을 기다릴 것이다. 당신이 축복의 선언 없이 집으로 돌아가지 않으려면, 그리스도를 사랑하라. 오, 그리스도를 사랑하라! 오, 마침내 그리스도를 사랑하기로 결심하라. 그리하면 당신은 그리스도의 심판대로부터 (그의 축복이 없이) 지옥의 불꽃에로 영원히 가지 않게 될 것이다. 내가 본문 말씀을 말했을 때, 이미 이 시간과 이 본문을 염두에 두고 말한 것이다. "만일 누구든지 주를 사랑하지 아니하거든 저주를 받을지어다 주께서 임하시느니라." 그리고 모든 사람들로 하여금 담대하게 (그들에게 저주가 임하지 않도록 하기 위해서) "아멘" 이라고 말하게 하라. 그리고 나는 무엇보다도 그리스도에게 당신의 마음을 두신 당신을 위해, 자비의 하나님으로부터 "주 예수 그리스도를 변함없이 사랑하는 모든 사람에게" 은혜가 주어지기를 빈다. 그리고 모든 사람들로 하여금 "아멘" 이라고 말하게 하라.

성령의 역사로, 어떤 생동적인 표정, 어떤 애정, 어떤 눈물과 울부짖음이 일어나야 하는지를 내가 말해 줄 것이라고 기대하지 말라.

역자 후기

이 책, 《그리스도를 사랑해야 하는 이유》(*LOVE TO CHRIST : NECESSARY TO ESCAPE THE CURSE AT HIS COMING*)는 17세기 말에 나온 경건 문학작품이자 고전적 설교 논집이다. 이 책을 최근에, 즉 1994년에 다시 펴낸 출판사는 미국의 솔리 데오 글로리아(Soli Deo Gloria) 출판사로서 경건 서적 및 설교집 전문 출판사다. 이 출판사는 영국 기독교문서선교회(Religious Tract Society)가 1830년에 발행한 판본을 다시 펴냈다. 이 책은 본래 토마스 두리틀(Thomas Doolittle) 목사가 1693년에 지은 책이다.

1693년은 존 녹스(John Knox)가 영국에 종교개혁을 도입한 지 한 세기 남짓한 시기이며, 존 웨슬리(John Benjamin Wesley)가 감리교 운동을 시작하기 약 반 세기 이전이다. 이 시기는 청교도적 경건 문학이 유행하던 시기로, 토마스 맨튼(1620-1677), 데이비드 클라크슨(1622-1686), 존 번연(1628-1688)과 같은 경건 문학가들이 인기를 끌었다. 두리틀 목사의 글도 경건 문학의 범주에 들어간다. 그의 글은 존 번연이 쓴 《죄인에게 주시는 은총》, 《지옥의 몇 가지 광경》, 《미스터 뱃맨의 일생》, 《천로역정》의 문체와 유사하다. 그러나 솔리 데오 글로리아 출판사는 출판사의 이름에 걸맞게 오직 하나님께 영광을 돌리기 위해, 저자에 대한 소개를 하지 않는다. 그뿐만 아니라, 두리틀 목사의 전기(傳記)에 관한 기록도 전해지지 않고 있다. 우리가 알 수 있는 것은 그가 영국 교회의 평범한 목사이고, 경건 문학가이며, 감화력 있는 설교자라는 것뿐이다. 그러나 그는 현재 재조명 받는 설교자로서, 이 책 외에도 밀리언셀러인 《주님의 만찬에 관한 설교 논집》(A Treatise Concerning The Lord's Supper, Soli Deo Gloria, 1998)의 저자이기도 하다.

　토마스 두리틀 목사는 감화력과 호소력이 있는 설교자이며, 우리에게 널리 알려져야 할 경건 문학가다. 이 설교 논집은 17세기의 설교 방식을 살펴볼 수 있는 좋은 자료다. 당시의 설교는 저주, 지옥, 악마에 대한 경고가 특색을 이루지만, 반면에 사랑, 천국, 그리스도를 통한 위로와 축복을 선포하기도 한다. 이 책은 단순한 설교집(sermons)이 아니라, 그리스도에 대한 사랑과, 주님이 오실 때(마라나타)와, 저주(아나테마)의 관계를 가장 알기 쉽고도 심오하게 다룬 설교 논집(論集, a treatise)이다.

　이 책은 "그리스도를 사랑하지 않는 사람들에게 보내는 편지"로부터 시작하여, 그리스도에 대한 사랑의 본질, 필수 조건, 그 해설과 더불어, 그리스도를 사랑하지 않는 사람들이 받게 될 저주, 그 이유와 그리스도에 대한 사랑의 결핍에서 오는 심각성을 다루고, "그리스도를 사랑하는 사람들에게 주어지는 영적 위로와 축복"으로 마무리짓는다.

　이 책을 보는 순간, 우리는 미움, 지옥, 악마가 가져오는 저주의 사슬을 끊고, 사랑, 천국, 그리스도를 통한 환희의 삼중주(三重奏)를 듣는다. 이 책을 읽는 독자는 진심으로 그리스도께 사랑의 노래, 가장 숭고하며 가장 순수한 아가(雅歌), 세레나데를 바치게 된다. 그리스도를 전혀 모르는 사람들, 그래서 그리스도를 까닭 없이 미워하는 사람들에게 이 책을 권하고 싶다. 그리스도에 대한 사랑이 식은 모든 그리스도인들에게도 이 책을 권한다. 또한 그리스도에 대한 사랑을 생동적으로, 효과적으로 전파하고자 하는 모든 전도자와 설교자에게 이 책을 적극 추천하는 바이다.

2003. 5. 1
옮긴이 남정우